사회복지사

기획 & 진행 김세진 프리랜서 사회복지사

지은이들 김세진 프리랜서 사회복지사 | 주솔로몬 서울마포아동보호전문기관 사회복지사 | 추창완 서초구립한우리정보문화센터 지역복지팀 사회복지사 | 이상훈 성심노인복지센터 재가노인지원서비스팀장 | 임병광 본오종합사회복지관 자원개발팀장 | 김솔 남대문지역상담센터 복지사업담당 및 행정팀장 | 한석구 마포구청 가정복지과 여성정책팀 주무관 | 엄미경 무지개빛청개구리 지역아동센터장 | 임우석 월평빌라 가정2팀장 | 천화현 한국학교사회복지사협회 지원사업 교육담당 | 박종국 서울소년원 교무과 보호서기보 | 지경주 연세로뎀 정신건강의학과의원 낮병원팀장 | 김은수 아산사회복지재단 복지사업팀 전임 | 주정아 서천군자원봉사센터 사무국장 | 기현주 내가만드는복지국가 운영위원(전 곽정숙 의원 정책보좌역) | 민혜란 민들레건강사회적협동조합 둔산팀장 | 이여울 굿네이버스 국제개발팀 대리 | 이우석 카페 소소봄 대표 | 이성종 복지영상 대표 | 이경은 해피빈재단 기획운영팀 과장 | 김성천 중앙대학교 사회복지학부 교수 | 배영길 생명종합사회복지관장(이상 원고 게재 순)

사회복지사가 말하는 사회복지사

2013년 4월 26일 초판 1쇄 발행
2025년 8월 5일 초판 10쇄 발행

지은이 김세진 외 21인
펴낸곳 부키(주) | 펴낸이 박윤우
등록일 2012년 9월 27일
등록번호 제312-2012-000045호
주소 서울시 마포구 양화로 125 경남관광빌딩 7층
전화 02) 325-0846 | 팩스 02) 325-0841
홈페이지 www.bookie.co.kr
이메일 webmaster@bookie.co.kr
제작대행 올인피앤비 bobys1@nate.com
ISBN 978-89-6051-305-1 14300
ISBN 978-89-85989-61-9(세트)

부키 전문직 리포트 **17**

사회복지사가 말하는
사회복지사

22명의 사회복지사들이
솔직하게 털어놓은
사회복지사의 세계

부·키

사람 사는 곳이면 어디든 사회복지사가 있습니다

바람이 붑니다. 바람은 'wish'이기도 하고, 'wind'이기도 합니다. 언제부턴가 복지는 우리 사회 핫이슈입니다. 지방선거, 총선거, 대통령선거 등 온갖 선거에 복지 구호가 등장합니다. 국민을 위한 공약들에 복지가 등장한다는 것은 국민의 바람(wish)이 복지에 있다는 것과 동일합니다. 그런 국민의 바람(wish)대로, 복지 바람(wind)이 불고 있습니다.

자선이나 시혜가 아닌 자립을 위한 복지정책 프로그램은 참으로 훈풍입니다. 그 프로그램을 직접 전달하는 이들 역시 행복을 전달하며 흐뭇할 겁니다. 하지만 그 전달자들이 업무 과중과 스트레스를 호소하며 쓰러져가고 있는 안타까운 시기이기도 합니다. 행정부처는 온갖 복지 공약들을 수행하기 위해 그에 맞는 정책과 제도와 프로그램을 만드는데, 만들어진 프로그램을 시행하는 인력은 전과 크게 다르지 않으니 업무에 업무가 쌓이는 '깔때기 현상'에 속을 앓는 겁니다. 국민의 바람이 훈풍을 타고 날아갈수록 사회복지사는 고통받는 기이한 현실입니다.

이런 때에 사회복지사 스스로 자기 직업군을 설명하는 책을 발간한다는 것은 매우 고무적인 일입니다. 물론 사람 사는 곳이면 어디든 사회복지사가 있기 때문에 영역별로 한 사람씩밖에 소개하지 못한 것이 자칫 해당 영역의 이해 범주를 좁히진 않을까 조바심이 나기도 합니다만, 차후에 정신보건, 의료, 학교, 군 등 전통적인 전문 영역이나 섬, 광산 지역 등 특수 영역을 다시 한 번 폭넓게 소개할 수 있는 기회가 열리길 기대합니다.

일말의 아쉬움을 접을 수 있는 것은 이 책에 사회복지사 직업군의 특성인 '사람 냄새'가 담겼기 때문입니다. 무엇보다 읽는 여러분이 그 사람 냄새를 확인하고 삶에 활력을 얻길 바라는 마음이고, 그런 에너지들이 민들레 홀씨처럼 널리 퍼지길 바라는 간절한 마음입니다.

몇 해 전, 한국에서 가장 존경받는 직업이 사회복지사라는 조사 결과가 있었습니다. 설문 대상이 대학생이었기 때문에 한국을 대표하는 것이라기엔 미흡한 점이 있지만, 옛 세대가 아닌 새 세대를 대표하는 대학생들의 생각이라는 점이 오히려 사회복지사의 직업 전망이 밝음을 보여 주는 사례였다고 생각합니다.

그러나 현직 사회복지사들의 현실은 차갑습니다. 21세기를 즈음해 한국에서 사회복지는 줄곧 유망 분야로 손꼽혔음에도 경력 사회복지사들이 다른 직종으로 이탈하는 현상은 여전합니다. 말만 전문직이고, 말만 공익 사업일 뿐, 그에 걸맞은 신분 보장이 없는 것이 사회복지사들의 직업 수명을 짧게 하는 이유 중 하나일 것입니다. 2011년 3월 30일 제정한 '사회복지사 등의 처우 및 지위 향상을 위한 법률' 시행 이후 많은 지자체에서 관련 조례를 제정하고 있는 것은 다행스런 일입니다. 부디 사회복지사 안전 대책과 인권 보장을 위한 내용들이 강제조항으로 담기길 기대합니다.

18세기 말 나타난 공화제와 자본제는 자유주의적 상상력과 함께 생산물의 양적 팽창을 가져왔습니다. 많은 이들이 부를 축적하며 근대사회가 발전했습니다. 그러나 자본제의 심화는 '사회적 부'가 아닌 '몇몇 개인의 부'를 증폭시키는 결과도 가져왔습니다. 실업자가 늘고 부익부 빈익빈 현상이 심화함에 따라 자본제를 대체 또는 수정해야 한다는 목소리에 힘이 실렸습니다. 당시 민중의 대다수를 차지한 농민들은 일자리를 잃고 도시로 유입됐습니다. 이들은 이미 일자리를 잃고 도시를 배회하던 노동자들과 함께 서서히 도시 빈민으로 전락해 갔습니다.

19세기 말에 이르러서야 이 같은 슬럼 문제가 사회 이슈가 되기 시작했고 이때 등장한 인물이 바로 세계 최초의 인보관 '토인비 홀'로 유명한 아놀드 토인비입니다. 빈민굴을 비롯해 고착화한 슬럼 현상의 해결을 위해 또래 청년들과 함께 빈민 운동에 투신한 토인비. 젊은 시절 빈민 운동을 하다 과로사한 그가 현대를 살아가는 사회복지사들에게 일러 주는 것은 단연 또래 청년들과의 '입장 공유'와 '실천'이라는 가치였습니다.

120여 년 전 영국의 슬럼가에서 과로로 사망한 토인비의 모습은 작금의 한국 지역사회에 투신한 현장 사회복지사들을 닮아 있습니다. 『사회복지사가 말하는 사회복지사』에 담긴 사회복지사들의 일상과도 닮아 있습니다. 예비 사회복지사들의 모습에도 청년 토인비의 모습은 되살아나리라 믿습니다.

대학생, 즉 예비 사회복지사가 사회복지학과를 선택할 때의 초심을 잃지 않고, 현직 사회복지사가 현장에 처음 나설 때의 초심을 잃지 않도록 하는 것은 한국사회복지사협회의 책무이기도 합니다. 한국사회복지사협회는 '한국의 토인비'들이 현장에서 오랫동안 일할 수 있는 환경을 만들기 위해 지속적으로 노력할 것입니다. '사회복지사 등의 처우 및 지위 향상을 위한 법률' 제정을 주도한 것도, 23개 사회복지계 직능단체들을 한데 모아 '사회복지사 자살방지 및 인권보장을 위한 비상대책위원회' 설립을 주도한 것도 그 일환이었습니다. 이렇게 청년 토인비의 실천적 지성을 따르려는 이유는,

사회복지사가 행복하면 국민은 더욱 행복하다는 기본 가치 때문입니다.

『사회복지사가 말하는 사회복지사』에는 우리 사회 곳곳을 누비는 사회복지사들의 생생한 일상이 담겨 있습니다. 각종 복지관은 물론 학교, 의료 기관, 교정 기관을 비롯해 정당, 협동조합, 카페 등 다양한 분야에 진출해 활동하는 사회복지사들을 만날 수 있습니다. 책장을 넘길 때마다 그들이 내뿜는 사회복지사 특유의 싱그러운 '사람 냄새'를 맡을 수 있습니다.

사회복지에 관심 있는 청소년과 대학생 여러분, 사회복지사를 꿈꾸는 예비 사회복지사 여러분 모두에게 이 책이 꿈을 품은 한 알의 씨앗이 되길 기대합니다. 그런 꿈들이 민들레 씨앗처럼 우리 사회에 널리 퍼지길 응원합니다.

조성철 한국사회복지사협회 회장

Social Worker! Social Walker!!

| 김세진 |

굿네이버스 방글라데시와 타지키스탄 지부에서 자원활동가로 일한 뒤 굿네이버스 사업운영국에서 근무했다. 나눔문화 연구원으로 잠시 일하다, 2001년부터 2008년까지 서울 도봉구의 방아골종합사회복지관에서 뜻을 펼쳤다. 지금은 사회복지사들의 만남을 주선하고, 현장의 의미 있는 사례를 수집, 강연, 책으로 만드는 일에 힘을 쏟고 있다. '구슬 꿰는 실'이 되고자 하는 바람으로 『사회복지사 김세진의 독서노트』, 『사회사업, 인사가 절반입니다』, 『사례관리 실천 이야기』 등 여러 책을 냈다.

우리나라에서 사회복지사 자격증을 가진 사람은 약 57만 명에 달한다. 숫자로 보면 전체 군인 수와 비슷하고, 운전면허증 다음으로 많은 사람이 보유한 자격증이라고 할 정도로 어마어마한 숫자다. 그중 사회복지 현장에서 일하는 사람이 8만 명 정도이다. 조금만 관심을 두고 살펴보면 주변 곳곳에서 쉽게 사회복지사를 만날 수 있다. 가까운 복지 기관뿐 아니라 주민센터나 구청, 어린이집이나 초·중·고등학교에서 일하는 사회복지사도 있다.

이렇게 많은 이들이 사회복지사 자격증을 갖고 또 여러 현장에서 일하고 있지만, 정작 사회복지사가 어떤 일을 하는 사람인지를 물으면 쉽게 답하는 사람은 보기 어렵다. 평범한 이들뿐 아니라 당사자인 사회복지사도 그렇다.

우리 삶의 여러 생활 현장에서 쉽게 마주치는 사회복지사. 사회복지사는 어떤 사람일까?

병뚜껑을 딸 수 없는 건 누구 책임일까

과천장애인복지관의 이명희 사회복지사는 이런 이야기를 들려준다. 어떤 사람이 음료수를 마시려고 한다. 그런데 아무리 힘을 써도 병뚜껑이 열리지 않아 결국 옆에 있던 사람이 따 줘서야 음료수를 먹을 수 있었다. 이 사람은 왜 혼자서 음료수를 마실 수 없었을까? 즉 뚜껑을 딸 수 없는 어려움을 왜 생긴 것일까?

일반적으로 우리는 사회복지사를 숭고한 봉사직으로 보는 경향이 있다. 착한 일, 선한 일을 도맡아 일하는 사람이라 생각한다. 그러나 그렇게 정의하면 오히려 사회복지사의 설 자리는 없어진다. 우리 사회에 착한 일, 선한 일을 하는 이가 사회복지사밖에 없을까? 또 착한 일, 선한 일이 과연 어떤 일인지 정의하기도 쉽지 않다. 버스 운전기사는 그 일로 사회에 이바지하고, 청소부 역시 그가 맡은 일로 사회에 헌신한다. 이들의 일 또한 우리를 위한 착하고 선한 일이다.

물론 사회복지사가 어려운 사람을 돕는 것은 틀림없다. 하지만 다른 직업과는 돕는 '방법'이 다르다. 사회복지사는 나름의 철학과 그에 따른 실천 방법을 가지고 있다. 즉, 어려움에 처한 이를 '어떻게' 돕는지가 중요한 것이다. 그렇다면 사회복지사는 어떻게 어려운 이웃을 돕는 걸까?

사회복지사는 어떤 사람의 어려움이 그 사람의 잘못이나 실수, 혹은 능력 때문에 생겼다고만 생각하지 않는다. 앞서 이명희 사회복지사의 이야기에서 그 실마리를 찾을 수 있다.

그 사람에게 뚜껑을 열 힘이 부족하다고 생각하는 사람은 그의 힘을 키워 주는 데 관심을 갖는다. 문제가 그 사람 개인에게 있다고 여기니 어려움을 해결하기 위해 당사자를 돕는 것이다. 반면 어떤 이들은 문제가 음료수 회사에 있다고 본다. 남녀노소 누구나 뚜껑을 열기 쉽게 만들었다면 그 사람이 병 따는 걸 다른 사람에게 부탁하지 않았을 것이기 때문이다. 즉 문제가 그 사람이 속한 환경에 있다고 보고 그의 주변 환경을 약자가 살 만한 곳으로 바꾸는 일에 힘쓰게 된다.

사회복지사는 이 두 가지 관점 모두로 어려운 이웃을 돕는다. 당사자가 어려움을 이겨 내도록 직접 돕기도 하지만 그가 처한 환경, 즉 이웃과 같은 사회관계를 통해 문제를 해결하도록 돕기도 한다. 당사자가 속한 환경도 중요하게 여긴다는 말이다. 그래서 아픔을 함께 나눌 이웃을 주선하거나, 그의 부족함을 기꺼이 나서서 채워 줄 이를 소개하는 것이다.

지렁이가 땅을 살리듯 사회를 살리는 사회복지사

이처럼 사회복지사는 직접 돕는 사람이 아니라, 그 당사자로 하여금 얻게 하는 사람이요, 주변의 다른 이들로 하여금 그를 돕게 하는 사람이다. 이런 좋은 관계를 주선하는 사람이다. 나아가 우리 동네의 인정과 이웃을 살리는 사람이다. 그래서 '사회'복지사이다. 사회복지사는 영어로 'social worker'라고 하는데, 누군가를 돕기 위해 '사회적

(social)'으로 일하는 '사람(worker)'이라는 의미이다. 우리 사회가 인정과 이웃이 있어 살 만한 동네, 그런 지역공동체가 되게 돕는 사람이 바로 사회복지사이다.

그러니 사회복지사는 발로 일하는 사람이다. 어려운 이웃을 만나러 그가 살아가는 삶터에 부지런히 다니고, 그 이웃을 만나러 또 다닌다. 나눔을 주고받을 이웃을 찾아 열심히 다니고, 좋은 관계를 주선하기 위해 또 이곳저곳 두루 다녀야 한다. 지렁이가 단단한 땅 속을 부지런히 다니며 숨을 틔우고 맑은 공기를 흐르게 하여 땅을 살리듯, 우리 사회 두루 다니며 좋은 관계를 만들고 인정이 흐르게 하여 '약자가 살 만한 사회', '약자와 더불어 사는 세상'을 만드는 사람이다. 그래서 사회복지사는 'social worker'이면서 'social walker'이다.

좋은 이웃 한 명만 있어도 살 만한 세상을 꿈꾸며 일하는 사회복지사, 이런 관점으로 다양한 현장에서 열심히 일하는 사회복지사들을 소개한다. 이 책은 어려움에 처한 사람과 지역사회가 뜻한 바를 이뤄 가게 돕고, 또 그 일로 우리 이웃들이 더불어 살게 돕는 사회복지사의 생생한 현장 이야기이다. '사회복지사답게' 지금도 실천하고 있는 꿈과 열정이 있는 사회복지사의 일기이다.

1장

초보 사회복지사의 좌충우돌 일기

지금 필요한 건?
깡! 자신감! 철판 같은 얼굴!

| 주솔로몬 |

서울마포아동보호전문기관의 막내. 국제아동구호개발 NGO 세이브더칠드런(Save the Children) 소속 사회복지사. 대학생 때부터 컴패션에서 일반인 홍보대사(VOC)로 활동하였고, 백석대 사회복지학과 졸업 후 굿네이버스, 기아대책을 통해 구체적인 NGO 활동을 접하며 관심을 갖게 되었다. 사회복지를 통해 사람을 살리고 사람을 돋보이게 돕는 스토리텔러가 되고 싶은 청년.

"따르르릉∼."

"네, 마포아동보호전문기관 주솔로몬입니다."

"아동 학대가 의심이 돼서 신고하려고 하는데요…."

오늘 들어 세 번째 받는 아동 학대 의심 신고 전화다. 집 근처에서 아이의 울음소리가 1시간 넘게 들린다면서, 아동의 아버지가 알코올의존증으로 동네에서 유명한데 종종 자녀를 심하게 때린다고 했다.

이렇게 신고 전화를 받으면 심각한 학대가 의심되는 응급 상황일 경우에는 즉시(12시간 내) 현장 조사를 나간다. 현장 조사는 긴장의 연속이다. 가끔은 욕설을 하며 쫓아오는 학대 행위 의심자를 만나기도 한다. 그럴 때면 남자인 나도 무섭고 가슴이 떨린다.

오늘 조사한 집은 이웃의 말에 의하면 경찰에서도 몇 번 나와서 조치를 하고 갔다는데, 사회복지사 2명이 감당하기에는 벅차다. 우리 기관을 소개하며 문을 두드려 봤지만, 되돌아오는 것은 알아들을 수 없는 욕설뿐. 만취 상태라 대화하기도 어려운 상황이어서 주변 이웃들하고만 애기를 나누고 일단 복귀할 수밖에 없다. 우리에게 현장 조사 권한이 있기는 하지만 아직은 법적 제도가 미비한 탓에 돌발 상황을 대비해 관할 지구대 경찰들과 함께 현장 조사를 진행할 때도 많다.

샤워할 때도 휴대폰을 눈앞에 두고 '초긴장'

즐거운 휴일이지만 마음을 놓을 수가 없다. 당직 근무이기 때문이다. 사무실에 출근하는 것은 아니어도 신고 전화번호를 내 휴대전화로 연결해 놓고 대기해야 한다. 아동 학대 신고라는 것이 예고가 없고 24시간 365일 받아야 하기 때문에 항상 당직자용 휴대전화를 손에 쥐고 다닌다. 샤워할 때도 눈앞에 두고, 친구들과 식사할 때도 모든 신경은 당직 휴대전화에 쏠려 있다. 영화관에도 거의 가지 않는다. 입사 초, 한번은 영화관에 갔다가 영화가 시작할 때 신고를 받고 바로 현장으로 출동한 적도 있다.

나는 마포아동보호전문기관에서 일하는 사회복지사다. 전국에는 총 46개의 아동보호전문기관이 있다. 아동보호전문기관에서 맞닥뜨리는 상황은 사람들이 보통 알고 있는 사회복지 현장과는 조금 다른 특수한 환경이다. 아이가 학대받거나 학대가 의심되는 현장을 늘 접하기 때문이다.

아동 학대란 "보호자를 포함한 성인이 아동의 건강 또는 복지를 해

:: 풍선 퀴즈를 이용하여 아동 학대의 종류와 대처 방법을 쉽고 재미있게 설명하는 필자의 모습. 평소에는 아동 학대 현장에 조사를 나가기 때문에 늘 긴장을 풀지 못한다.

치거나 정상적 발달을 저해할 수 있는 신체적·정신적·성적 폭력이나 가혹 행위를 하는 것과 아동의 보호자가 아동을 유기하거나 방임하는 것"이라고 아동복지법에 명시되어 있다. 학대의 정도가 심각할 경우 학대 행위자는 아동 학대로 고소·고발되며, 아동은 가정 위탁이나 친인척 보호, 시설 보호 등 격리 보호되기도 한다. 상황에 따라 가정에서 아동이 안전하게 양육과 보호를 받을 수 있도록 지원하고, 가족과 지역사회가 여러 가지 자원을 활용하여 행복한 삶을 살도록 돕는 것이 우리 일이다.

그러나 다른 선진국과 달리 우리나라에서는 아동 학대 현장 조사와 그 가정에 대한 사후 관리가 함께 이루어지기 때문에 사회복지사의 역할에 한계를 느낄 때가 많다. 처음 만나는 상황부터가 서로 불편할 수밖에 없다. 이유가 어떻든 한쪽은 학대를 가했다고 의심받는 사람(학대 행위 의심자)이고, 다른 한쪽은 학대 사실을 확인하러 조사를 나온 사람(사회복지사)이기 때문이다. 사회복지사는 기본적으로 사람에게 깊은 관심을 갖고 지지하며 돕는 직업이지만, 현장 조사를 할 때는 마치 경찰처럼 학대 상황에 대한 명확한 사실 조사를 해야 하기 때문에 딱딱하고 거친 분위기가 된다. 또 학대를 당한 아동은 대부분 정서적으로 불안정할 뿐만 아니라 학대 행위자보다 약자이기 때문에 보복에 대한 두려움도 클 수밖에 없다. 그래서 현장 조사를 나갈 때는 한시라도 긴장을 늦출 수가 없다.

아름다운 이웃들이 있기에 '슈퍼맨'이 될 수 있다

어느 토요일 저녁, 응급 신고를 받았다. 서울 ○○성당의 수녀님께서 다섯 살배기 여자아이와 아이 엄마를 보호하고 있다고 해서 즉시 현장 조사를 나갔다. 아이 엄마와 지금까지의 상황과 살아온 이야기를 나누었다. 저녁에 시작된 현장 조사가 새벽까지 이어졌다.

여러 복잡한 문제가 있긴 했지만, 가장 중요한 것은 지금 당장 살 곳이 없고 정신분열이 있는 엄마에게 아이를 맡겨야 하는가, 아니면 다섯 살 아이의 안전을 위해 일시적으로나마 분리 보호 조치를 해야 하는가였다. 아이와 엄마, 성당 신부님, 수녀님 그리고 다른 전문가들과 머리를 맞대고 의논했다. 다행스럽게도 아이 엄마는 수녀님과 평소 잘 알고 지내는 관계였다. 어렵고 힘들 때마다 수녀님을 찾아와 도움을 얻고 상담도 받았다고 한다. 수녀님께 아이 양육 문제를 부탁드렸더니 흔쾌히 도와주시겠다고 하셨다. 그 후로 수녀님과 수시로 연락하며 아이와 아이 엄마의 근황을 묻고 지속적인 관계를 맺었다.

언젠가 회의 때 관장님께서 이런 말씀을 하셨다. "우리가 절대 슈퍼맨이 아니라는 것을 인정하라." 몇십 년에 걸쳐 형성된 한 사람의 인생과 가정을 어찌 짧은 순간에 바꿀 수 있겠는가. 아동과 가족에게 나타난 문제(욕구)를 다 해결하기에는 한계가 있으니, 그걸 인정하라는 말이었다. 또 문제(욕구)를 해결해 준다고 하더라도 그게 아동과 가족을 행복하게 하는 것이 아니라 오히려 스스로 문제(욕구)를 이겨 낼 힘을 떨어뜨릴 수도 있음을 깨닫게 되었다. 해결할 수 없는 목표를 세우는 것이 아니라, 아이에게 묻고 함께 의논하며 아이와 그 가정이 그동안 잘해 왔던 강점을 찾고, 이웃들과 더불어 살아갈 수 있도록 돕는 일이 나의 역할이 아닌가 생각해 본다. 그리고 우리 주변에는 그렇게 도움을 주는 이웃이 아직 많다.

어느 일요일에는 밤 12시쯤에 여대생이 신고 전화를 걸어 왔다. 이대역에서 6살 정도로 보이는 남매가 계절에 맞지 않는 옷차림에 보호자도 없이 역 주변을 맴돌고 있다는 것이었다. 이대역으로 나가려고 준비하고 있는데, 그 여대생에게서 다시 전화가 왔다. 아이들이 지금 배고파하는 것 같아 근처 식당에서 밥을 먹이고 있다면서, 밤이 너무 늦었으니 아이들을 일단 자기 집에서 재우겠다며 아침에 와 달라고 했다. 무심코 지나쳐 버릴 수도 있을 텐데 끝까지 아이들을 책임지고 보호해 준 여대생 덕분에 남매는 그날 밤 안전하게 지낼 수 있었다.

이외에 자신도 사회복지를 공부한다며 한강공원에서 산책을 하다가 아동 학대 의심 상황을 목격하고 신고해 준 40대 아저씨, 아이의 얼굴과 다리에 난 상처를 보고 자기 딸처럼 염려하며 신고한 옆집 아주머니 등 아름다운 이웃들을 많이 만났다.

다시 찾은 아이들의 웃음이 나의 원동력

내가 일하는 기관에는 '신나는 그룹홈'이라는 공동생활가정이 있다. '공동생활가정'이란 쉽게 말해서 부모나 보호자로부터 적절한 양육을 받지 못하는 아이들이 생활하는 대안 가정이다. 아이는 누구나 가족의 울타리 안에서 부모에게 양육되며 성장하는 것이 마땅하지만, 학대나 방임 등으로 인해 정상적인 양육 및 보호를 받기 어려운 환경일 경우 일시적으로 공동생활가정에서 생활할 수 있다. 집단으로 생활하는 대규모 시설과 달리, 그룹홈은 단독주택이나 아파트에서 생활 교사와 함께 4~5명이 생활하기 때문에 일반 가정과 유사하다는 장점이 있다.

작년 여름, 그룹홈 아이들과 함께 강화도로 여행을 떠났다. 아이들은 마음껏 수영도 하고, 고기도 구워 먹고, 이야기하며 즐겁게 시간을 보냈다. 사실 그 중에는 부모로부터 말할 수 없는 학대를 당해 고통받은 데다, 부모와 함께 살지 못하는 '분리'라는 2차적인 상처까지 안고 온 아이도 있었다. 그럼에도 불구하고 가정과 같은 분위기에서 심리적으로 안정감을 얻고 웃음을 되찾아 다시 가족의 품으로 돌아간 아이들을 보면 참 감사하다. 이제는 가끔씩 기관을 다시 찾아와 선생님 안부도 묻고 자신의 꿈도 이야기하는 아이들의 웃음을 보면서 그 힘으로 나는 다시 일한다. 이것이 내가 일할 수 있는 원동력이고 기쁨이다.

정현종 시인의 〈방문객〉이란 시를 보면 "사람이 온다는 건 실은 어마어마한 일이다.… 한 사람의 일생이 오기 때문이다."라는 구절이 있다. 내가 아이 한 명 한 명을 만나는 건 사실 그 아이의 일생이 내게 다가오는 어마어마한 일이다. 그래서 학대로 인해 상처받은 아이들을 만날 때면 늘 조심스럽다. 아이의 삶에 관한 일이기에 그 이야기에 진지

:: 2012년 5월 9일 홍익대학교 부속여자중학교 학생들을 대상으로 마포청소년수련관과 연합하여 자원봉사 프로그램을 실시했다.

하게 귀 기울이고, 믿어 주고, 삶을 응원하는 것. 아이가 바라는 건 어찌 보면 거창한 도움보다도 따뜻한 격려와 사랑의 말 한마디 아닐까.

'(주)솔로몬'이 아니라 '주솔로몬'입니다

현장 조사를 나가면 사회복지사들은 언제나 신분증을 목에 걸고 학대 행위 의심자나 피해 아동에게 신분을 먼저 밝힌다. 그런데 아이들에게 내 이름을 얘기하면 10명 중 8명 이상은 절대 믿지 않는다! 신분증을 보고도 믿지 못하고 진짜 이름을 말하라며 의심을 한다. 그러면서 아이와 편하게 이야기를 나누게 되고 그로 인해 아이의 닫혔던 마음이 열리고 관계가 형성된다.

학대를 당한 아동들은 대부분 심리적으로 매우 위축되어 있고, 외부인에게 예민하게 반응하기 때문에 처음에 만나서 마음을 열고 신뢰할 수 있는 관계를 맺는 것이 무엇보다 중요하다. 그러나 처음 만난 사람에게 자신의 상처와 학대받았던 상황을 털어놓는 것은 쉽지 않은 일이다. 그럴 때 특이한 내 이름이 큰 역할을 하는 것이다. 주위에서는 영업 관련 일을 하면 이점이 많을 거라고 권하는데, 나에게는 오히려 이 일이 안성맞춤인 것 같다. 하하.

어떤 날은 관할 구역 파출소에서 아동 학대 의심 신고가 들어와 출동을 했다. 상황을 들어 보니, 장기간의 방임으로 인해 아동이 안전하게 보호받을 수 있는 환경이 아니었다. 아동의 일시 보호 조치를 위해 신고하신 파출소장님과 이야기를 나누고 명함을 드렸다. 그런데 파출소장님은 명함을 받은 후에도 찬찬히 보면서 내게 이름이 어떻게 되느냐고 재차 물었다. '주솔로몬'이라고 몇 번 말했지만 "일하는 회사 이름 말고, 선생님 성함이 궁금하다."며 또 물어보셨다. 소장님은 잠시 후에야 상황을 파악했고 파출소에 있던 다른 경찰들과 한바탕 웃음이 넘쳐났다. 그 이후, 업무와 관련해서 전화할 때마다 파출소장님은 나를 잊지 않고 반갑게 맞아 주신다.

입사 3개월의 슬럼프를 이겨 내고…

"지금 내게 절실한 것들. 깡, 자신감, 설득의 기술, 철판 같은 얼굴…."
입사 3개월쯤이던 어느 날, 나는 일기에 간절히 그렇게 적었다.

:: 2011년, '세계아동학대예방의 날'인 11월 19일을 앞두고 순천향대 병원과 함께 아동 학대 예방 캠페인을 전개했다. 병원을 찾은 부모들은 아동 학대 예방을 바라는 희망 메시지를 적으며 큰 관심을 보였다.

그날도 여느 때와 같이 아동 학대 신고 전화를 받고 현장 조사를 나갔다. 그런데 현장 상황이 정말 참혹했다. 전기도 수도도 끊긴 집은 온통 거미줄투성이에 곰팡이 냄새로 가득했다. 아이는 그런 집에서 아버지와 함께 살고 있었다. 어떻게 하면 아이를 보호할 수 있을까, 몇 시간 동안 아버지와 진지하게 이야기를 나누었지만 돌아온 것은 욕설뿐. 초보 사회복지사로서 이 상황을 어떻게 풀어 가야 할지 눈앞이 캄캄했다. 어떤 '희망'도 보이지 않았다. 벼랑 끝에 선 심정이었다. 아이에게 힘이 되어 주고 싶은 '열정'만 컸을 뿐, 그걸 이끌어 낼 나의 '전문성'은 너무나 부족하다는 것만이 절절하게 느껴졌다.

이미 여러 차례 비슷한 상황을 겪으며 때론 낙심하고 때론 남몰래 눈물을 훔치기도 했었다. 그런 기억들이 쌓이면서 두려움이 점점 커져 갔다. '내가 지금 이 일을 잘하고 있는 걸까? 이 일이 정말 나한테 맞는 걸까?' 막 수습 딱지를 떼고 본격적으로 일을 해야 하는 시기였는데, 머릿속에는 포기하고 싶은 생각만 가득했다. 다행히 격려하고 지지하고 응원해 주는 친구들과 동료들이 든든한 울타리가 되어 준 덕분에 그 힘든 시기를 이겨 낼 수 있었다. 지난 1년, 돌아보면 어떻게 여기까지 올 수 있었는지 도무지 믿기지가 않는다.

"한 아이를 키우려면 온 마을이 필요하다."라는 아프리카 속담이 있다. 그리고 이 속담을 제목으로 쓴 책도 있다. 그 책을 읽으며 나는 수많은 문장에 밑줄을 그으며 공감했다. 그중에서도 내 가슴을 뛰게 만들었던 한마디가 있다. "아이들은 믿어 주는 만큼 자란다." 가출과 흡연, 도벽이 있는 아이부터 반항적이고 폭력적인 아이까지, 세상 사람들이 보기에는 문제아일 수도 있다. 하지만 나는 그 아이가 잘하는 것이 무엇인지 아이와 함께 고민하고, 아이가 당당하고 멋지게 살아갈 수 있도록 믿어 주는 사람이 되고 싶다.

야근도 많고 밤낮없이 울려 대는 신고 전화에 전화기를 붙잡고 살아야 하지만, 이제는 아이들의 웃음을 떠올리면 힘든 것도 금세 다 잊히는 듯하다. 아이들의 권리를 위해 일할 수 있는 현장에 있다는 것이 참 감사하다. 아직은 2년차로 배워야 할 것이 많고 부족하지만 전문성과 실력을 키워 학대로 고통받는 아이들의 목소리가 되고 싶다.

대학교를 졸업하고 입사 준비를 할 당시 "내가 바라는 곳이 아니라, 내가 필요로 하는 곳에 있기를 원합니다."라고 기도했었다. 오늘도 나는 그 현장에서 열정과 긍지로 내 길을 가고 있다.

울보 복지사,
운동화가 닳도록 이웃을 만나다

| 추창완 |

서초구립 한우리정보문화센터(장애인복지관) 지역복지팀에서 근무 중인 4년차 사회복지사. 후원, 홍보, 교육·문화 사업을 담당했으며 현재는 지역사회 조직, 사례 관리 업무를 담당하고 있다. 장애가 '장해'가 되지 않는 마을 공동체를 만들기 위해 열심히 활동하고 있다.

"**안녕하세요**, 어머님. 우와, 여기 은행나무 엄청나게 크네요."

"그럼 뭐해. 은행나무에 은행이 안 열려."

"수컷이여, 수컷. 아무짝에도 쓸데없는. 햇빛만 가리고, 에이 쓸데없어."

'아, 나도 남자인데…. ㅠ.ㅠ'

아주머니에게 핀잔 아닌 핀잔을 들었을 때, 나는 무작정 동네를 돌아다니던 참이었다. 골목에서 만나는 분마다 인사를 드리고 동네 곳곳을 카메라로 찍었다. 복지관의 소식지를 만들 콘텐츠를 모으기 위해서였다.

소식지를 맡긴 했지만 처음 일해 보는 내가 뭘 알겠는가. 그래서 주변에 묻기 시작했다. 우선 동료들에게 물었다. 복지관 안의 동료가 모르면 다른 기관 동료에게 묻고, 협력하는 디자이너에게 물었다. 지난 자료를 전부 검토하고 다른 기관에서 제작하고 있는 소식지도 검토했다. 그래도 도통 어떻게 콘텐츠를 만들어야 할지 떠오르지 않았다.

유명 NGO에 밀려 동네 복지관 모금함은 찬밥

사회복지학과를 졸업한 뒤 부푼 꿈을 안고 들어간 나의 첫 직장은 종합사회복지관이었다. 어려운 사람을 돕는 직업이 사회복지사 아닌가. 얼마나 뜻 깊고 좋은 일인가. 잘 도와서 실력 있는 사회복지사가 되리라.

내가 맡은 첫 번째 일은 후원, 홍보 업무였다. 도움이 필요한 사람들에게 쓰일 후원금과 물품을 모으고, 후원이 잘 이루어지도록 알리는 일이었다. 어려운 사람들을 직접 만나는 대신 개인 후원자나 기업 관계자를 만났다. 학창 시절에 배운 것은 대부분 개인 임상과 정책에 초점이 맞춰져 있어서, 후원과 홍보 일은 전혀 아는 바가 없었다. 아는 것이 없으니 기존에 해 오던 일을 따라가는 것만도 벅찼다. 무작정 모금함을 들고 동네 마트, 약국, 안경점, 은행 등을 찾아가 모금함을 설치해 달라고 부탁했다. 그러나 굿네이버스나 월드비전 같은 이름만 들어도 아는 유명한 NGO들이 대부분 이미 모금함을 배포한 상태라, 지역사회에서 활동하는 우리 같은 작은 종합사회복지관은 거절당하기 일쑤였다. '모금함을 통해 지역사회에 있는 상점들과 관계 맺는 일이 매우 중요하니 열심히 하자!' 마음속으로 수십 번을 다짐했지만 반복되는 거절 앞에서 쉽게 지쳐 버렸다.

어려운 이들을 직접 만나기보다 후원자들을 찾고 후원금을 마련해야 하는 상황에서 처음의 열정을 유지하기가 쉽지 않았다. 후원이 잘되는 단체들은 왜 잘될까? 굿네이버스, 월드비전, 아름다운가게…. 이곳들은 홍보가 잘되고 있어서 후원이 많은가 보다! 이런 생각에 이번에는 홍보 업무에 집중하기로 마음먹었다. 종합사회복지관의 홍보 업무는 무척 다양하다. 소식지나 리플렛 같은 홍보물을 제작하고, 언론에 우리 복지관의 소식이 실리도록 기사를 제공하기도 하고, 홍보 영상도 만든다. 하지만 해 본 적도 없고 별로 아는 것도 많지 않아 어떻게 해야 할지 막막하기만 했다.

나중에야 알았다. 그때, 아는 것이 없었기에 사회복지사답게 일할 수 있었다는 것을….

인사하고 물어보며 동네를 '발견'하다

"사회복지사는 지역 주민과의 관계 속에서 일하는 거야. 지역 주민들과 관계가 좋을수록 일을 잘할 수 있어."

사회복지사 선배 한 분이 강조하던 말이 떠올랐다. 그 선배는 관계를 잘 맺으려면 당사자와 지역사회에 묻고 의논하고 부탁하며 다니라고 했다.

그래, 지역사회를 돌아다니면서 사람들을 만나고 지역에 무엇이 있는지를 확인하다 보면 소식지를 만들 수 있지 않을까? 지역사회의 이야기로 구성되면 주민들이 좋아할 것이고, 그렇게 좋은 관계를 맺으면 시골 동네처럼 함께 도우며 살아가는 도시 속의 공동체를 만들어 볼 수

:: 장애와 장애인에 대한 편견을 바꾸는 인식 개선 활동은 장애인복지관 사회복지사의 주요 활동 중 하나이다. 필자가 OX 퀴즈를 통해 초등학생들이 쉽고 올바르게 장애를 이해하도록 돕는 모습.

있지 않을까? 그러면 동네의 도움이 필요한 분들이 이웃과의 관계 속에서 자연스럽게 도움을 주고받을 수 있게 될 거야.

그렇게 동네를 돌아다니며 주민들에게 인사하고 말을 걸기 시작했다. 아담하고 예쁜 카페도 발견했다. 잠시 들러 커피를 마시면서 커피에 대해서 이것저것 물었다. 사장님은 귀찮을 법도 한데, 하나하나 친절히 답해 주셨다. 그 후 오가며 종종 카페를 찾았고, 카페 사장님이 문인협회에 소속된 작가라는 것도 알게 되었다. 그렇게 관계가 만들어지니 복지관 사업에도 적극 도움을 주기 시작하셨다. 동네에 내가 하는 일을 홍보하고, 후원금을 직접 모아 보내 주기도 하셨다. 어찌나 감사하던지.

그 외에도 이웃을 찾아가 인사하고 물어보는 과정에서 학원 선생님, 카페 사장님, 안경점 사장님 등 좋은 분들을 많이 만났다. 여전히 우리 지역사회에 인정이 있다는 걸 알게 되었다. 이런 관계를 통해 도움이 필요한 사람들에게 학원 수업도 지원해 주고, 후원금도 모금할 수 있었다. 더구나 내가 일하면 할수록 지역주민들도 더 많이 소문을 내며 홍보해 주셨다. 운동화가 닳도록 돌아다니고, 인사하고, 물어보며 다녔더니 일이 재미있어졌다.

선한 일을 하는 복지관도 '직장'

입사한 지 7개월, 업무가 변경되어 이제 막 교육·문화와 홍보 업무를 병행하고 있을 때 복지관의 모든 사회복지사에게 각자 하나씩 특화 프로그램을 구상해 보라는 지시가 내려왔다. 나는 이 동네에서 잘할 수 있는 일, 지역 주민이 원하는 일을 하고 싶었다. 문득 복지관을 찾아왔던 주민 한 분이 지나가는 말로 동네에 골목길 놀이가 없어서 아쉽다고 했던 말이 기억났다.

"내가 어렸을 때는 골목에서 고무줄도 하고 사방치기도 하면서 놀았는데, 요즘 아이들은 집에서 컴퓨터만 하고 있어요. 그러니 대화할 구실도 없어요. 예전처럼 골목길 놀이가 있으면 그걸 통해서 이야기를 나눌 수 있을 텐데. 그런 문화가 사라져서 아쉬워요."

그 아주머니가 직접 사업을 진행하면 좋겠다는 생각이 들었다. 그 과정에서 분명 자녀와 관계도 좋아질 것이고, 나아가 다른 아이들과 부모님들에게도 유익할 거라는 기대가 생겼다. 아주머니 연락처를 찾아 바로 전화를 했다. 두근두근 설레는 맘으로 혹시 골목길 놀이 사업을 같이 계획하고 진행해 주실 수 있는지 물었다. 아주머니는 흔쾌히 적극 참여하겠다고 하셨다.

:: 2012년 11월, 서울 서초구 내곡동에 있는 샘마을 비닐하우스촌에서 김장 잔치가 열렸다. 주민들과 한우리센터를 후원해 주는 '쿠팡' 직원들이 함께 150포기의 김장을 즐겁게 마쳤다.

이후에 수시로 아주머니에게 의견을 구했다. 어떤 목적과 목표를 가지고 진행할 것인지, 언제 어디서 진행하면 좋을지, 어떤 놀이를 하면 좋을지, 예산은 어떻게 마련할지, 참여자는 어떻게 구성할 것인지…. 그렇게 서로 묻고 의논하면서 지금까지 내 사회복지사 인생에서 가장 의미 있는 사업 계획서가 완성되었다. 당사자가 직접 기획하고 참여하는 사업, 그 지역사회가 잘할 수 있는 사업, 어머니와 자녀 간에 문화적 공감대를 형성할 수 있는 사업, 준비하는 동안 가장 재미있고 쉽게 기획한 사업, 누구나 공감할 수 있는 사업.

하지만 일에 대한 기대감이 너무 컸던 것일까? 곧 한계에 부닥쳤다.

"선한 일을 하는 복지관도 '직장'이다."라는 말이 있다. 여느 회사와 마찬가지로 복지관에도 일을 진행하면서 거쳐야 하는 절차와 과정이 있는데, 그때는 잘 몰랐다. '지역 주민의 의견이라면 무조건 실행해야 하는 것 아냐?' 그렇게 생각했고 내 뜻을 몰라주는 선배들이 서운했다.

나는 실적에 대한 부담에서 벗어나 자유롭게, 그리고 지역 주민들에게 부담이 되지 않는 선에서 사업을 진행하고자 했다. 그러나 행정기관에 실적을 보여야 한다는 압박을 받는 복지관으로서는 당연히 어느 정도의 성과를 요구했고, 나는 나대로 지역 주민의 뜻을 지켜야 한다며 물러서지 않았다. 그 속에서 타협점을 찾았어야 했는데, 사회 경험이 없던 나로서는 그런 융통성을 생각할 겨를이 없었다. 원하는 방법과 방향으로 일을 해 나가고 있다는 자부심이 있었으나, 과도한 업무량과 스트레스에 예기치 않았던 사건들이 생기면서 나 역시 지쳐 갔다. 여기에 개인적인 문제까지 겹치면서 건강마저 나빠졌다. 결재 지연과 그에 따른 사업 연기, 개인적인 사건·사고, 거기다 건강까지 악화되면서 결국 나는 한순간에 주저앉아 버렸다.

장애인들 얘기 듣다가 눈물 흘리기 일쑤

그렇게 아쉽게 첫 직장을 떠나 장애인복지관인 서초구 한우리정보문화센터에서 다시 꿈을 펼치게 되었다. 장애인복지관은 그 복지관이 위치한 지역에 거주하는 장애인을 위해 여러 복지 사업을 수행한다. 장애 당사자를 직접 도울 뿐만 아니라 지역사회가 장애인을 이해하고 함께 살아가도록, 장애인도 평범한 주민이자 당당한 시민으로 살도록 돕는 일을 매우 중요하게 여긴다. 우리 기관의 경우 이름처럼 '문화센터'로서 각종 문화 공연을 열어 이를 통해 자연스럽게 사람들이 '나와 다름'을 문제나 차별로 생각하지 않도록 한다.

이곳에 와서 새롭게 맡은 업무는 어려움에 처한 이웃을 직접 만나

:: 센터에서는 장애아의 어머니들이 주말에 쉴 수 있도록 아이의 여가 활동을 돕는 '드림헬퍼'라는 여가 도우미 프로그램을 매달 운영하고 있다. 2012년 7월에는 서울랜드에 갔다.

어떻게 도우면 좋을지 함께 궁리하는 일이었다. 뜻이 아무리 좋아도 첫 술에 배부를 수 없으니 천천히 오래간다, 멀리 보고 조금씩 움직이자, 하고 다짐했다. 무엇보다 직장 동료와 좋은 관계를 맺고 직장의 문화와 기본 업무 원칙을 익히는 데 우선 노력했다.

그렇게 3개월 정도 지나 어느 정도 적응이 된 후에 이번에도 역시 동네 이웃들을 만나러 다녔다. 최소한 하루 한 명의 지역 주민을 만나 이야기를 나누자고 다짐하고 꾸준히 주민들을 찾아뵙기 시작했다. 만나는 분마다 삶이 참 다양했다. 쉽지 않았을 장애인의 삶, 처절하게 살아온 그분들의 이야기를 듣다 보면 나도 모르게 감정에 휩싸여 국장님과 팀장님에게 혼나기 일쑤였다. 감정이 앞서는 바람에 정작 중요한 정보를 놓쳐, 그분들에게 필요한 도움을 드리는 데 오랜 시간이 소요되곤 했다. 사람을 만날 때에는 명철하게 핵심적인 내용을 파악하고 상대방이 표현하고 싶어 하는 것을 알아내야 하는 것이 사회복지사의 일인데, 아직도 나는 갈 길이 먼 것 같다. 그래도 그 당사자의 마음에 공감하고 함께 아파하는 진정한 마음은 계속 간직할 것이다. 이런 마음 없이 어떻게 우리 일을 할 수 있겠는가.

듣다 보면 답이 나온다

만나는 분마다 원하는 도움도 다양하다. 성인이 되어도 기저귀를 착용해야 하는 장애인 자녀를 위해 기저귀 값을 후원받고자 하는 분, 심각한 술 문제로 가족이 해체될 위기에 몰린 분, 수술비가 없어서 아파도 병을 치료할 수 없는 분, 월세를 내지 못해 집에서 쫓겨날 위기에 처한 분.

사회복지사가 해결해 줄 수 없는 문제도 많다. 그러나 그런 문제들도 잘 듣다 보면 해결되는 경우가 많다. 한번은 어느 아주머니를 상담하게 되었다. 남편을 여읜 후 참 외로워하시는 아주머니에게 살아온 이야기, 좋아하는 것, 가족 이야기를 한 시간 넘게 들었다. 그리고 특별히 잘하시는 것이 무엇인지를 물었다. 아주머니는 남편이 돌아가시기 전까지는 요리를 잘했다고 하셨다. 집이 초라해도 종종 친구나 이웃을 초대해 음식을 만들어 먹었으며, 지금도 교회에서 주일마다 음식 만드는 일을 거든다고 하셨다. 하지만 집에 혼자 있을 때에는 의욕이 없어 대충 먹거나 아예 요리를 하지 않는 상황이었다. 아주머니댁 가까이에 사는, 정신장애로 음식 만드는 걸 두려워하시는 주민이 떠올랐다. 아주머니께 그분을 가끔 찾아가 음식 만드는 일을 알려 주실 수 있겠느냐고 물었다. 아주머니는 흔쾌히 그러겠다며 오히려 그런 부탁을 해 줘서 고맙다고 하셨다.

어려운 사람을 잘 돕는다는 것은 좋은 물건을 주고 좋은 서비스를 제공하는 것이 아니라 당사자의 인격을 살리고 잘하는 일을 더 잘하게, 자신의 강점을 발휘하며 살아가도록 돕는 일이란 걸 다시 깨달았다. 보람도 느꼈다. 이게 사회복지사구나! 열심히 인사드리고, 묻고, 부탁하니 어려운 분들도 좋아하시는구나!

이렇게 새내기 사회복지사는 오늘도 현장에서 좌충우돌하며 조금씩 성장하고 있다. 내가 사회복지사인 게 자랑스럽고, 함께 일하는 동료와 우리 한우리정보문화센터에 감사하다. 무엇보다 삶을 보여 주며 인생을 알게 해 주는 우리 동네 좋은 이웃들께 감사하다.

장애인복지관은 요양 시설과 어떻게 다를까

장애인 요양 시설은 장애인이 먹고 자며 생활하는 곳이지만, 장애인복지관은 지역사회에 살고 있는 장애인에게 필요한 각종 서비스를 제공하는 기관이다. 그 서비스에는 장애가 회복되거나 완화될 수 있도록 돕는 재활 치료, 심리 치료, 언어 치료, 음악 치료, 미술 치료 등이 포함된다. 또 장애로 인해 생기는 일상생활의 수많은 문제를 장애인이 잘 감당하며 살아갈 수 있도록 돕는다. 혼자 이동할 수 없는 장애인에게는 활동보조인을 주선하고, 휠체어를 제공하고, 이동하는 데 제약이 되는 '장애물'을 제거하며, 신체를 단련하는 체육센터의 역할도 한다. 또 실질적인 장애 인식 개선 활동은 물론 문화 공연 같은 여러 방법을 통해 자연스럽게 사람들이 장애를 받아들이도록 한다. 한마디로 장애인복지관은 장애인 비장애인이 한데 어우러져 사는 마을을 일구는 지원 기관이라고 할 수 있다.

2장

다양한 사회복지사의 세계

'운명의 장난'이
'운명의 만남'이 될 줄이야…

| 이상훈 |

성심노인복지센터에서 재가노인지원서비스팀 팀장으로 일하고 있다. 가톨릭상지대학 사회복지과를 졸업했으며, 현재 재가노인복지 5년차. 5년 전 B612별을 떠나 여행 중이다. 왕, 허영꾼, 술꾼, 사업가, 가로등지기, 지리학자 모두가 어울려 행복하게 살아가는 세상을 꿈꾸는 사회복지계의 어린왕자.

내가 결코 하고 싶지 않은 것이 두 가지 있었다. 바로 '노인 복지'와 '영업'이었다. 좀 심하게 표현하자면 '죽기보다 싫은 노인 복지, 노인 복지보다 더 싫은 영업'이라고 할까. 하지만 사회복지학과를 졸업한 후 처음으로 일하게 된 직장이 '노인 복지 시설'인 데다 맡은 업무는 바로 '홍보 담당'이었으니, 이 무슨 운명의 장난이란 말인가?!(ㅠ.ㅠ) 정말이지 죽기보다 싫었던 두 가지를 동시에 할 수밖에 없었으니 그야말로 고통의 연속이었다.

내가 사회복지사가 된 이유는 두 가지다. 남을 도울 수 있다는 것과, 남을 도우면서도 월급을 받는다는 것이다. 아버지의 사업 실패와 중학교 2학년 때부터 이어진 15년간의 투병생활 등 나름대로 어려운 삶을 살아온 터라, 나처럼 힘들게 살아야 하는 아이들을 도와주고 싶었다. 그런 내게 생활을 유지할 수 있으면서도 남을 도와줄 수 있는 사회 복지는 그야말로 금상첨화였다.

하지만 내가 아직 사회복지를 할 준비가 되어 있지 않았다는 사실을 그 '운명의 장난'(지금은 '운명의 만남'이 된)을 통해 알게 되었다. 어려웠던 과거를 통해 어려움에 처한 사람들의 마음을 이해하는 공감대는 갖추었지만, 정작 그에 대한 두려움을 극복하지는 못했던 것이다. 내 마음의 두려움도 극복하지 못했는데 수많은 사회문제를 어찌 극복할 수 있었겠는가!

실수로 2000만 원을 날리고 소장님과 함께 울다!

2008년, 노인 복지 현장에는 치열한 경쟁의 바람이 불어 닥쳤다. 노인장기요양보험제도 도입 후 어르신 수에 따라 돈이 지원되는 시스템으로 바뀌면서 각 시설마다 생존을 위해 어르신 유치 경쟁을 벌이게 된 것이다. '더불어 사는 삶'을 지향하는 나는 그런 경쟁을 벌이지 않고도 복지를 실천할 수 있는 곳으로 이직했다.

하지만 자본주의사회에서 돈으로부터 완전히 자유로울 수는 없는 일. 새 직장에서 맡은 나의 주요 업무는 건강이 악화돼 스스로 생활하기 힘든 어르신들에게 밑반찬, 목욕, 집수리 등의 서비스를 제공해 보다 나은 삶을 살도록 돕는 것이었다. 2개의 읍과 2개의 면에 있는 어르신들에게 이런 서비스를 제공하기 위해선 상당한 액수의 돈이 필요하기 마련이다. 지방자치단체에서 재원을 지원받지만 늘 부족한 것이 불편한 진실이다. 그렇기에 사회복지사들에게는 복지사업 재원을 확보해야 하는 또 하나의 막중한 임무가 주어진다.

당시 우리 노인복지센터는 경북사회복지공동모금회로부터 1년에 2000만 원의 사업비를 지원받아 서비스를 실시하고 있었다. 1년 단위로 실시되는 사업이다 보니 한 해가 지나면 다시 사업 신청을 해야 했다. 그런데 사업신청서에 필수 항목 하나를 빠뜨리는 나의 중대한 실수로 인해 그만 사업비를 지원받지 못하는 상황이 벌어지고 말았다. 믿기지 않았다. 아니, 믿고 싶지 않았다.

'이제 어떡해야 하나? 당장 내년 사업비는 어떻게 확보하나? 담당 선생님 인건비는 어떡하지…?'

수많은 걱정에 잠을 이룰 수 없었다. 특히 어리석은 나를 믿고 일을 맡겼다는 이유만으로 모든 책임을 져야 하는 소장님을 생각하니 견딜 수가 없었다. 소장님의 잘못이라면 못난 나를 믿어 주신 것밖에 없는데, 나는 그 기대에 부합하기는커녕 오히려 상처만 안겨 드렸다. 가슴이 터질 것만 같았다. 크나큰 죄책감으로 인해 모든 책임을 안고 물러나고 싶었지만 그럴 수는 없었다. 실수보다 더욱 비겁한 도피를 선택할 수는 없었기에 어떻게든 책임을 지기 위해 소장님을 찾아 뵈었다.

"소장님, 죄송합니다. 저의 큰 실수로 소장님과 기관에 누를 끼치게 되었습니다. 어떤 책임이라도 감내하겠습니다."

말은 그렇게 했지만, 사실 내가 할 수 있는 것은 별로 없었다. 다른 공모 사업이 있나 밤이 새도록 찾았지만 별다른 성과를 거두지 못했다. 또 월급을 반납한다 할지라도, 편찮으신 부모님까지 부양해야 하는 내가 책임질 수 있는 것은 극히 일부분일 뿐이었다. 하지만 그렇게 해서라도 책임을 져야 한다고 생각했다.

"이상훈 선생, 괜찮습니다. 이 선생의 잘못보다 제 잘못이 더 큽니다. 그리고 사업비에 대해서는 고민하지 마세요. 다 길이 있을 겁니다. 다만 다음부터는 우리, 이번과 같은 실수를 하지 않도록 합시다.”

야단치셔도 될 상황이었다. 하지만 소장님은 평상시와 전혀 다를 것 없이, 아니 오히려 평상시보다 더 온화한 목소리와 눈빛으로 나를 위로해 주셨다. 그 순간 나도 모르게 그만 두 눈에서 눈물이 흘러내리기 시작했다. 가슴속 깊은 곳에서부터 터져 나오는 그 울음을 애써 참으려 했지만 도저히 참을 수 없었다. 그 모습을 보며 소장님은 두 장의 티슈를 건네셨다. “울지 마세요.”라고 말씀하신 뒤 당신도 뒤돌아 눈물을 훔치셨다. 그렇게 나와 소장님은 울어야 했다!

의존하는 어르신, 지쳐 가는 봉사자, 어떻게 바꿀까

이 일로 나는 사회복지에서 돈이 얼마나 큰 존재인지를 뼈저리게 깨닫게 되었고 그와 함께 무너져 버린 나의 정체성 역시 좀처럼 회복되지 않았다. 그러던 어느 날 ‘자연주의 사회복지’를 실천하고 있는 김세진, 박시현 선생님의 강의를 통해 돈이 아니라 ‘사람다움’과 ‘사회다움’을 회복하도록 돕는 것이 진짜 사회복지라는 것을 깨닫게 되었다. 서비스 이용자가 삶의 주인이 되도록 돕는 ‘사람다움’, 그리고 우리 사회가 약자가 살만한 세상이 되도록 돕는 ‘사회다움’. 잃어버린 돈과 함께 완전히 비어 버린 나의 빈 잔을 그 두 가치로 채웠다.

그동안 내 나름대로 노인 복지를 실천해 왔지만 진정 어르신들을 위한 복지는 하지 못했다는 사실에 가슴이 아팠다. 그래서 내가 담당하고 있는 사업 중에서 적용해 볼 만한 프로그램을 그 자리에 모인 선생

:: 한 달에 한 번, 혼자 목욕하기 어려운 어르신들을 목욕탕에 모시고 가고 식사 대접도 하는 '목욕 마실' 프로그램에 참여한 어르신들이 드시고 싶은 음식을 직접 준비하고 있다.

님들과 함께 고민했다. 그 결과 '목욕 마실'이 탄생했다.

우리 센터는 스스로 목욕하기 어려운 어르신들을 한 달에 한 번 대중목욕탕에 모시고 가 자원봉사자들이 목욕을 돕고, 목욕이 끝난 후에는 지역 식당의 후원을 받아 식사하는 방식으로 목욕 서비스를 진행해 왔다. 그런데 몇 년이 지나면서 문제가 발생했다. 자원봉사자의 수는 정해져 있는 데 반해 어르신들은 점점 증가했고 의존성마저 커져 직접 할 수 있는 부분까지 도움을 요청하는 바람에 봉사자들이 지치기 시작한 것이다. 거기에다 후원하는 식당이 적어 식사 메뉴가 한정되면서 어르신들이 먹고 싶은 음식을 자유롭게 먹을 수도 없는 상황이 되었다.

어떻게 했으면 좋겠느냐고, 먼저 당사자인 어르신들에게 물었다. 당신들이 직접 메뉴를 정해 만들어 먹고 싶다고 하셨다. 반찬 재료비는 각자 3000원씩 회비를 걷어 마련하기로 했다. 이어 지난 6년간 변함없이 어르신들의 목욕을 도와준 봉사회 회원들을 만나 조심스럽게 '목욕 마실'의 취지를 설명했다. 봉사자가 목욕과 반찬 만들기 등을 한꺼번에 다 도와줄 것이 아니라 둘 중 어르신이 할 수 있는 일을 잘하게 돕자고 애기했다. 대부분의 봉사자들은 지금도 힘든데 더 힘들어질까 봐 싫다고 했다. 두 번째 만남에도 대답은 여전히 '노(No)'였다. 하지만 포기할 수 없었다. 다시 한 번 봉사회 회장님을 찾아가 간곡히 부탁한 끝에 마침내 동참하겠다고 약속해 주셨다. 우리는 원칙을 세웠다. 어르신들의 남아 있는 능력을 유지하고 의존성을 줄이는 한편, 봉사자들이 지치지 않도록 어르신들이 스스로 할 수 있는 것은 스스로 하게 돕자고. 그렇게 두 달간의 준비 과정을 거쳐 2011년 4월 19일, 드디어 첫 '목욕 마실'이 시작되었다!

어르신과 봉사자, 서로 등 밀어 주는 사이로

아직도 그날의 감동을 잊을 수 없다. 잘 걷지 못하는 어르신 한 분은 목욕 마실을 위해 쌀과 참기름을 내놓았고, 뇌졸중으로 좌반신이 마비된 어르신은 나머지 한 손과 입을 이용해 나물을 다듬었다. 비록 가난하고 불편하지만 자신들이 가지고 있는 것을 나누고, 남은 능력을 최대한 살리면서 어르신들은 목욕 마실의 주인이 되어 갔다. 그렇게 당당함을 회복한 뒤에는 나눔을 실천하기 시작했다. 더 어려운 분들을 초청해 함께 식사를 나누었다. 회장과 총무를 선출하고 회칙을 만들어 누가 입원을 하게 되면 위로금을, 자원봉사자의 아들이 결혼할 때에는 축의금을 전달했다. 평상시에도 회원들끼리 서로 안부를 묻고 목욕탕이 쉬는 달에는 자체적으로 나들이를 다녀오는 등 사회적 관계망이 확장되었다.

그동안 힘들어했던 봉사자들도 목욕 마실 하기를 참 잘했다며 기뻐했다. 이제는 어르신들이 목욕 봉사자들의 등을 밀어 주기도 하는 등

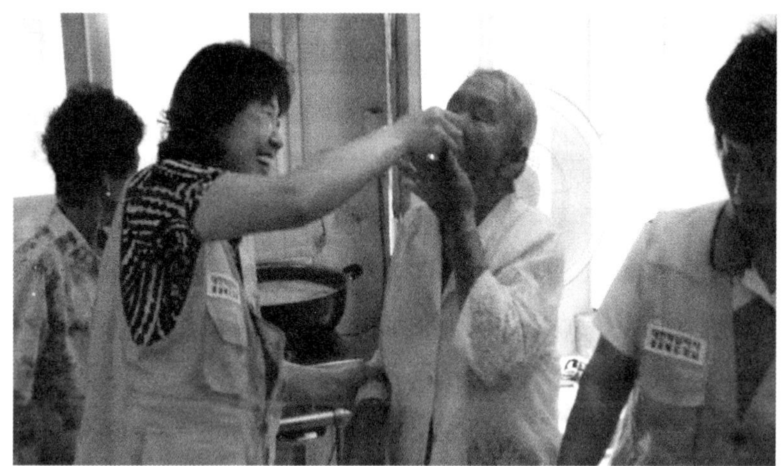

:: 목욕 마실 어르신들은 더 어려운 사람들을 초청해 식사하고 회원들끼리 서로 돕는 등 명실공히 '주인'으로 거듭났다. 자원봉사자들과의 관계 역시 더욱 돈독해졌다.

따뜻한 정을 나누는 관계로 발전했다! 지역사회도 관심을 보이기 시작했다. 노인 복지를 실천하면서 가장 힘든 점 중에 하나가 어르신들이 받기만 한다는 지역사회의 편견인데 목욕 마실 어르신들이 이처럼 주체적으로 생활하는 모습을 보며 주민들도 달라졌다. 어르신들이 반찬 재료를 사러 오면 조금씩 깎아 주고 식사 대접도 하는 등 응원을 보내게 된 것이다. '돈'보다 '사람다움'을 지향하는 게 이렇게 많은 사람들에게 행복을 줄 수 있다는 사실에 그저 감사할 따름이다.

6개월간 매일 방문해 바둑 두고 밥 먹고

낡은 경운기에는 속이 꽉 찬 배추가 가득했다. 어르신은 함박웃음을 지었다. "내가 농사지은 거여. 김장해서 어려운 사람들 나눠 줘."

아, 그동안의 노력이 결코 헛되지 않았구나! 그 순간, 1년 전 어르신을 처음 만났을 때 모습이 머릿속을 스쳐 지나갔다. 대나무 숲에 둘러싸여 입구조차 찾기 힘든 집. 주위에 가득 쌓인 온갖 쓰레기와 잡동사니. 화재로 절반쯤 탄 모양새. 난방은커녕 화장실도 없고 물조차 나오지 않는 곳에서 어르신은 혼자 살고 있었다. 정신질환으로 인해 이웃은 물론 가족과도 40여 년을 단절된 채 살아온 상태였다. 심지어 여러 복지 기관에서도 3개월을 넘기지 못하고 포기해, 버려지다시피 우리 센터에 의뢰되었다.

사람으로서 누려야 할 기본적인 삶조차 누리지 못하는 환경이었지만 무엇보다 심각한 것은 타인과 대화조차 거부하는 어르신의 닫힌 마음이었다. 그 마음을 열기 위해 나는 매주 수요일마다 방문했다. 처음에는 완강히 거절하던 어르신도 차츰 마음의 문을 열었고, 1년 정도 후에는 집수리를 허락했다. 소장님의 주선으로 봉사 단체와 연계하여 집을 수리했고, 그사이 어르신은 병원에 가서 정신과 치료도 받았다.

이제 가장 중요한 것은 마을 주민들과 관계를 만드는 일이라 생각했다. 소장님, 팀장님과 함께 이장님을 찾아가 어르신이 퇴원하는 날에 마을 주민들과 함께 입주식을 하면 어떻겠느냐고 제안했다. 감사하게도 이장님은 그러자고 하시며 떡도 맞춰 주셨다. "어르신께 조금 더 관심을 가져 주세요. 부탁드립니다." 나는 집집마다 떡을 돌리며 부탁했다. 정신질환을 가진 어르신이 꾸준히 약을 먹도록 지속적으로 방문해 도와줄 사람이 필요했으나, 워낙 오랫동안 단절된 채로 지내온 탓에 선뜻 나서는 이가 없었다.

'여기서 포기할 수는 없어.' 내가 먼저 진정성을 보여 주지 않으면서 다른 사람들에게 함께하기를 요구할 수만은 없는 일이었다. 그래서

:: 정신질환으로 주변과 전혀 교류가 없던 어르신을 돕기 위해 필자는 꼬박 6개월 동안 매일 방문했다. 그 덕분인지 어르신은 직접 농사지은 배추를 싣고 와 어려운 이웃을 도우라며 '감동'을 선물했다.

주민들이 나의 진심을 알아줄 때까지 6개월 동안 매일 저녁 어르신 댁을 방문하였다. 나중에 들은 얘기지만 주민들은 내가 곧 포기할 거라고 생각했다.

사실 나도 업무를 마치고 저녁마다 방문하는 것이 쉬운 일은 아니었다. 바로 그때 나의 지침이 되어 준 것이 바로 '강점을 발견하고 그 강점을 도와주는 것'이었다. 만날 때마다 어르신의 강점을 찾으려 노력했다. 그 결과 바둑을 두실 줄 안다는 사실을 발견하게 되었다. 바둑판을 갖고 가 어르신에게 바둑을 배웠다. 그때부터 더욱 친밀해졌다. 드시고 싶은 음식을 말하면 사 가지고 가서 함께 나눠 먹으며 대화를 나누었다. 가끔씩 읍내에서 만나 함께 식사도 나누었다.

마을 주민들과 어르신의 관계도 많이 좋아졌다. 아직까지 어르신이 완전히 회복된 것은 아니다. 여전히 헌 물건을 사다 모으고 청소나 정리정돈을 못하는 등 여러 가지 문제가 있다. 그러나 결코 실패한 것은 아니라고 생각한다. 마을 주민들의 관계 개선이 한 사람의 회복에 얼마나 큰 힘이 되는지를 보았기 때문이다.

첫술에 배부르랴

노인 복지 분야에서는 이처럼 어르신들이 살고 있는 곳에서 더 나은 삶을 살 수 있도록 돕는 모든 서비스를 총망라한다. 다른 사회복지사들도 마찬가지겠지만, 노인 복지 분야에서는 오랜 시간을 들여야 하는 일이 다반사다. 이미 오랜 세월 살아오신 그분들의 삶의 방식을 인정하고, 내가 진심으로 돕고자 하는 진정성을 보여 준다면 바뀔 수 있다. 그러니 옳다고, 어르신에게 도움이 되는 방향이라고 확신이 들더라도 천천히, 조바심 내지 않고 가는 자세가 필요하다.

첫술에 배부를 수는 없다. 하지만 두 숟갈, 세 숟갈의 밥을 먹을수록 배가 부를 것이고 다시 힘을 얻을 것이라는 확신 때문에 우리는 숟가락질의 수고를 당연시한다. '사회다움'을 돕는 것도 마찬가지다. 소외되어 있는 한 사람을 외면하지 않고 마을 주민들이 함께 고민하고 주도적으로 돕는다면 그 한 사람뿐만 아니라 마을 전체가 배부르게 될 것이고 더 건강해질 것이라는 확신 때문에 우리는 '사회다움'을 돕는 수고로움을 당연시하여야 한다.

이제 그 첫 술의 확신을 맛보았으니, 나는 두 숟갈, 세 숟갈의 수고로움을 당연시할 것이다. 모두가 배부르고, 다시 힘을 얻어 더 건강해진 사회를 이룰 때까지!

어려운 사람만 돕는다?
어려운 사람도 돕는다!

| 임병광 |

안산 본오종합사회복지관 자원개발팀에서 일하고 있다. 여행과 사진, 하늘을 바라보며 공상하는 것을 좋아한다. 평생 사회복지사로 흔들리지 않는 중심과 비전을 가지고 살아가길 원하며, 내가 살아가는 사회에 관심을 가지고 정의로운 일에 함께하고자 한다.

"무슨 일을 하세요?"

"사회복지사입니다."

"좋은 일 하시네요."

"아, 네….."

나의 직업은 '사회복지사'다. 좀 더 구체적으로 들어가면 '종합사회복지관'에서 근무하는 7년차 사회복지사다.

사회복지사는 사회복지사 자격증을 소지하고 복지와 관련된 현장에서 일을 하는 직업으로, 그 분야는 복지관, 병원, 요양원, 학교, 기업 등 매우 넓게 분포되어 있다. 요즘에는 선거철이 되면 정치인 누구나 '복지'를 이야기하고, 일반 시민들도 보편적 복지와 선별적 복지에 대해 토론을 하는 등 사회복지가 우리의 삶 깊숙이 들어와 있다.

내가 대학에서 사회복지를 공부하던 10년 전쯤만 해도 사회복지사가 지금과 같이 다양한 분야에 진출해 있지 않았고 복지에 대한 사람들의 관심도 크지 않았던 것을 떠올리면 큰 변화라고 할 수 있다. 하지만 복지에 대한 인식이 이처럼 긍정적으로 변화했음에도, 아직도 많은 사람들이 사회복지사라고 하면 '좋은 일을 하는 사람'이라고만 이해한다. 더러는 사회복지사가 보수를 받지 않고 자원봉사한다고 생각하는 사람도 있다. 이 생각이 완전히 틀렸다고 할 수는 없지만, 우리 사회복지사들은 단순히 '좋은 일'을 하는 사람이 아니다. 그 좋은 일을 왜, 어떻게 할지에 대한 가치와 철학을 담아 일한다.

모든 주민을 두루 돌보는 종합사회복지관

대학을 졸업하면서 어느 분야에서 일할지 고민하던 중 사회생활 초기에는 다양한 경험을 쌓는 것이 중요하다는 생각에 '종합사회복지관'을 목표로 잡았다. 그 중에서도 나와 비전이 일치하는 기관을 찾았는데, 그곳이 바로 지금 일하고 있는 안산의 본오종합사회복지관이다.

종합사회복지관은 병원으로 비유하면 '종합병원'에 해당한다. 내과, 외과, 소아과, 정형외과 등이 한 곳에 있어 모든 사람이 이용하는 종합병원처럼, 종합사회복지관은 아동, 청소년, 성인, 노인 등 그 지역의 모든 계층을 위한 복지 서비스를 제공한다.(특정 계층을 대상으로 하는 노인복지관, 장애인복지관, 청소년지원센터 등도 있다.) 종합사회복지관은 지역의 모든 주민을 위한 가장 기본적인 사회복지시설인 만큼 이곳에서 근무하는 사회복지사는 다양한 분야의 사업을 두루 경험할 수

:: 본오복지관에서는 매년 가정의 달이면 지역 주민이 직접 준비하고 함께 참여하는 동네 잔치를 연다. 복지관 개관 10주년이었던 2011년 축제 때 사회를 보는 필자.

있으며, 이후에 다른 기관으로 옮기더라도 적응이 빠른 편이다. 반면에 대상층이 넓은 만큼 사업과 행정 업무가 많아 종종 야근을 한다.

흔히 사회복지에 대한 오해 중 하나가 '어려운 사람'만을 돕는다고 생각하는 것이다. 그러나 실제 복지관의 사업을 보면 일반 주민을 대상으로 하는 사업도 많다. 특히 문화 활동에 대한 관심이 늘어나고 주 5일제 근무와 학교 수업으로 여가 시간이 늘어나면서 이와 관련한 사업을 많이 진행하고 있다. 아이들이 이용할 수 있는 교육 문화 프로그램을 비롯한 인문학 및 세계시민교육 집단 프로그램, 청소년을 위한 동아리 활동, 자원봉사학교, 멘토링 프로그램, 성인들이 이용할 수 있는 여가, 문화, 주민 모임 및 가족 기능 강화 프로그램, 어르신들이 이용하는 여가 문화 교실, 어르신 역량 강화 프로그램, 다문화 가정과 이웃이 함께하는 카페, 나눔 활동, 공동체 프로그램 등 우리 복지관에서도 다양한 사업을 펼치고 있다. 이외에도 각 지역의 환경과 특성에 따라 고유의 사업을 꾸려 가는데, 우리 복지관의 경우 안산이라는 지역 특성상 결혼 이주 여성이 많아 이와 관련한 사업을 많이 진행한다.

사회가 발전하고 복지에 대한 관심이 높아질수록 이처럼 모든 주민을 대상으로 하는 '보편적 복지'가 확대될 것이다. 그에 따라 사회복지사의 역할도 달라지고 있다. 물론 도움이 필요한 사람을 돕는 고유의 역할은 변하지 않겠지만, 보통 사람들도 함께하도록 끌어들이는 역할까지 해야 한다. 사회적 약자를 돕되, 모든 주민이 관심을 갖고 복지 사업에 참여할 수 있도록 주선하고 거들어 주는 사람. 그리하여 사람 사이의 정이 살아나고 더불어 행복한 마을을 꿈꾸는 사람. 그것이 바로 이 시대의 진정한 사회복지사가 아닐까?

사회복지사는 '갑', 주민은 '을'?

사회복지사는 개인의 주체성과 자기 결정권을 보장하는 데 최선을 다하고, 어떠한 여건에서도 개인이 부당하게 희생되는 일이 없도록 한다. 이러한 사명을 실천하기 위하여 전문적 지식과 기술을 개발하고, 사회적 가치를 실현하는 전문가로서의 능력과 품위를 유지하기 위해 노력한다.

의사에게 '히포크라테스 선서'가 있듯, 사회복지사에게는 '사회복지사 윤리 강령'이 있는데 그 윤리 강령 중에 위의 내용이 있다. 사회복지사는 도움이 필요한 사람을 일방적으로 돕는 것이 아니라, 당사자가 그 과정에 주인으로서 행동하고 결정하도록 당사자의 의견과 결정권을 최우선으로 고려해야 한다는 말이다. 왜 그렇게 할까?

만약 사회복지사가 당사자의 모든 것을 도와주거나 대신한다면 그 사람은 평생 누군가의 도움을 받으며 살 수밖에 없다. 따라서 어려움을 해결하는 과정에 당사자가 삶의 주인으로서 참여할 수 있도록 사회복지사는 곁에서 부족한 부분을 채우며 거들 뿐이다. 그렇게 하면 이후에 비슷한 어려움이 발생했을 때 스스로 해결할 수 있는 힘이 생긴다. 복지관에서 사업을 하다 보면 '주는 사람'과 '받는 사람'이라는 수직적 관계가 생기기 쉽다. 흔히 말하는 갑과 을의 관계가 되어 버리는 것이다. 어떻게 해야 이러한 수직적 관계를 수평적 관계로 바꿀 수 있을까? 나는 그 해답을 이용자(주민)와 함께하는 데서 찾고자 한다. 사회복지사 혼자 사업을 준비하고 진행하는 것이 아니라, 지역 주민들과 함께 사업을 만들어 가는 것이다.

2000명 주민이 나선 마을 축제, 주민이 취재하는 마을 신문

우리 복지관에서는 매년 봄과 가을에 마을 축제를 연다. 초기에는 복지관 직원들이 모든 행사를 준비하고 진행하였다. 그러다 보니 약 2000명이 참여하는 마을 축제를 한번 끝내고 나면 다음날은 아무것도 할 수 없을 만큼 힘이 들었고 몸이 좀 약한 직원은 병원에 입원할 정도였다. 또 축제에 참여하는 주민들은 단순히 와서 즐기고 가는 '이용자'에 머물렀다. 시간이 지날수록 '마을' 축제가 아니라 '복지관만의' 축제가 되어 가는 듯했다.

'어떻게 하면 좀 더 즐겁고 의미 있는 축제로 발전할 수 있을까?' 이런 고민의 결과, 2009년부터 '지역 주민 서포터즈'를 구성하여 축제를 함께 만들어 가고 있다. 먹거리 판매, 아나바다 장터, 공연 등 축제

:: 2010년 9월 창간된 마을신문의 기자단은 모두 지역 주민들이다. 매달 모여 열심히 의논하는 주민기자단.

의 여러 프로그램을 주민들이 자발적으로 기획하고 진행하는 방식으로 바뀐 것이다. 자연스럽게 주민이 축제의 주인공이 되었고, 복지관에서도 힘은 덜 들면서 더 즐겁고 풍성한 축제로 거듭나고 있다.

주민과 함께 만드는 또 다른 사업으로 '골목골목 마을신문'이 있다. 마을 신문은 내 이웃에 누가 살고 있는지, 내가 살고 있는 마을에서 어떤 일이 일어나는지 알려 보자는 생각으로 시작되었다. 신문 이름을 공모하는 것에서 시작해 2010년 10월에는 주민기자단과 첫 만남을 가졌다. 목사, 어린이집 원장, 주부, 한글반 자원봉사자, 한국어교실 학생, 사진동호회 회원, 시민 단체 교육국장 등 다양한 분야의 주민들이 기자단으로 참여했다.(현재는 2기 기자단이 활동 중이다.)

기사 속의 주인공도 역시 우리 이웃들이다. 처음 기자단을 모집해 마을 신문을 기획할 때부터 일반적인 신문처럼 사건 사고 위주로 가기보다는 우리 마을의 평범한 이웃을 인터뷰하고 따뜻한 소식을 중심으로 만들어 가고자 의논하였다. 동네 작은 도서관의 사서에게 도서관 소개를 듣고, 동네의 싸고 맛있는 음식점을 소개하고, 이웃 초등학교 교장선생님의 동시를 연재하고, 복지관 앞 뻥튀기 장수 아저씨도 인터뷰했다. 또 여름에는 '사진 공모전', 가을에는 '어린이 창작동시 공모전'을 열어 어린이부터 어른까지 본오동 주민이라면 누구나 참여할 수 있는 공간으로 만들고 있다.

피하고 싶던 주민이 '형님'으로… 사회복지사 하길 참 잘했다!

우리 복지관은 사업의 특성에 따라 자원개발팀, 프로그램팀, 사례관리센터, 운영지원팀 등으로 나뉘어 있다. 처음 복지관에 들어왔을 때 나는 재가복지팀(지금은 사례관리센터로 바뀌었다)에서 사례 관리와 경로 식당, 재가 서비스를 주로 담당하였다. 처음에는 업무가 서툴고 경험이 없어 많이 혼나기도 하고 생각지 못한 상황에 놓이기도 했다. 공원에서 술을 먹고 찾아와 다짜고짜 언성을 높이는 주민, 왜 나한테는 도움을 안 주느냐며 화를 내는 주민, 거기에 쌓여 가는 행정 업무로 야근이 이어질 때면 무엇을 위해 이 일을 하고 있나 회의가 들기도 했다. 그러나 생각해 보면 힘들고 괴로운 순간보다 즐겁고 행복한 순간이 더 많았다.

복지관의 경로 식당에 오는 주민 중에 술을 자주 먹는 아저씨가 한 명 있었다. 평소에는 조용하고 친절했으나 술만 마시면 행패를 부려서 주변에서 모두 피하는 사람이었다. 처음에는 나도 가능하면 마주치지 않으려고 피해 다녔다. 그러나 언제까지 피할 수는 없는 노릇. 어떻게 관계를 맺을까 고민하다가, '술'이라는 문제를 보지 말고 사람 대 사람의 관계로 다가가자고 마음먹었다. 그렇게 지내다 보니 어느 순간 '형님'이라고 부를 정도로 가까워졌다. 형님은 복지관에 식사하러 오면 항상 나를 찾았고 인생 조언도 많이 해 주셨다. 내가 무거운 짐을 옮길 때면 옆에서 도와주고 밑반찬 배달을 대신해 주기도 했다. 지금은 멀리 이사 가서 볼 수 없지만, 형님이 준 '행운의 동전'이 여전히 지갑 속에서 날 지켜 주고 있다.

이외에도 밑반찬이나 후원 물품을 가져다 드리면 주머니에 챙겨 두었던 사탕이나 겨울이면 따뜻하게 데운 음료수를 건네는 어르신, 복지관에서 지원해 준 덕분에 다시 살아갈 힘을 얻었다고 말하는 주민, 청소년들이 만든 음식으로 생신 상을 받고 환하게 웃으시는 노부부, 복지관 프로그램에서 만난 인연으로 대학에 간 뒤 복지관에 찾아와 인사하는 대학생, 나도 선생님처럼 사회복지사가 되고 싶다고 말하는 청소년…. 이럴 때면 내가 무슨 대단한 일을 한 것도 아닌데 괜히 기분이 좋아지고 사회복지사 하기를 참 잘했다는 생각이 든다. 그리고 이러한 경험들이 쌓여 나를 이곳에서 떠나지 못하도록 붙잡고 있는 것 같다.

1+1이 2가 아니라 3, 4가 될 수 있도록

어렸을 적 만화에서 이런 장면을 보았다. 두 명의 농부가 소를 몰면서 쟁기로 밭을 갈고 있다. 한 농부는 밭의 끄트머리에 있는 나무를 보면서 갈고, 다른 한 농부는 발밑의 땅만 보면서 갈았다. 그 결과는 어땠을까? 멀리 나무를 본 농부의 밭은 고랑이 반듯하면서 빠른 시간에 모두 끝낼 수 있었던 반면, 발밑의 땅만 본 농부의 밭은 고랑이 고르지 못하고 밭도 절반밖에 갈지 못했다. 무엇 때문에 이런 차이가 생겼을까?

:: 청소년 봉사 동아리 '드림'의 아이들은 매월 직접 음식을 만들어 어르신들 생신 상을 차려 드린다.

나는 그 나무가 우리 삶의 '비전'이라고 생각한다. 비전이 있는 사람과 없는 사람. 똑같이 사회복지를 하더라도 그 안에서 자신의 비전을 갖고 실현하고자 하는 노력이 없으면 단순히 주어진 일만 하다가 바람에 흔들리는 갈대처럼 이리저리 흔들리게 된다.

주민과 함께 만들어 가는 행복한 마을 공동체. 이것이 내가 사회복지를 하면서 이루고자 하는 비전이다. 이는 우리 복지관의 비전인 '열린 가족, 머물고 싶은 마을, 이웃과 함께하는 행복 공동체'와도 일치한다. 동료들 역시 각자가 진행하는 사업에서 이 가치를 실현하기 위해 노력하고 있다. 청소년들 스스로 계획하여 실천하는 청소년 동아리, 주민이 자발적으로 참여하는 마을 축제, 주민기자단이 주체가 되어 만들어 가는 마을 신문, 내담자의 자기 결정권과 주체적 참여를 기본으로 하는 사례 관리, 유쾌한 수다와 따뜻한 나눔이 있는 뜨개질 모임 등.

사업의 이름과 내용은 모두 다르지만 목표는 같다. 복지 기관이나 사회복지사가 대신해 주거나 일방적으로 베푸는 것이 아니라, 주민과 함께함으로써 주민이 주인 되어 모두가 더불어 사는 마을 공동체를 만드는 것이다. 혼자서 하는 일은 더 힘들고 외로운 법이다. 1+1이 2가 아니라 3과 4가 될 수 있는 시너지 효과. 그것은 주민들과 함께할 때 가능하다. 부족한 부분이 있으면 서로 나누면서 자연스럽게 채워 가는 삶. 그것이 비록 당장 이루어지지 않을지라도, 1퍼센트의 가능성만 있다 하여도 도전은 계속될 것이다. 그것이 나의 '비전'이기 때문이다!

끊임없이 배우고 공부하는 즐거움

사회복지사의 매력이 무엇이냐고 묻는 사람들에게 나는 종종 이렇게 대답한다. 끊임없이 배우고 발전하는 것이라고.

사회복지사는 늘 '사람'을 상대로 일하기 때문에 세상의 변화에 맞추어 항상 공부하고 고민해야 한다. 세상과 사람은 빠르게 변하는데 사회복지사만 제자리에 있다면 결국은 뒤처지게 마련이다. 이러한 특성을 반영하여 실제 사회복지 현장에서는 업무와 관련하여 다양한 교육이 수시로 이루어진다. 기관의 직원을 대상으로 하는 내부 교육에서부터 업무와 관련된 외부 교육, 그리고 개인의 관심사에 따른 교육까지. 그러나 중요한 것은 이러한 환경이 주어져도 스스로 배우고자 하는 마음이 없으면 모두 공염불에 불과하다는 것이다. 왜 배워야 하는지를 자신이 깨닫고 필요한 교육을 적극적으로 찾아나서야 한다. 그래야 온전히 그 내용을 자신의 것으로 만들 수 있다.

평생 공부해야 하는 직업, 사회복지사. 얼마나 매력적인가! 평생 배워야 할 것이 있다는 것은 내가 평생 가야 할 길이 있다는 것이다.

여기는 대한민국 빈곤의 최전선
남대문쪽방촌입니다

| 김솔 |

1980년 서울 출생. 2007년 가톨릭대 사회복지학과를 졸업하고 2009년부터 현재까지 남대문쪽방촌에 있는 남
대문지역상담센터에서 근무하고 있다. 가난하고 소외된 사람들의 친구가 되고자 묵묵히 이 길을 걸어가는 중.

"김 선생 실망이다. 나같이 어려운 사람한테 안 주면 어떻게
하냐!"

"내 다시는 센터에 오나 봐라, 흥!"

또 시작이다. 밑반찬을 받을 수 없게 된 주민들이 나를 볼 때마다
서운함을 쏟아낸다. 선정된 사람한테서도 좋은 말이 안 나온다. "나는
이번 달부터 필요한데 왜 4개월 뒤에 받아야 돼?"

1년에 한 번에서 두 번, 밑반찬 사업의 대상자를 선정할 때마다 반
복되는 풍경이다. 밑반찬을 나눠 준다는 공고를 내면 250명 정도 신청
하지만 받을 수 있는 사람은 150명뿐. 선정된 주민에게 전화를 하고 동
네 게시판에 공고하면 나면 그때부터 이런 시달림이 시작된다. 이제는
내게 너무나 익숙한 일이다.

:: 남대문쪽방촌에는 약 760명의 가난한 이웃이 살고 있다. 주민들은 2평도 안 되는 쪽방에서 생활하는데, 3분의 1이 기초생활수급자이며 나머지는 공공 근로 등으로 살아간다. 오른쪽 작은 사진은 쪽방촌 내부.

화려한 빌딩에 가려진 쪽방촌

이곳은 우리 사회의 빈곤 최전선인 서울 남대문쪽방촌. 그리고 나는 남대문지역상담센터에서 일하는 쪽방 사회복지사이다.

서울역 맞은편 남대문경찰서와 서울스퀘어(구 대우빌딩) 뒤편에 대형 빌딩이 병풍처럼 가리고 있는 남대문쪽방촌이 있다. 2평도 안 되는 작은 쪽방에 약 760명의 가난한 우리 이웃들이 살고 있다. 주민들 중에 3분의 1은 기초생활수급을 받아 생활하며, 나머지 주민들은 공공 근로, 자활 근로 또는 일용 노동을 하며 살고 있다. 혼자 사는 아저씨들이 80퍼센트를 차지하며 65세 이상의 어르신도 150명 정도 된다. 조리 시설이 없어 쪽방에서 휴대용 버너로 밥을 짓고, 세탁과 배변은 공동 세면장을 사용한다.

이런 열악한 주거 환경 탓에 주민들은 우리 센터에서 와서 목욕과 세탁을 한다. 하루에도 40~50명이 목욕·세탁실을 이용하고 각종 상

담과 프로그램에도 참여한다. 내가 처음 센터에 와서 한 일도 샤워기 4
대, 세탁기 3대가 있는 목욕·세탁실을 관리하는 것이었다. 일과가 끝
나면 주민들이 사용한 수건을 빨아 건조대에 널고 퇴근하는 것이 센터
의 평범한 일상이다.

든든한 지원군 황 씨 아저씨

처음 센터에 와서 모든 게 낯설고 어색할 때 주민 중 누군가에게 동
네에 대해 여쭤 보며 도움을 받고 싶었다. 때마침 센터에 목욕·세탁을
하러 자주 오는 젊은 황 씨 아저씨가 있었다.

"이 동네에 새로 온 사회복지사 김솔입니다."

새로 온 기념으로 저녁을 사 드리겠다면서 약속을 잡았다. 근처 식
당에서 순댓국을 먹으면서 아저씨는 어떻게 쪽방에 오게 되었는지, 고
향은 어디고, 어디가 아팠는지 등 구구절절한 인생 이야기를 들려주었
다. 또 어떤 주민이 좋고 어떤 주민은 험악한지, 센터에 대한 주민들의
생각은 어떤지 등등 쪽방 사회복지사로 적응할 수 있도록 동네에 대한
생생한 조언을 많이 해 주었다. 그 이후 황 씨 아저씨는 푸드뱅크(food
bank)에서 지원하는 빵이 오면 2층 센터에 올려 주고 목욕·세탁실 청
소도 도와주는 든든한 지원군이 되어 주었다. 쪽방촌을 돌아다닐 때면
황 씨 아저씨 방에서 잠시 쉬면서 커피를 마시곤 했다.

"황 씨가 원래 센터에서 말도 안하고 조용히 목욕만 하고 갔었는데,
솔 선생님 오고 친해져서 센터에서 활개를 치고 다니네."

몇 년이 지나자, 동네에서 오랫동안 살면서 우리 센터에서 자활 근

로를 하는 어느 간사님이 황 씨 아저씨에게 권력 순위가 많이 올라갔다고 농담을 할 정도가 되었다. 지금 황 씨 아저씨는 LH공사에서 지원하는 매입임대주택에 입주하여 사당동에 살고 있다.

나는 빵이나 쌀 나눠 주는 사람이 아닌데…

쪽방 사회복지사로 가장 많이 한 것은 아마도 후원 물품을 나눠 준 일인 듯하다. 일상적으로는 쌀이나 라면 등 후원 물품이 들어오면 주민들에게 지급 조서를 받고 나눠 준다. 추석이 되면 서울사회복지공동모금회에서 상품권 배분 사업을 한다. 또 겨울에는 공동모금회 삼성 지정 기탁 사업으로 쌀과 밑반찬 등 생필품 지원 사업을 진행한다. 그런데 쪽방촌에서 더 어려운 사람, 덜 어려운 사람들 나누어 지원하는 것은 정말 힘들다. 다들 너무 어렵기 때문이다. 그래서 지원 사업을 하면 보통은 760여 주민 모두에게 지원을 한다. 하지만 후원 물품의 양이 늘 풍족한 것은 아니다. 특히 밑반찬 사업이 그렇다.

남대문쪽방에서 주민들에게 가장 필요한 것은 뭐니 뭐니 해도 밑반찬이다. 주민 중에 40퍼센트 정도가 기초생활수급자인데, 혼자이기 때문에 수급비가 45만 원 정도이다. 그중에 방세가 평균 매월 24만 원이다. 거기다 전기밥통이나 냉장고를 쓴다고 주인들이 전기세로 1만~2만 원을 더 받는 경우도 있다. 수급비에서 방세를 내고 나면 20만 원으로 한 달을 살아야 한다. 많은 주민이 담배 피우고 술도 먹기 때문에 반찬까지 사서 먹는 게 여간 힘든 일이 아니다. 동네를 돌아다니다 보면 이번에 밑반찬 꼭 타도록 도와 달라, 이번에 상품권은 언제 나오느냐,

푸드뱅크에서 나오는 빵 좀 달라 등등 부탁을 많이 받는다. '사회복지사는 쌀이나 빵 나눠 주는 사람이 아닌데. 내가 배운 사회복지는 이런 것이 아닌데…' 그렇게 실망한 적도 있다. 그럴 때면 사람을 잘 돕는다는 게 무엇인지 다시 생각하게 된다. 물질로만 돕는 건 제대로 돕는 게 아닐지 모른다는 생각도 든다.

하지만 내가 배운 사회복지의 원칙 중에 '후원 물품은 구실'이라는 말이 있다. 주민들에게 후원 물품을 전할 때 후원 물품은 주민과 관계를 맺고 이야기를 나눌 수 있게 해 주는 구실인 것이다. 요즈음 어떻게 지내는지, 건강은 어떤지, 주민들이 잘하는 것은 무엇이고, 친한 주민은 누가 있는지 알 수 있는 좋은 기회가 된다. 그렇게 생각하고 실천하면서 주민들을 알고 지역사회를 파악하는 데 많은 도움을 받았다. 주민들이 나를 보면 후원 물품 나눠 주는 사람으로 여기는 것은 원래 그런 사람들이어서가 아니라, 우리 기관이나 서울역 근처에서 늘 후원 물품을 나눠 주는 많은 구호단체나 복지 기관 탓일지도 모른다.

'내일을 꿈꾸는 사람들' 마을주민회의가 탄생하다

2011년 4월 27일 서울 중구청장 보궐선거를 앞두고 후보자와 간담회를 갖는 날. 행사 시각인 7시가 되자 자리는 빈 곳 없이 모두 채워졌다. 모두 100명이 넘는 주민들로 인산인해를 이뤘다.

평소 가난하고 힘없는 사람들이 정치인들의 행사에 동원되어 들러리가 되는 게 늘 안타까웠다. 이번만큼은 우리 쪽방촌 주민들이 제 목소리를 내고, 구청장 후보와 서로 소통하는 시간으로 만들고 싶었다.

:: 마을주민회의에서는 2011년 4월 중구청장 재보궐선거 때 구청장 후보를 초청해 간담회를 가졌다.

그래서 센터에서는 구청장 후보자들에게 우리 목소리를 들려주자고 주민들을 독려하며 몇 차례 사전 모임을 갖고 남대문쪽방촌의 문제와 주민들의 요구 사항을 정리했다. 발언할 주민들도 미리 연습을 했다. 행사는 성공적으로 끝났다. 주민들은 구청장 후보자들 앞에서 당당하게 자신의 의견을 말했고, 구청장 후보자들도 쪽방 주민들의 복지를 위한 공약을 발표했다. 무엇보다 주민들이 영향력 있는 사람들 앞에서도 기죽지 않고 당당하게 목소리를 내는 값진 경험을 갖게 되었다. 8개월 전부터 시작된 마을주민회의 중 가장 빛나는 성과였다.

마을주민회의는 2010년 8월 주민 캠프에서 시작되었다. 당시 주민들과 함께 천리포 해수욕장에서 1박 2일 여름 캠프를 하면서 간담회를 가졌는데 그때 한 주민이 우리도 반상회 같은 마을주민회의를 하자고 제안했다. 그래서 다음 달인 9월부터 매월 마지막 주 목요일 저녁 7시에 마을주민회의를 열게 되었다. 처음에는 의견을 표현하는 걸 어려워하던 주민들은 시간이 지나면서 점차 쪽방촌에 살면서 불편하고 억울한 것을 이야기하게 되었다. 주민회의의 이름도 멋있게 지었다. '내꿈사'. '내일을 꿈꾸는 사람들의 모임'이라는 뜻이다.

주민들은 한 달에 한 번씩 모여 남대문로5가에서 변화되었으면 하는 것들을 이야기하기 시작했다. 동네 앞에 항상 쌓여 있는 쓰레기 문제, 동네에 제일 좋은 곳에 있는 경로당을 쪽방 주민들은 이용하지 못하고 집주인이나 관리인 등 힘 있는 사람 몇 명만 독차지하는 문제, 방세는 비싼데 혜택은 전혀 받지 못하는 상황 등 주민들이 안건을 내놓고 어떻게 해결할 것인지 같이 고민했다. 그 결과, 동사무소에 민원을 넣어 동네 중앙에 공공근로가 배치되어 더 이상 쓰레기가 쌓이지 않게 되었다. 그러나 경로당 문제는 주민회의에 참여한 주민 5명이 경로당에 가서 이야기를 했지만 철저히 거부당했다. 그러면서 모든 문제를 주민들의 힘만으로 풀 수 없다는 것도 깨달았다.

그동안은 내가, 우리 센터가 쪽방 주민들을 위해 무엇인가를 해 주려고 했다면, 이제는 주민들 스스로 자신의 삶을 위해 지역사회에서 무엇인가 할 수 있게 된 것이다. 가난한 사람들을 위한(for) 사회복지는 가난한 사람들에 의한(by) 사회복지로 바뀌어 갔다.

주민봉사단이 만든 잔치국수, 이보다 더 좋을 순 없다!

2011년 1월 센터가 입주해 있는 건물에 큰 불이 났다. 다른 건물로까지 불이 퍼져 쪽방에 사는 주민들이 큰 부상을 당하고 센터 직원들까지 큰일을 당할 뻔했다. 이 화재로 센터를 운영할 공간이 사라져 버렸다. 다행히 몇 개월 동안 박종성 센터장님이 열심히 뛰어서 중구청과 중구의회의 지원을 받아 사무실과 목욕·세탁실 2개 층을 확보하고 구조도 변경하게 되었다. 하지만 우리 센터의 직원은 4명뿐이라서 목욕·세탁실을 관리할 사람들이 따로 필요했다.

"주민들이 스스로 목욕·세탁실을 운영하면 어떨까요?" 나는 이렇게 제안했다. 이후 주민들은 여러 차례 마을주민회의를 열어 주민봉사단을 모집하고, 봉사단에서 목욕·세탁실 운영 방식도 만들었다. 그리고 9개월 정도 주민 자치 방식으로 목욕·세탁실을 운영했다. 그 이후에는 몸이 아프거나 새로운 일을 구한 주민들이 늘어나, 자활 근로하는 주민 3명을 뽑아 봉사단과 함께 운영하고 있다.

센터의 이전 개소식 때는 주민봉사단이 잔치국수를 만들어 남대문로5가 주민 150명에게 대접했다. 이날에는 그동안 남대문지역상담센터를 도와준 구청장, 국회의원, 지역 교회 목사님, 많은 지역의 유지와 주민들, 남대문로5가 쪽방 주민도 많이 왔다. 구청장님과 지역 손님들은 음식점에 가서 점심을 대접했지만, 우리 동네에서 오신 남대문로5가 주민 150명에게 작은 떡만 들려 돌려보낼 수가 없었다.

봉사단 활동을 하는 주민 중에 중국집 요리사였던 분들이 2~3명 있었다. 그래서 20만 원을 가지고 잔치국수를 끓였다. 8명의 주민봉사단이 목욕실에서 비지땀을 흘리며 국수를 삶고, 멸치와 무를 우려 육수를 만들었다. 다른 주민들은 테이블을 정돈하고 양념장도 만들어 행사에 온 주민들에게 잔치국수를 대접했다. 힘을 모아 동네 이웃들을 대접하면서 그동안 안 해서 못한 것이지, 주민들이 힘을 모으면 할 수 있는 것이 무궁무진하다는 것을 또 한 번 절감하게 되었다. 좋은 뷔페에서 먹은 음식보다 이날 먹은 잔치국수가 훨씬 맛있고 뜻깊었다. 그 이후

:: 마을주민회의 '내일을 꿈꾸는 사람들의 모임'의 2010년 송년회 때. 맨 오른쪽 아래가 필자.

송년의 밤 행사, 설날 큰잔치 등도 주민과 함께 계획하고 진행하니 못
할 일이 없었다.

인터뷰, 쉼터 운영, 시위… 다양한 경험 맛볼 수 있는 곳

남대문쪽방촌에서 사회복지사로 일하면서 다양한 경험을 많이 했
다. 2012년 여름에는 폭염이 계속된 탓에 언론사의 취재 요청이 빗발
쳤다. 기자들에게 쪽방촌에서 여름을 나는 것이 얼마나 힘든지 설명하
고, 현장에서 생각하는 대안을 이야기하고, 주민을 인터뷰하도록 연결
해 주었다. 쪽방촌 주민을 위해 센터에서 무더위쉼터를 24시간 동안 운
영하기도 했다. 또 2012년 6월부터 시행되고 있는 '노숙인 등의 복지
및 자립 지원에 관한 법률'에 쪽방 주민도 넓은 의미에서 홈리스로 정

책 대상이 되어야 한다며 옹호 활동도 했다. 2년 전부터 각종 토론회에 참석해서 발언하고, 국회 앞에서 홈리스 단체들과 거리 시위도 했다. 그 결과, 쪽방 주민도 시행령과 시행 규칙의 노숙인 등에 포함되었다. 10년간 비제도권의 복지 기관으로 임시적인 사회복지사업을 했는데, 이제부터는 법령에 포함되어 더 안정된 복지사업을 펼칠 수 있게 된 것이다.

센터 사정상 나는 2011년 10월부터 회계 업무를 맡고 있다. 처음 회계를 배울 때는 정말 어렵고 적성에도 맞지 않는 듯했다. 서류 정리하고 정산서를 제출하기 위해 월말이나 연말에는 야근도 잦다. 시청이나 구청의 지도 점검이 있으면 1주일씩 새벽부터 밤늦게까지 서류를 정리하는 일도 있다. 하지만 시·구청에서 지원받은 보조금이나 후원자들이 보내 주신 후원금을 공정하고 투명하게 집행하는 것이 복지 기관의 사회적 책무이기 때문에 어느 것 하나 소홀히 할 수 없다. 작은 기관이라 여러 가지 일을 다 배우고 해 볼 수 있는 것을 오히려 장점으로 받아들이려고 한다.

이처럼 쪽방촌은 창의적으로 일할 수 있으며 대학에서 배운 다양한 사회복지사의 역할을 경험할 수 있는 곳이다. 사회복지사를 꿈꾸는 역량 있는 후배들이 이런 전통적인 가난의 현장에 와서 일했으면 좋겠다. 물과 같이 낮은 곳으로 흘러, 남들이 가지 않는 사회복지 현장에 와서 소외된 사람들의 친구가 되어 주길 기대한다.

책상머리 공무원?
발로 뛰는 공무원!

| 한석구 |

서울시 마포구청의 사회복지 공무원. 교회 사회사업을 꿈꾸다 사회복지정보원의 '복지순례' 참여 후 사회복지전담 공무원의 길을 발견하여 지금까지 그 길을 걷고 있다. 주변에서는 'B급 공무원'이라고 부른다. 복지행정가보다 현장에서 발로 뛰고 여러 사람과 작당을 꾸미는 게 주특기. 지금은 여성정책팀에서 주민들과 함께 '여성친화도시'를 만들어 가고 있다.

'그래, 바로 이거야!'

내 인생 항로가 바뀌는 순간이었다.

대학교 졸업반이던 2004년 여름, 나는 '사회복지정보원'이란 곳에서 진행하는 복지순례 프로그램에 참가했다. 이 여정에서 두 분의 사회복지 공무원을 만났는데, 그 일이 내 꿈을 바꿔 놓았다. 그 전까지만 해도 나는 교회에서 일하는 사회복지사가 되고 싶었다. 다니던 학교도 신학대학교였고 'BSD'라는 기독교 사회사업 실천 동아리 활동을 하고 있었다.

그러나 복지 순례를 다녀온 이후부터 사회복지 공무원이 되기 위한 준비를 시작했다. 그리고 2005년 7월 공무원 시험에 합격해 마포구 사회복지전담 공무원(9급)으로 발령받았다. '지방사회복지서기보'라는 이름으로 설레는 마음을 안고 현장에서 일을 시작했다.

사회복지 공무원이 주민등록등본 발급?!

"주민등록등본을 발급하라고요?"

막상 접한 사회복지전담 공무원의 현실은 척박하기만 했다. 염리동 주민센터로 발령받아 처음 맡은 업무는 주민등록등본 발급이었다. 사회복지사로서 일하는 모습을 상상했던 나는 무척 당황했다. 함께 입사한 동기 한 명도 사회복지와는 상관없는 전출입 업무를 담당하게 되었다. 다행히 선배 사회복지 공무원의 도움으로 상급 기관에 이에 관한 의견을 제시했고, 일주일 후 본격적으로 사회복지 업무를 맡을 수 있었다.

처음 담당한 업무는 어르신들에게 교통비를 지원하는 (지금은 사라진) 노인교통수당 지급과 장애인이 된 분들에게 제도를 안내하고 혜택을 받을 수 있게 돕는 일이었다. 그러나 이것도 처음 사회복지 공무원을 꿈꿨을 때의 내 모습은 아니었다. 지역사회 곳곳을 돌아다니며 어려운 분들을 만나고, 그분들에게 도움이 될 수 있는 꼭 필요한 지원을 하며 보람찬 하루를 보내는 걸 상상했었는데, 현실의 나는 온종일 주민센터 책상 앞에 앉아 방문하는 주민을 상대해야만 했다. 민원인의 수가 많고, 아직 새내기 사회복지 공무원이라 일이 손에 익지 않아 정신을 차릴 수가 없었다.

이때에는 공무원 일을 선택한 결정에 회의가 들기도 했다. 현실적으로 동네를 돌아다니며 어려운 이웃을 살피는 것은 불가능하게만 보였다. 게다가 먼저 일하고 있던 선배 사회복지사도 주민센터 밖으로 나가는 건 상상할 수 없는 일이라고 했다. 주민센터를 떠나 있는 시간만큼 행정 업무가 밀릴 테고, 결국 그걸 처리하기 위해 야근을 밥 먹듯 해야 한다는 것이었다.

:: 처음 발령받았던 염리동에서 여러 복지 기관과 나눔에 관심 있는 교회와 간담회를 주선했다. 그 자리에 서로 마음이 통해 '주민생활지원협의회'라는 모임을 만들었다. 사진은 협의회 회의 장면.

이렇게 혼란스러운 하루하루를 보내고 있던 중, 동네를 두루 다닐 수 있는 좋은 기회가 생겼다. 뜻을 품으면 이뤄진다고 하지 않았던가!

지역 교회와 함께 주민생활지원협의회 조직

어느 날 한 중년 아주머니께서 울면서 주민센터를 찾아왔다. 동생이 정신질환이 있는데 수시로 칼로 위협한다며 어떻게 하면 좋을지 모르겠다고 하셨다. 그렇다고 동생을 버릴 수도 없고, 함께 있자니 갈수록 심해지는 난폭한 행동에 생명의 위협을 느낀다고 하셨다.

"석구 씨가 가서 만나 보면 어때요?"

선배 사회복지 공무원은, 지역을 두루 다니며 가정방문을 하고 싶어 하는 내가 찾아가 살피면 어떻겠느냐고 제안했다. 막상 기회가 찾아

오자 두려움이 앞섰다. 다행히 이런 일에 경험이 많은 선배가 도와주었다. 선배는 능숙하게 보건소 정신보건 담당 간호사에게 연락하여 상황을 설명했다. 다음날 나는 아주머니와 보건소 정신보건 간호사, 그리고 선배와 함께 그분 댁을 방문했다. 그렇게 지역사회로 나아가는 첫걸음이 시작되었다.

약 2개월 후 선배는 나에게 업무를 미처 다 알려 주기도 전에 다른 곳으로 발령받아 급히 떠났고, 나는 염리동에 혼자 남겨졌다. 처음에는 혼자 일하는 게 힘들었지만 좋은 기회이기도 했다. 시간이 될 때마다 열심히 동네를 다니며 인사했다. 이곳저곳 찾아가 부탁했다. 그러자 점차 저 사람은 누구인지, 누가 누구와 친하게 지내는지 지역사회의 속살이 보이기 시작했다. 또 이웃에게 도움을 주고 싶다며 주민센터에 찾아오는 사람들도 늘어나기 시작했다.

이때 만난 여러 분들 중 기억에 남는 이가 신촌교회 전도사님과 아름다운교회 목사님이다. 이분들을 만났을 때 내가 대학 시절 꿈꿨던 교회 사회사업이 생각났다. 그래서 두 분께 우리 동네 상황을 설명하고 교회가 할 수 있는 일을 제안했다. 신촌교회에는 혼자 있는 어르신들에게 반찬 만들어 주는 일을 부탁했고, 아름다운교회에는 알코올중독인 아버지와 초등학생 딸 가정을 소개한 뒤 아이와 자주 만나 도움을 주었으면 좋겠다고 말씀드렸다.

이 일이 시작이었다. 두 교회가 잘해 주시니 조금 더 확대하고 싶은 마음이 들었다. 그동안 꾸준히 동네에 인사하고 다녀서 아는 사람도 많이 생겼기에 자신이 있었다. 그래서 2007년, 염리동에 있는 여러 복지기관과 나눔에 관심 있는 교회와 간담회를 주선했다. 그 자리에 함께한 이들이 마음이 통해 '주민생활지원협의회'라는 아주 거창한 이름의 모임을 만들어졌다. 초대 회장으로 신촌교회 목사님을 세우고 이후 정기적인 모임을 통해 서로 알아 가며 필요한 도움과 나눌 수 있는 도움을 조정하였다. 그 이듬해에는 주민생활지원협의회가 마을 축제를 구상하여 실행하는 놀라운 일이 벌어지기도 했다.

사회복지 공무원으로 처음 품었던 꿈, 현실을 탓하며 포기하지 않고 계속 생각하고 또 주변에 이야기하니 꿈꿨던 모습처럼 일하게 되었다. 꿈꾸는 게 얼마나 소중하고, 그 꿈을 나누는 게 중요한지 몸소 체험한 새내기 사회복지 공무원 시절이었다.

"회장님, 안녕하세요^^" "사장님, 차 한 잔 주세요~"

2009년 염리동을 떠나 합정동으로 발령받았다. 달동네인 염리동에 비하면 평지인 합정동은 동네를 돌아다니며 인사하기가 더 좋았다. 그래서 더욱 열심히 곳곳을 누볐다.

예전에는 주민센터에서 일하는 사회복지 공무원의 역할이 생활이 어려운 사람들을 조사하여 법적 기준에 해당되는지 판단하고, 이후 수급자로 선정하여 생계를 지원하여 보호하는 일이 주된 업무였다. 하지만 이제는 사회문제가 복잡하고 다양해졌다. 또 문제가 발생해도 사람들이 주민센터에 찾아오는 일이 많지 않다. 그래서 적극적으로 동네의 어려운 가정을 자주 찾고 그 상황을 잘 파악해야 한다. 적절한 제도적인 도움을 잘 받고 있는지 살피고, 이웃이 도울 일은 없는지, 있다면 누가 도와주면 좋을지도 생각하며 인연을 주선해야 한다.

이렇게 일하려면 평소 동네의 좋은 사람들을 많이 알고 있어야 하

:: 동네를 지날 때마다 오며 가며 주민들에게 인사를 했다. 필자가 이렇게 알게 된 부동산을 통해 생활 형편이 어려운 분들이 아주 저렴하게 집을 구할 수 있었다.

니 열심히 인사하고 다녀야 한다. 물론 다양한 정책과 제도를 숙지하고 있어야 하는 것은 기본이다. 나아가 지역 내 여러 민관 기관의 지원 서비스, 활동 상황 등도 잘 파악해야 한다. 그래야 어려운 이웃에게 적절한 때에 쉽게 안내할 수 있다. 동네를 아는 만큼, 또 당사자와 지역사회 여러 관계망을 잘 만드는 만큼 그들이 더 안전하게 살아갈 수 있으니, 두루 동네를 다녀야 한다는 마음이었다. 무엇보다 어려움에 처한 주민이 자신의 어려움을 직접 해결해 가게 거들려고 노력했다. 이런 마음이 내가 하는 일의 중심에 있었다. 가난하다고, 도움받는 처지라고 누군가 대신 해 주면 그 사람의 인격을 망칠 수 있기 때문이다.

볼일이 있어 동네 어딘가를 갈 때에도 그냥 다니지 않았다. 조금 돌아가더라도 부녀회장님과 친해지려고 중간에 댁에 들러 인사했고, 청소년지도협의회 회장님 있는 곳을 찾아가 안부를 물었다. 안면 있는 부동산 앞을 지나갈 때면 들어가 차 한 잔을 얻어 마시고 갔다. 이런 내게 누군가는 태평스럽게 일을 한다고 말했을지도 모르지만, 이렇게 좋은 분들과 잘 알고 지낸 덕에 어려움에 처한 우리 동네의 누군가에게 정말 필요한 때에 필요한 도움을 부탁할 수 있었다. 염리동에 있을 때에도 이렇게 인사하며 알게 된 부동산에서 생활 형편이 어려운 오갈 데 없는 분들에게 거주비가 아주 저렴한 집을 소개해 주었다. 게다가 중개 수수료도 한 푼 받지 않으셨다. 이처럼 사회복지 공무원에게 지역 주민과의 관계는 매우 중요하다.

'안전한 마을 만들기'로 여성가족부 우수 사례 뽑혀

이런 경험 후 나는 마포구청에 '스카우트(?)' 되어 지금은 마포구청 가정복지과 여성정책팀에서 근무하고 있다. 여성정책팀에 처음 출근했을 때 대학 시절 머리 아프게 여성복지학을 수강했던 기억이 났다. 우리 팀에서는 성폭력, 성매매, 가정 폭력 피해자를 돕고 마포구가 더욱 성평등한 지역이 될 방법을 궁리하여 적절한 정책을 펼치는 업무를 수행한다. 그 중에서도 최근 제정된 '성별영향분석평가제도'를 담당하고 있다.

성별영향분석평가제도는 여성가족부 주관으로 법령·계획·사업 등 정부의 주요 정책을 수립·시행하는 과정에서 여성과 남성의 특성과 사회·경제적 격차 등의 요인을 체계적으로 분석, 평가함으로써 정부 정책이 성 평등의 실현에 기여하도록 하는 제도이다. 다시 말하면, 정부에서 만들고 추진하는 제도와 정책에 여성의 관점을 반영하여 성 평등한 제도와 정책이 되도록 하는 것이 우리 일이다.

또 하나의 중요한 업무는 성폭력 대처이다. 우리 여성정책팀에서는

:: 마포구청에 '스카우트'된 뒤 필자는 '여성친화도시'를 만들기 위해 애쓰고 있다. 현판식에는 여성친화도시를 함께 만들어 가는 여성네트워크 관계자들도 참석했다.

지자체에 아동·여성안전지역연대를 구성해 지역의 관련 기관과 전문가들과 함께 성폭력을 예방하고 문제를 해결하기 위해 성폭력 예방 교육, 아동안전지도 만들기, 안전한 마을 만들기 사업 등을 추진해 왔다. 특히 안전한 마을 만들기 시범 지역으로 염리동, 서강동, 합정동을 선정해 주민들 스스로 벽화 그리기 사업, 성폭력 예방 캠페인, 그리고 밤길에 위험한 곳은 없는지 주민이 함께 동네 곳곳을 다니며 살피는 '다 같이 돌자 동네 한바퀴' 사업을 펼치도록 도왔다.

이것은 지역사회의 환경을 바꾸는 일이다. '깨진 유리창의 원리'에서 보듯 마을이 지저분하고 주민의 관심이 멀어지면 더욱 관리가 되지 않아 깨지는 유리창의 수는 늘어난다. 언제든 여러 범죄가 일어나기 좋은 환경이 되고 마는 것이다. 그래서 여러 사업을 통해 성폭력 예방 및 대처에 관해 주민의 이해와 참여를 도와 주민들이 주체로 나서게 돕고,

나아가 적극 협력하게 거들고 있다. 이런 노력 덕분에 마포구는 여성가족부에서 선정한 2012년 아동·여성 안전지역연대 사업 우수기관으로 선정됐고, 안전한 마을 만들기 사업은 우수 사례로 선정됐다. 우리의 좋은 뜻을 인정받은 것 같아 보람차다.

공무원 시험 합격은 끝이 아니라 시작

안정된 직업이라는 인식 때문인지 요즈음엔 사회복지 공무원이 되기를 꿈꾸는 이들이 적지 않다. 그러나 공무원 시험에 합격하였다고 끝나는 게 아니다. 사회복지 공무원은 많은 행정 업무를 처리해야 하지만 그렇다고 책상에 붙잡혀 그 앞에만 앉아 있어서는 안 된다. 적극적으로 지역사회를 다니며 주민들과 소통해야 한다. 그래야 내가 일하는 지역사회를 손바닥 보듯 잘 알 수 있고 신속히 여러 일에 대처할 수 있다.

또 우리가 모든 일을 다 할 수 없음을 인정하고, 지역 주민들이 지역사회를 돌볼 수 있게 도와 가며 일하는 것이 중요하다. 지역에 살고 있는 주민들은 지역사회를 돌보길 원하고 돌볼 능력도 있다. 그들을 믿고 함께 갔으면 좋겠다.

무엇보다 공무원을 준비하고 있는 사회복지 학도들에게 이런 말을 하고 싶다. "사회복지의 지경을 넓혀라! 그리고 학창 시절을 즐겨라!"

사회복지 공무원은 일반적으로 지방직(각 지자체 선발)에서 채용하는데, 7급은 거의 채용을 안 하고 있다. 9급 시험은 만 18세 이상의 사회복지사 3급 이상 자격증 소지자로서, 지방직의 경우 시험 시행 공고일 혹은 당해연도 1월 1일부터 최종시험일(면접시험)까지 계속하여 본인의 주민등록상 주소지가 해당 시도로 되어 있어야 응시할 수 있다. 서울시 지방직과 국가직은 거주지 제한이 없다.

시험 과목은 지방직의 경우 국어, 영어, 한국사가 필수이고 행정행정법총론, 사회복지학개론, 행정학개론, 사회, 수학, 과학 중 2과목을 선택하게 되어 있다.

국가직(5급)은 필기시험을 2차례 치르는데, 1차는 언어논리영역, 자료해석영역, 상황판단영역, 영어, 한국사이며, 2차 필기는 사회복지학, 사회학, 행정법, 경제학이 필수이고 조사방법론, 사회심리학, 사회문제론, 사회법, 사회정책, 행정학 중 1과목을 선택하게 되어 있다.

참고 사이트

사이버국가고시센터 gosi.go.kr

한국사회복지행정연구회 www.ksswa.or.kr

개성만점 '청개구리'들의
친구로 엄마로

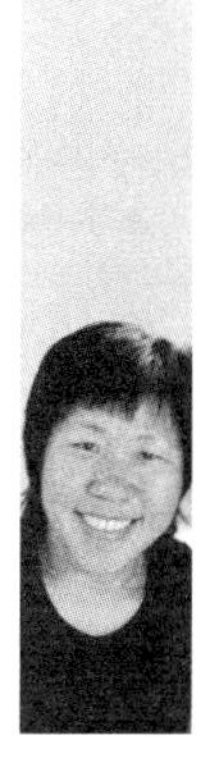

| 엄미경 |

1318해피존 송파 무지개빛청개구리 지역아동센터장. 선한 이웃들의 따뜻한 사랑을 많이 받고 자라 홀트아동복지회, 공동육아 어린이집에서 활동하며 청년 시절을 보냈다. 늘 빚진 마음으로 세상을 살다가 비닐하우스촌 공부방에서 자원 교사를 하며 아이들의 선한 이웃이 되고 싶어 사회복지사가 되었다. 당사자의 자주성과 지역사회의 공생성을 살리며 함께 웃는 마을 공동체 속에서 어우렁더우렁 잘 살아가고 있는 행복한 사람.

1994년 처음 만들어진 공동육아 어린이집에서 교사로 일했던 나는 아이를 낳고 마을에서 품앗이 공동육아 모임을 만들어 첫아이와 둘째 아이를 마을 속에서 함께 키웠다. 내 아이, 남의 아이 모두 함께 잘 키우자는 공동육아의 교육 철학을 함께 모인 부모님들과 나누고, 자연 친화적인 나들이, 공동체 놀이, 함께 나누는 밥상, 마음을 나눌 수 있는 이웃을 만난 것이 무엇보다 큰 선물이었다. 품앗이를 하면서도 내 아이만 잘 키우는 것이 아니라 이웃과 더불어 나누며 살아가야 한다는 생각을 하던 중 송파구 문정동에 있는 개미마을 꿈나무 학교를 방문하게 되었다.

서울에도 이런 곳이 있었나 할 정도로 열악한 환경에서 아이들은 지내고 있었다. 어떤 것이라도 나누고 싶었다. 뭘 나눌까를 고민하던

:: 무지개빛청개구리의 전신인 비닐하우스 '꿈나무 학교'. 처음 방문했을 때는 서울에 이런 곳이 있나 싶을 정도로 열악한 상황에 필자는 팔을 걷어붙이고 급식 봉사를 시작했다.

중 공부방에 제일 큰 어려움이 밥을 해 주는 사람이 날마다 바뀌거나 못 오시면 공부를 가르치던 교사가 밥을 해야 하는 상황이었다. 공부방에서 제일 힘든 부분을 도와야겠다 생각하고, 맛있고 따스운 밥을 공부방 아이들과 나누고 싶다는 생각에 음식 나눔을 시작하였다.

비닐하우스 공부방에서 지역아동센터로 전환

2004년 아동복지법이 바뀌면서 민간 시설이던 공부방이 아동 복지 시설인 지역아동센터로 전환하게 되었다. 우리 꿈나무 학교도 2006년까지 비닐하우스에서 바깥 마을로 이사하고 교사들은 2009년까지 사회복지사 자격증을 취득해야 한다는 단서가 달린 조건부 인가를 받았다. 마을 분들과 선한 이웃들의 도움으로 만들어진 공부방이 이사를 해야 하다니, 아이들도 마을도 술렁이기 시작하였다. 오랜 논의 끝에 우리는 지역아동센터로 전환하자고 의견을 모으고 이사와 사회복지사 자격증 취득을 위하여 이것저것 알아보기 시작하였다.

2005년 나는 그동안 함께 해 오던 품앗이 공동육아 교사를 그만두었다. 공부방 아이들을 조금 더 깊게 정성껏 만나고 싶다는 생각으로 내린 결정이었다. 초등부는 복권기금의 지원을 받아 마을 밖으로 이사를 하였고, 청소년부는 SK와 부스러기사랑나눔회의 도움으로 청소년 전용 지역아동센터로 선정되어 이사를 할 수 있게 되었다. 청소년 전용 지역아동센터 공모지원서는 공부방의 제일 큰형인 '감자'와 '승짱'과 함께 썼다. 이사 갈 공간도 아이들과 삼삼오오 짝을 지어 온 동네 부동산을 돌아다니며 정했다. 정말 예쁜 집을 얻어 선한 이웃들의 도움으로 공간을 꾸미고 나니 천국이 따로 없었다. 정말 고맙고 행복했다. 이때 초등부와 청소년부가 분리되면서 나는 청소년부 친구들과 '무지개빛청개구리'에서 함께하게 되었다.

지켜 주지 못해 미안해…

비닐하우스에서 독립하고 몇 개월 지나지 않아 우리는 예상치 못했던 어려움에 부딪혔다. 조금만 시끄러우면 들어오는 민원. 아이들과 함께 밤새 꾸민 악기방에서는 소리를 내어 연습할 수 없었고, 급기야는 이사를 가라는 청천벽력 같은 이야기를 듣게 되었다. 소리 나는 모든 악기를 다 옮기겠다고 사정사정하여 아직 철거되지 않은 비닐하우스로 악기를 다 옮겨 놓고 소리 나는 프로그램은 모두 비닐하우스 공부방에

:: 요리 동아리 Power Kitchen의 청개구리 요리사들 모습. 앞치마에 모자까지 쓴 모습이 다들 그럴싸한 셰프 같지 않은가. 매주 새로운 요리를 배우고 맛보고 있다.

서 진행해야 했다. "우리가 '서울 쥐'가 된 것 같아요." 아이들은 비닐하우스 시절을 그리워하며 한탄했다. 가난했지만 마을의 그늘이 우리에게 얼마나 큰 힘이 되었었는지를 깨달았다.

나는 아이들에게 무엇이든 많이 주고 싶었다. 물질적인 지원도 정서적인 지원도 많이 받으면 좋은 줄 알았고 그런 기회를 아이들에게 많이 주지 못하면 내가 무능력한 교사가 된 것 같은 느낌이 들기도 했다. 그래서 이런저런 방송에 아이들이 나가도록 주선했는데 그러다가 결국 '사달'이 났다.

요리사가 꿈인 친구가 많은 분들의 도움을 받아 요리 학원에 등록하게 되었다. 재료비보다 많은 후원금이 모아져 요리 학원을 수료하는 날 후원해 주는 분들을 모시고 요리해서 나눠 먹기로 했는데 이 이야기를 전해들은 한 언론사에서 취재를 요청하였다. 별 생각 없이 나쁘지 않겠다 싶어 취재를 허락했는데 취재 후폭풍이 엄청났다. 기사에 희망적인 이야기만 쓴 것이 아니라 이 아이의 가족을 아주 안 좋게 표현하여 학교 친구들로부터 이 얘기를 들은 아이가 엄청나게 상처를 받은 것이다. 나는 언론사에 항의하고 기사를 삭제해 줄 것을 요청했다. 올라간 글들은 삭제가 되었지만 이미 볼 사람은 다 봤고, 아이는 상처를 받았다. 아! 언론이 이런 거구나. 나는 몇 번이나 미안하다고 아이에게 사과했고, 아이는 괜찮다고 말했다. 하지만 정말 괜찮았을까? 그 일로 내 선의가 다른 사람에게는 엄청난 폭력이 될 수도 있다는 사실을 깨달았다. 그 이후 취재 요청이나 방송 섭외가 들어오면 당사자인 학생들과 직접 소통하도록 주선하게 되었으니 나에게는 정말 큰 배움의 기회가 된 셈이다.

청개구리들의 아지트가 마을의 사랑방으로

아직 철거되지 않은 비닐하우스 공부방으로 밴드 악기를 모두 옮겨서 활동을 하고 있던 중에 개미마을 철거가 눈앞의 현실로 다가왔다. 가슴이 덜컥 내려앉았다. 밴드 연습도 하고, 춤도 추고, 그림도 그리고, 신나게 뛰어놀던 공간이 갑자기 없어지면 아이들은 어디로 갈까? 어떻게 새 공간을 마련할 수 있을까? 마을 어른들과 그런 고민을 함께 나누며 구한 새 공간은 애초 밴드 연습실로 쓰려던 생각보다 훨씬 컸다. 그동안 마을 분들의 도움을 많이 받았으니 이 공간을 지역사회 모두가 쓸 수 있도록 내놓기로 했다. 2010년 8월, 찌는 듯한 더위 속에 습기 찬 지하실에서 공사가 시작됐다. 그리고 한 달 뒤 이곳은 마을의 사랑방 '즐거운가'로 멋지게 거듭났다.

마을과 함께하려는 마음이 예쁘다며 선뜻 보증금과 공사 비용의 일부를 내어 준 (주)유코카캐리어스 임직원들, 공사 비용이 없어 망설이고만 있을 때 이건 마을의 미래에 투자하는 거니 예쁜 공간 만들어 좋은 일 많이 하라며 대뜸 뚝딱뚝딱 공사를 시작해 주신 달팽이 건설, 그리고 마음을 모아 주신 수많은 이웃들. 신나게 뛰어놀다 교복이라도 찢어지면 언제든 웃으며 무료로 수선해 주시던 세탁소 어머님, 아이들 머리는 반값에 예쁘게 잘라 주시던 미용실 선생님들, 마을에 이런 공간이 생긴다는 얘기에 뜻 깊게 쓰라며 유산을 기부해 주신 할머님, 그리고 스스로 여름방학을 반납하고 아침부터 밤까지 함께 땀 흘려 '즐거운가'를 지어준 든든한 무지개빛청개구리 친구들, 졸업생 친구들…. 고마운 분들을 손꼽자면 끝도 없다.

이렇게 모두의 정성 속에서 태어난 '즐거운가'에서 우리는 많은 이웃을 만나고 있다. 바쁜 일상 속에 짬을 내 악기를 배우는 엄마들은 꿈꾸는 아줌마들이 함께하는 '꿈마 밴드'를 결성했다. 청소년들은 인문학 강좌를 듣고, 춤 동아리 친구들은 무대에서 공연을 열고, 밴드 동아리 친구들은 밤늦게까지 걱정 없이 연주를 하고, 친구들과 재잘거리며 조물조물 직접 음식을 만들어 먹는다. 이웃 분들이 서슴없이 들러 따뜻한 차 한 잔과 이야기를 나누고, 함께 송편을 빚고 김장을 한다. 마을 사랑방으로 자리 잡아 가는 즐거운가를 보면 아직도 가슴이 벅차다. 함께 웃는 마을 공동체 '즐거운가' 는 마을이 만들어 낸 기적인 이 공간에서 마을과 잘 나누고 한 발 한 발 또렷이 걸으며 오늘도 꿈을 꾸고 있다.

집·학교·마을이 어우러져야 아이들도 잘 자란다

사회복지사가 되면서 나는 아이들만 보던 것에서 벗어나 조금 더 넓은 시각과 다양한 경험을 누리게 되었다. 아이들에게 더 많은 기회를 주기 위

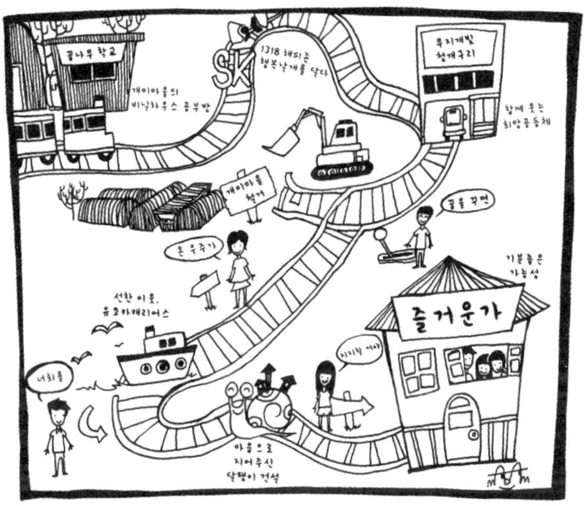

:: 꿈나무 학교가 무지개빛청개구리로, 다시 즐거운가로 확장되면서 '꿈'을 이루는 모습을 그린 센터 졸업생 '마담'의 그림.

해 다양한 분야의 자원봉사자들을 연계하고, 지역아동센터가 마을의 외딴 섬이 되지 않고 공동체 안에서 어우러지도록 발로 뛰며 지역사회와의 네트워크를 꾸려 갔다.

아이들의 성장을 돕기 위해 가정 및 학교와도 좀 더 긴밀하게 소통하게 되었다. 학교를 찾아가고 가정방문도 했다. 학부모들이 가정에서 아이들과 좀 더 건강하고 진심 어린 소통을 할 수 있도록 돕고자 학부모 학습 모임과 여성 인문학 강좌도 조직해 운영했다. 더 원활한 운영을 위해 후원인 모집도 게을리할 수 없었다. 캠프나 나들이라도 한 번 갈라치면 수십 명 아이들의 엄마가 되어 짐을 챙기고 아이들을 챙기고 먹을거리를 챙겨야 했다.

이 모든 게 지역아동센터에서 사회복지사라는 이름을 달고 일하는 내가 해야 할 몫이었지만, 모든 게 아이들의 건강한 성장과 직접 닿아 있는 일이고 그 안에서 오는 감동이 또 다시 내가 일을 하는 동력이 되어 주었기에 하루하루 행복하게 열정을 쏟을 수 있다.

'우리'를 알아 가는 아이들, 너흰 감동이었어!

매일 아이들과 맞대다 보니 참 많은 일이 있었다. 가끔은 내가 정말 이 일을 계속할 수 있을까 싶을 정도로 마음이 아플 때도 있었다. 아이들의 성장통을 곁에서 지켜보면서 해 줄 수 있는 게 없어 무력감에 의욕을 잃기도 했고, 돕고자 시작했던 일의 결과가 내 뜻과 다르게 나올 때면 회의가 들기도 했다. 많은 어려움이 있었던 아이의 가정이 회복될 수 있도록 열심히 도왔지만 결국 시설에 보낼 수밖에 없었을 땐 정말 가슴이 너무 아팠다. 짐을 대신 싸 준 뒤 아이를 시설까지 배웅하고 돌아서면서 아무것도 할 수 없는 스스로가 너무 초라하게 느껴져 자괴감에 빠지기도 했다.

하지만 늘 옆에서 함께 걸어 주고 어깨를 빌려 주는 동료들과 가족들이 있었기에 다시 기운을 낼 수 있었다.

언젠가 제주도에 여름 들살이를 갔을 때, 한 친구의 신발 끈이 끊어지자 선뜻 자기 신발을 내어 주고 맨발로 걷던 자원봉사자 선생님과 그 선생님이 걱정되면서도 자기 신발을 빌려 주면 괜찮다고 거절할까 봐 저만치 먼저 뛰어가 제 신발을 길 한편에 벗어 두고 숙소로 뛰어가던 또 다른 친구를 보며 코끝이 찡하던 일, 일출을 보러 가기로 했는데 한 친구가 몸이 안 좋아 힘들어하자 대모산 꼭대기까지 돌아가며 그 친구를 업고 올라 기어이 모두 함께 정상에서 일출을 봤던 일, 밴드 동아리를 하며 실력이 쌓이자 거리에서 모금 공연을 해서 태안반도에 봉사 활동도 가고 자기들보다 더 힘든 친구들을 돕겠다며 성금을 내놓던 아이들. 그렇게 '나'가 아닌 '우리'로 함께 살아가며 한 뼘 한 뼘 자라는 아이들을 볼 때면 눈물이 나도록 고맙고 행복하고 내 삶이 정말 가치 있게 느껴졌다.

1기 졸업생 둘 모두 사회복지 공부

아이들뿐만 아니라 무지개빛청개구리를 졸업한 친구들과 학부모님들, 마을 이웃들도 큰 힘이 돼 줬다. 친형처럼 친누나처럼 청개구리들 일이라면 언제든 달려와 함께하며 따뜻하게 동생들을 보살피고 내게 든든한 힘이 되어 준 졸업생들이 없었다면 무지개빛청개구리가, 그리고 내가 지금처럼 성장하지 못했을 것이다.

1기 졸업생 두 명은 모두 사회복지사가 되었다. '감자'는 사회복지학과를 졸업하고 (사)부스러기사랑나눔회에 취업하여 받은 사랑을 잘 실천하며 활동하고 있다. 올해 사회복지학과 4학년에 재학 중인 '승짱'이 사회복지정보원의 복지순례에 참여할 때도 참 뿌듯했다. 자신의 비전을 주변 사람들과 나누고 여행 자금을 스스로 모금해야 하는 규칙에 따라 자기 이야기를 하는 그 친구에게 귀 기울이고, 아무도 시키지 않았는데 피시방에 가고 군것질을 하는 것보다 그게 더 값진 일 같다며 1000원짜리를 쥐어 주던 아이들을 보면서 참 마음이 따뜻해졌다.

단순히 아이들의 엄마 아빠가 아니라 무청의 벗이자 가족으로 함께해 주는 학부모님들도 큰 힘이 된다. 매달 함께하는 학부모 학습 모임과 친목 모임을 통해 끈끈한 대가족으로 거듭나고 있다. 이제 가족 여행은 학부모들이 주도적으로 기획 진행한다. 세시절기 음식을 함께 나누고, 함께 김장을 하고, 매달 마을 분들과 국수 나눔을 할 때도 누구보다 먼저 달려와 팔을 걷어붙이고 도와주는 것도 우리 학부모들이다.

이렇게 함께 걸어 주는 벗들이 있기에 내가 무지개빛청개구리 센터의 사회복지사로서, 우리 마을의 활동가로서, 가끔은 느리더라도 끊임없이 뚜벅뚜벅 걸어갈 수 있는 게 아닐까 생각한다.

사람 사는 맛, 좋~다

| 임우석 |

1981년생. 2008년 경북대학교 사회복지학과를 졸업했다. 어려운 사람들 곁에서 일하고 싶어 중증 장애인 거주 시설 '월평빌라'에 입사해 현재까지 일하고 있다.

"**나** 때문에 미안해요."

벌써 몇 번째인지. 인철(가명) 씨는 휠체어에 앉아 날 보고 연신 미안하다고 한다.

오늘은 월평빌라 입주자 인철 씨가 다니는 교회에 경사로를 만드는 날. 나도 공사를 도우러 왔다. 작은 공사라 레미콘 차를 부르지 않고 일일이 손으로 작업한다. 모래와 시멘트를 섞어 타설하는 곳까지 옮기고 물을 부어 자갈과 섞는다. 이 과정을 수없이 반복한다. 출입구 쪽 경사로만 만드는 줄 알았는데, 식당에도 턱을 부수고 경사로를 만든다고 한다. "인철 씨가 혼자 밥 먹는 게 계속 신경 쓰였어요." 목사님이 웃으신다. 이제 인철 씨도 다른 교인들과 함께 식사할 수 있게 되었다.

오전에 시작한 공사는 저녁 7시가 되어서야 끝났다. 빌라로 돌아오는 길, 인철 씨가 내 등 뒤에서 속삭인다. "오늘 하나님의 은총이 선생님 곁에 있기를 바랄게요."

자랑스러운 내 직장 '월평빌라'

내가 일하는 '월평빌라'는 경남 거창군 남상면 월평리에 있는 중증 장애인 거주 시설로, 장애 등급 1~2급의 중증 장애인 30여 명이 살고 있다. 건물 밖에는 장애인 시설임을 나타내는 표시가 없는데, 누구보다 평범하게 살고 싶은 '입주자'(빌라에 거주하는 장애인들을 입주자라고 부른다)들의 마음을 담은 것이다. 개원 초기에는 시설인지 모르고 분양 문의를 하는 사람도 많았다.

취업할 무렵 나는 '장애'란 단어조차 낯설어하는 사람이었다. 장애 운동에 관심을 가지기는커녕 장애를 가진 사람들과 진지하게 이야기 나눠 본 경험도 없었다. 대학 시절 내내 다른 분야에 관심을 갖고 공부했기 때문이다. 그런 나에게 중증 장애인 거주 시설에서 일해 보지 않겠느냐는 제의가 들어왔다. 잘 해낼 수 있을까? 두렵고 자신이 없었다. 그때 존경하는 선배 사회복지사가 한 말이 떠올랐다.

나는 꿈꾼다. 좋은 곳에 가지 않기를. 가장 낮은 곳에서 시작하기를. 혜택 받은 만큼 더 열심히 땀 흘릴 수 있기를. 더 처절하게 고민하고 노력하고 준비 하기를. 누린 자는 가장 낮아져야 한다.　　　─철암도서관 김동찬 사회복지사

어쩌면 선배가 말한 '가장 낮은 곳'이 여기가 아닐까 하는 생각이 들

:: 월평빌라 바깥에는 장애인 시설이라는 표시가 전혀 없다. 빌라 이름에 평범하게 동네 이름을 넣은 것에도 '평범한 삶'을 바라는 장애인의 마음을 담았다.

었다. 그래서 용기를 내어 취업하기로 마음먹었다. 지금은 그때 내 선택이 백번 옳은 일이었음을 실감한다. 내가 '월평빌라'의 일원이라는 것이 얼마나 자랑스러운지 모른다.

나의 하루

"밤새 별일 없었어요?" 오전 9시, 출근해서 제일 먼저 하는 일은 업무 회의다. 어제 당직 근무자에게 보고와 업무 인계를 받는다. 20여 명의 직원 중 나는 입주자들을 직접 지원하는 가정팀 소속으로 오전 9시부터 오후 6시까지 근무한다. 3교대로 근무하는 다른 선생님들에 비하면 호사를 누리는 편이다.

회의가 끝나고 입주자들과 인사를 나눈 뒤 미향(가명) 씨의 출근길에 동행한다. 지적 장애를 가진 미향 씨는 매일 시내에 있는 옷가게에 나가서 한 시간씩 청소 일을 한다. 몸이 좀 불편해도 미향 씨가 할 수 있는 일은 가능하면 직접 하도록, 나는 옆에서 부족한 부분만 거든다. 일을 마친 미향 씨는 에어로빅 학원으로 향한다. 미향 씨는 1년간 한 번도 빠지지 않고 학원에 나갈 만큼 에어로빅을 좋아한다. 수업이 끝나면 미향 씨와 함께 빌라로 돌아온다.

빌라에 돌아와서는 자폐성 장애인인 민석(가명) 씨의 일상을 돕는다. 함께 청소나 빨래를 한 뒤 목욕을 한다. 가끔은 욕조에 물을 받아 거품 목욕을 즐기기도 한다. 민석 씨가 좋아하는 노래를 틀어놓고 여유 있게 시간을 보낸다. 한 달에 한 번은 동네 목욕탕에 가서 때도 밀고, 맛있는 간식도 사 먹는다. 목욕이 끝날 때쯤이면 점심시간이 된다. 2층에 있는 공동 식당에서 주방 선생님이 준비한 음식을 집으로 가져와 민석 씨가 좋아하는 TV를 보며 먹는다. 빌라에서는 입주자가 좋아하는 곳에서 여유 있게 식사를 즐기는 것이 좋다고 생각하기 때문에 특별한 일이 아니면 식사는 각자 집에서 한다. 오후에는 간식을 사러 민석 씨와 마트에 간다. 민석 씨가 제일 좋아하는 간식인 짜장라면을 사서 함께 끓여 먹는다. 성미(가명) 씨가 출근하는 날에는 성미 씨를 일터까지 데려다 준다. 학습지 사무실을 청소하는 성미 씨는 늦은 오후에 출근한다.

저녁이 되면 학교로, 직장으로, 학원으로 갔던 입주자들이 모두 빌라로 돌아온다. 여느 집의 저녁과 다를 바 없는 풍경이다. 저녁식사는 각자 집에서 먹고 싶은 요리를 만들어 먹는다. 삼겹살이 먹고 싶은 집은 삼겹살을 구워 먹고, 라면이 먹고 싶은 집은 라면을 끓여 먹는다. 가구마다 요리 설비가 갖추어져 있어서 입주자가 직접 요리할 수 있다.

하루의 마무리는 일지 적기. 오늘 인상 깊었던 일이나 일하면서 깨

:: 매년 초에는 입주자 총회를 열어 1년 동안 대표회를 이끌어 갈 입주자 대표, 식단 팀장, 소식지 팀장을 선출한다. 2011년 2월 입주자들의 선거를 돕는 필자의 모습.

달은 내용을 적으며 하루를 돌아본다. 이렇게 또 분주했던 월평빌라의 하루가 저물어 간다.

뇌병변 장애인 인철 씨, 성가대에 들어가다!

뇌병변 장애인인 인철 씨는 손을 마음대로 사용하지 못해 발로 휠체어를 밀고 다닌다. 식사할 때, 물 먹을 때, 용변을 볼 때도 도움이 필요하다. 신앙심 깊은 그는 빌라에 입주하면서 가장 먼저 교회에 나가게 해 달라고 부탁했다. 거창에 있는 교회 한 곳 한 곳에 전화를 했다. 와 보라는 곳이 몇 군데 있었지만 인철 씨를 보고는 모두 고개를 저었다. 14곳에서 거절당하고 좌절해 있을 때 ○○교회에서 연락이 왔다.

처음에는 주일마다 내가 동행해 식사, 용변, 이동 등 그에게 필요한 일을 모두 도맡아 했다. 그러다 차츰 나가는 횟수를 줄였다. 내가 가지 않을 때는 싫으나 좋으나 교인들이 인철 씨를 도울 수밖에 없었다. 처음에는 나를 보고 착하다, 천사다, 어떻게 그렇게 할 수 있느냐며 입이 닳도록 칭찬했던 교인들은 몇 달이 지나자 더 이상 그런 말을 하지 않았다. 직접 해 보니 그 대단한 일이 마음만 있으면 누구나 할 수 있다는 걸 알게 되었기 때문이다.

"인철 형제가 우리 교회의 일원이 되기 위해 우리가 해야 할 일을 생각해 보았습니다. 휠체어 이동, 소변, 식사를 할 때 형제를 도울 사람을 지정해 뒤편 문에 붙여 두었습니다. 한 주에 한 명씩 돌아가면서 봉사하시면 됩니다. 1년에 많으면 두 번 정도이니 부담스러워하지 마시고 동참해 주시기 바랍니다. 그리고 한 달에 두 번은 직원이 와서 함께 도와 줄 예정이니 모르는 게 있으면 그때 직원에게 물으시기 바랍니다."

뒷문에 가 보니 '인철 형제를 도웁시다.'란 제목으로 이번 주부터 주별로 성도님의 이름이 적혀 있었다. 인철 씨 한 명을 위해 전 성도가 힘을 모으는 모습은 감동 그 자체였다.　　　　　　　　　　　　　—임우석 업무일지 중에서

1년쯤 지났을 때, 인철 씨가 성가대에 들어가고 싶다고 했다. 말도 제대로 하지 못하는데 성가대라니. 하지만 교인들과 목사님은 흔쾌히 허락했다. 사람은 누구나 자신이 하는 일로 상대방에게 도움을 주고, 또 인정받고 싶어 한다. 인철 씨는 성가대 활동을 통해 봉사하고, 역할을 가짐으로써 사람들에게 인정받을 수 있었다.

예배 마친 후, 목사님께 우리의 의중을 말씀드렸다. "목사님, 저 찬양대 들

:: 2009년 남상면민 체육대회에 참석했다. 월평빌라도 남상면에 있으니 면민 체육대회에 참석하는 게 당연한 일. 이장님께서 좋은 자리도 맡아 주셨다.

어가고 싶어요." (중증 장애 때문에 발음이 좋지 않아) 무슨 말인지 잘 못 알아들으셔서 중간에서 내가 통역해 드렸다. 다 듣고 난 후 "아, 정말 좋은 생각이네요. 찬양이라는 것은 잘 부르고 못 부르고를 떠나 마음만 담겨 있으면 되니까…. 찬양대장님께 먼저 말씀드려 보고 결정합시다."라고 하셨다.

식사를 마친 후 옆에 있는 찬양대장님께 빨리 말씀드려 달라고 인철 씨가 목사님을 재촉한다. 목사님이 인철 씨를 대신해 말씀드리니, 찬양대장님도 금세 승낙해 주신다. 승낙을 받은 인철 씨, 정말 기뻐한다. 소리를 지르고 방방 뛴다. 옆에 보고 있던 성도님들이 모두 축하해 준다. 집에 돌아와서 보는 사람들마다 붙잡고 찬양대원이 되었다고 자랑한다.　　—임우석 업무일지 중에서

얼마 안 있어 인철 씨는 또 다른 선물을 받았다. 이동이 불편한 그를 위해 교회에 경사로를 만들기로 한 것이다. 교인들이 먼저 이를 제안했고 헌금도 모았다. 다들 넉넉지 않은 형편에도 1000원, 2000원씩 헌금해 공사 비용을 마련했다.

공사할 때 목사님이 했던 말이 기억난다. 인철 씨 한 명 때문에 힘

든 공사 하느라 애쓰신다고 했더니 "인철 씨 한 명 때문에 이 공사 하는 게 아니에요. 이렇게 해 놓으면 근처에 사는 몸이 불편한 분들이 쉽게 교회에 올 수 있지 않겠어요?"라고 하셨다. 공사하던 날의 감동, 목사님의 말을 듣고 온몸에 흘렀던 전율. 이건 사회복지사만이 누릴 수 있는 복이다.

복지시설에 있는 장애인은 시설 안에서 예배드리고 신앙생활을 해야 할까? 그러면 언제 비장애인들과 어울려 신앙생활을 해 볼 수 있을까? 교회 수련회, 야외 예배, 전도회, 성가대 활동, 교회 차를 함께 타고 오가며 안부를 묻는 즐거움, 교인들과 함께 식사하며 느끼는 즐거움, 이런 재미는 포기해야 하는 걸까? 인철 씨의 신앙생활을 도우며 지역 교회 교인들의 생각과 행동이 바뀌는 것을 경험했고, 넓게는 지역사회가 변화하는 것을 경험했으며, 장애인 당사자의 삶이 바뀌는 것을 경험했다.

"아주머니, 반짇고리 좀 빌려 주세요" "이리 줘, 내가 꼬매 주께"

월평빌라 직원에게는 일주일에 2시간, 자기계발 시간이 주어진다. 산책, 독서, 악기, 운동 등 다양한 활동 가운데 나는 플루트를 선택했다. 1년 동안 열심히 배워 입주자들 앞에서 발표하던 날, 꼬마 입주자 주연(가명)이가 누군가에게 줄 예쁜 장미꽃을 사 왔다. 그리고 그 장미의 주인공은 바로바로 나였다! 그날 밤, 나는 기쁨으로 잠을 설쳤다.

하루는 이런 일도 있었다.

"아주머니, 반짇고리 좀 빌려 주세요."

“와?”

“양말에 구멍이 나서요.”

“이리 줘 봐. 내가 꼬매 주께.”

아주머니는 내 양말을 가져가더니 뚝딱 꿰매 주셨다.

사람들은 내가 장애인 거주 시설에서 일한다고 하면 힘들지 않느냐고 묻는다. 물론 힘들 때도 있다. 입주자 때문에, 동료들 때문에 가끔 속이 상하는 날도 있다. 하지만 사람 사는 곳이라면 어디든 마찬가지 아닐까. 월평빌라도 사람 사는 곳이다. 힘든 날도 있고 즐거운 날도 있다. 그리고 가끔씩 힘들고 어려울 때면 아래 문구를 보면서 힘을 얻는다.

장애는 심하고, 의사소통은 안 되고, 사고 나지 않게 해야 하고, 한 명만 보고 있을 수도 없고, 할 일은 많고, 사람들은 꺼리고, 상처 주고, 이렇게 중증 장애인 사정은 너무도 어려워서 지역사회 사람살이는 고사하고 당사자 본인의 삶조차 엄두가 나지 않는 때가 있습니다. 어떻게 하면 좋을까요?

천천히 가거나 둘러 가거나 한 걸음 물러날 수 있습니다. 그러나 포기할 수는 없습니다. 어렵다고 해서 꿈꾸지도 않고 기회도 주지 않고 시도조차 하지 않는다면, 어찌 당사자의 삶이나 지역사회 사람살이를 볼 수 있겠습니까? 이를 위해 애쓰다가 잘 안 되거나 눈총 맞고, 그래서 좌절하고 상처받고 애통하고 눈물 흘릴지라도, 그래도 해야 하지 않겠습니까? 이런 고뇌와 아픔과 눈물, 사회사업가에게는 고마운 시련이 아닐까 싶습니다.　　—한덕연, 「복지요결」

자기가 돕는 어려운 사람들로 인해 눈물 한번 흘려 보지 않은 사회복지사가 어찌 사회복지사라고 떳떳하게 이야기할 수 있을까.

어려운 여건 속에서도 가난한 사람, 병든 사람 곁에서 평생 눈물 흘리며 산 선배 사회복지사들이 있었다. 나는 그분들의 흉내도 낼 수 없지만 그 마음만이라도 닮으려 노력한다.

중증 장애인들을 돕는 만큼 몸으로 하는 일이 많으므로 기본적으로 체력이 뒷받침되어야 하며 컴퓨터 활용 능력, 운전면허증 등이 있으면 좋다. 물론 장애에 대한 이해가 필수. 평소 장애가 있는 친구 혹은 지인들과 가깝게 지내는 것이 도움이 된다. 그리고 기본적으로 사람을 대하는 직업인 만큼 '사람'을 이해하기 위한 인문학 공부도 필요하다.

무엇보다 중요한 것은 역시 '심성'이다. 어려운 사람을 돕고자 하는 마음, 자신보다 약하고 힘없는 사람을 업신여기지 않는 마음. 이런 마음을 갖고 있다면 누구나 장애인 거주 시설에서 일할 수 있다.

칭찬은 선생님도 춤추게 한다

| 천화현 |

1983년 서울 출생. 2008년 강남대학교에서 사회사업 전공 후 학교사회복지사 자격증을 취득해 2008년 2월부터 서울정곡초등학교 학교사회복지사로 일했다. 2011년 7명의 사회복지사들과 13차 사회사업 캠프에서 「복지현장 희망이야기」를 발표하고 이를 책으로 공동 출판하였다. 2013년 3월부터 한국학교사회복지사협회에서 교육 업무를 담당하고 있다.

"**정말** 이럴 거니? 계속 이렇게 할 거면 더 이상 여기 오지 마!"

나도 모르게 큰소리가 나왔다. 꾹꾹 누르고 있던 화를 더 이상 참지 못하고 소리를 지르고 말았다. 아이는 금세 주눅이 들어 조용히 복지실에서 나갔다.

3학년 여자 아이였다. 키도 크고 덩치도 크고 거친 느낌을 주던 아이에게 나는 늘 관심을 보이며 살갑게 대했는데, 그날 아이는 기어이 복지실에서 친구와 큰소리로 싸움을 벌였다. 해도 해도 너무했다 싶었다. 아이가 나가고 한참 뒤 마음이 진정되자 걱정이 되기 시작했다. '아, 정말로 복지실에 안 오면 어떡하지…'

다음 날 오후, 슬쩍 복지실 문이 열렸다.

"들어가도 돼요? 조용히 놀게요."

그 아이였다. 오히려 내가 미안했다. 미안하다는 말은 못하고 그날은 아이와 함께 이야기하고 놀아 주는 것으로 그 마음을 대신했다. 그 일로 나는 아이들이 서운하게 하더라도 절대 화내거나 소리 지르며 쫓아내지 않겠다고 다짐했다. 어쩌면 내가 원하는 모습이나 행동에 아이를 맞추려 했던 것인지도 모른다.

서울 정곡초등학교 학교사회복지사로 일하던 첫해, 나는 그렇게 한 걸음씩 아이들에게 맞춰 가는 법을 배웠다.

학교 복지는 나의 운명

사회복지의 많은 분야 중에서 학교 사회복지 분야를 선택한 것은 누군가의 이끌림처럼 자연스럽게 다가왔다.

나는 복지관에서 학교로 파견 나가는 프로그램을 보조하다가 학교 사회복지사업을 처음 알게 되었다. 학교 사회복지사업은 학교를 중심으로 지역사회에 교육 공동체를 구축하여 저소득층 아동과 청소년을 지원하는 사업이다.(2003년 교육인적자원부에서 처음 시작한 학교사회복지사업은 지금은 '교육복지투자우선지역지원사업'으로 바뀌어 실시되고 있다.) 아동 복지를 꿈꾸던 나에게 아이들이 가장 많은 시간을 보내고 있는 학교에서 사회복지를 한다는 것이 매우 흥미로웠다. 그래서 대학 3학년 무작정 집 인근에 있는 내가 나온 초등학교를 찾아가 자원봉사를 하고 싶다고 했다. 그렇게 일주일에 두 번씩 1년 동안 학교 사회복지 실습을 거쳐서 졸업과 동시에 학교에서 일할 수 있는 기회를 얻었다.

나름대로 학교사회복지사로 일할 준비를 했지만, 사회복지 현장 경험이 전혀 없이 학교에 처음 들어왔을 때는 눈앞이 깜깜했다. 출근 전 날 밤 이불 속에 누웠는데 이런저런 생각으로 잠도 오지 않았다. '학교 는 사회복지사가 한 명이다. 이곳에서 내가 해야 하는 일은 무엇일까? 어떻게 일해야 할까?' 이런 고민이 머릿속에 가득했다. 그러면서도 다 른 한편에서는 우리 학교에는 어떤 아이들이 있을지, 그 아이들과 무슨 일이 일어날지 기대되고 설레기도 했다.

학교에 처음 들어온 내 나이 25살. 그때만 해도 학교 교직원 통틀어 20대가 손에 꼽을 정도로 적었다. 그래서인지 학교 막내로 들어온 나를 모두 반갑게 맞아 주시고 예쁘게 봐주셨다. 지금 생각해 보면 내가 이 학교에 온 건 큰 축복이었다.

수업 시간엔 행정 업무 처리, 수업 끝나면 아이들과 만나기

학교사회복지사는 이름 그대로 학교에서 사회복지를 실천하는 사 람을 말한다. 요즘 초등학교나 중학교에는 교육복지실이 있는데, 쉽게 말하면 이 교육복지실에 상주하면서 아이들의 학교생활과 가정생활을 살펴 잘 성장할 수 있도록 돕는 사람이 학교사회복지사이다.

학교사회복지사 자격증이 따로 있기는 하나 아직은 민간 자격증이 다.(하지만 학교 취업 시 학교사회복지사 자격증이 있으면 가산점을 준 다.) 현재까지는 학교 현장에서 사회복지를 실천하고 있으면 학교사회 복지사로 볼 수 있다. 우리나라 학교사회복지사 중 아직 정규직은 없 다. 사업에 따라 1년 계약직 또는 무기 계약직으로 일하는 상황이다

:: 서울정곡초등학교 교육복지실은 점심시간과 수업이 끝난 방과 후 시간 많은 아이들이 이용하는 쉼터가 되었다.

(2013년 3월 현재).

학교 사회복지사업은 주체에 따라 '교육복지투자우선지역지원사업', '지자체 사업', '위스타트 사업', '드림스타트 사업'으로 나뉜다. 주체별 사업 내용은 다를 수 있으나 사회복지사가 해야 하는 역할의 핵심은 같다. 우선 아이들이 학교에서 보호받고 잘 성장할 수 있도록 돕고, 학교가 본연의 역할을 할 수 있도록 돕는다. 어떤 일을 하든, 그 과정에서 내가 아니라 학교와 아이들이 주체가 되도록 거드는 게 중요하다. 학교 안에서 도움이 필요한 아동이 있을 경우 담임선생님이나 학교와 의논하여 아이가 잘 생활할 수 있도록 돕는 것이다.

그러려면 아이들을 만나야 한다. 그래서 아이들이 수업을 받고 있을 때는 가정에 연락하거나(전화 또는 방문), 지역사회와 논의하는 일을 하거나 학교의 행정 업무를 처리하고, 수업이 끝나고 나면 아이들과 함께 시간을 보낸다. 때로는 같이 놀아 주고, 때로는 진지한 이야기를 나누기도 하는데, 그런 대화를 통해 아이들이 고민을 혼자서 이겨 낼 수 있을지, 아니면 누군가의 도움이 필요한지를 궁리한다. 도움이 필요하다고 판단되면 아이를 도울 수 있는 선생님, 부모님, 친구들을 만나 함께 의논하며 돕는다. 그것만으로 부족한 경우에는 지역사회의 다른 기관들을 통해 돕기도 한다. 학교사회복지사는 그 중간에서 아동-학교, 학교-가정, 학교-지역사회가 소통할 수 있는 다리의 역할을 하는 셈이다.

담임교사와 가정방문기

"아이고, 이 누추한 데까지. 정말 고맙습니다, 선생님."

할머니는 연신 고맙다며 고개를 숙이셨다.

"아니에요. 오히려 죄송해요. 아이한테 신경을 많이 쓰지 못했어요."

"아니에요. 우리 손녀딸 애기를 들어보니까, 선생님께서 숙제도 신경 많이 써 주시고 학교에서 배려해 주시는 게 느껴져요."

담임선생님과 함께 5학년 어느 여학생의 집에 가정방문을 한 날이었다. 학교 뒤편 주택가라 찾기 쉽지 않겠다고 생각했는데, 우리가 방문하는 시간에 맞춰 아이의 할머니가 근처에 나와 계셨다. 이야기를 마치고 나오는 길에도 할머니는 골목까지 우리를 배웅하시면서 담임선생님 손을 꼭 붙잡고 또 고맙다며 눈물을 훔치셨다. 그리고 담임선생님과 내가 탄 차가 보이지 않을 때까지 그렇게 그 자리에서 우리를 지켜보면서 계셨다.

집으로 돌아오는 길, 그 담임선생님은 10년 넘게 교직 생활을 하면

:: 2011년 10월, 명예 퇴직하시는 선생님을 보내드리기 아쉬워하며 동료 선생님들과 함께 양평으로 1박 2일 여행을 갔다. 학교사회복지사에게는 아이들과의 관계만큼 동료 교사들과의 관계도 중요하다.

서 가정방문은 처음이라고 하셨다. "집을 보고 나니까 그 아이가 학교에서 왜 그렇게 행동하는지 이해가 되네요. 앞으로는 아이가 불편하지 않도록 아이 처지에서 이야기를 나눠야겠어요."

가정방문에 동행하자고 제의한 나로서는 뛸 듯이 기쁜 일이었다. 가정방문 덕분에 선생님이 아이를 보는 눈과 아이를 이해하는 폭, 그리고 아이를 대하는 마음이 달라진 것이다. 그 아이 또한 자기 집에 다녀간 담임선생님을 달리 보게 되지 않았을까.

작은 일이지만 이렇게 '학생과 교사'의 관계를 살릴 수 있도록 돕고 싶다. 사회복지사가 사회적 약자와 지역사회로 하여금 복지를 이루게 돕고 더불어 살게 돕듯, 학교사회복지사도 아이들을 도울 때 교사와 함께 돕는 것이 매우 중요하다. 교사는 학교의 주체이다. 아이들은 교사를 통해 꿈을 키우고 성장한다. 나와 같은 학교사회복지사의 지지와 격려도 중요하지만, 그보다는 담임선생님의 응원이 아이들에게는 더욱 큰 힘이 된다. 학생과 교사의 관계를 살려 학교의 바탕이 살아나게 하는 것, 그로 인해 본래 학교의 역할을 잘할 수 있도록 돕는 것이 학교사회복지사의 역할이라고 생각한다.

그래서 나는 가정방문만이 아니라 아이들과 관련된 일은 모두 담임 선생님과 먼저 의논한다. 수업이 끝난 오후에는 교실을 돌아다니며 선생님들을 만나 이야기 나누고 의논한다. 의논하면서 아이를 함께 바라본다. 그러면 아이가 잘한 행동은 하나이지만 칭찬하는 사람은 둘이 된다. 그렇기에 학교에서 교사와 함께 동역자로 일하는 학교사회복지사는 아이를 성장시키는 큰 힘이라 생각한다.

"아무개야" 하고 부르면 "네" 하고 오는 아이들

아이들은 한 번에 변하지 않는다. 복지실에서 아이를 쫓아낸 사건 이후 나는 그 아이와 많은 이야기를 나눴다. 그렇게 1년이라는 시간이 지난 어느 날.

"아무개야."

"네."

아, "네."라니! 전 같았으면 퉁명스럽게 "왜요?" 하거나 "왜 불렀는데요?" 했을 텐데! 나를 어른으로 인정한다는 대답, 다른 사람의 이야기를 들을 준비가 되었다는 대답, 그 "네"라는 한마디에 얼마나 많은 이야기가 담겨 있는지 마음으로 느낄 수 있었다.

그렇게 조금씩 성장한 아이는 이제 다른 어른들의 말씀에 귀 기울일 줄 안다. 다른 사람 눈에는 보이지 않을지라도 고맙다는 표현, 사랑한다는 표현, 미안하다는 표현을 하려고 노력하는 것을 나는 느낄 수 있었다. 그래서 아이를 만날 때마다 더 많이 애정 표현을 했다. 볼 때마다 안아 주고, 사랑한다 말하고, 선생님 사랑하느냐고 물어보기도 하고, 사랑한다는 대답을 꼭 들려 달라고 조르기도 하고, 어깨에 기대기도 했다. 내가 부탁한다고 하면 아이는 알겠다고 해 주었다. 그래서인지 다른 곳, 다른 사람에게도 종종 믿음직스럽고 노력하는 아이라는 이야기를 들었다.

4년을 함께하고 아이가 졸업했을 때 나도 모르게 눈물이 났다. 어디에 있든 무엇을 하든 잘하리라는 믿음이 있다. 새내기 학교사회복지사였던 나를 성장시켜 준 참 고마운 아이다. 그 뒤로 나와 눈을 맞추지 않거나 대답을 하지 않거나 혹은 이유 없이 화를 내거나 짜증을 내는 아이를 만나더라도 나를 성장시켜 준 그 아이를 생각하면서 지켜보며 기다리게 되었다. 성장할 것이라 믿고 사랑하는 마음으로 기다리면 아이는 나에게 또 말할 것이다. "아무개야." 하고 부르면 "네." 하고 말이다.

아이들의 변화, 교사의 변화를 보는 기쁨

정곡초등학교에서 5년을 보냈다. 내가 처음 만났던 아이들은 벌써 고등학교 1학년이 되었다. 그 아이들이 지금도 가끔 찾아와 인사하며 사춘기의 고민을 털어놓기도 한다. 그저 잘 자라 주는 모습 보여 주는 게 고맙고, 가끔 지난날을 함께 이야기할 수 있어 기쁘다.

처음 이 일을 시작했을 때는 내가 잘하고 있는지, 아이들에게 정말 도움이 되고 있는지 의문이었다. 사회복지라는 일 자체가 그렇듯이 당장 눈에 보이는 어떤 성과를 내기 쉽지 않다. 더구나 아이들의 성장이

:: 처음 학교사회복지사로 근무했을 때 만났던 초등학교 5학년 아이가 지금은 고등학생이 되었다. 필자가 학교를 떠난다는 소식을 듣고 케이크를 들고 찾아왔다.

라는 게 한순간에 콩나물 쑥쑥 자라듯 볼 수 있는 일이 아니다. 그래서 더욱 조바심을 버리고 늘 한 아이라도 잘 도와 보리라 다짐했다. 빈곤이나 위기 가정 같은 아이의 환경을 바꾸는 일도 중요하지만, 아이의 내적 힘을 기르고 아이의 긍정적인 관계들을 살려 도우는 일도 중요하다. 어려운 환경을 이겨 내도록 아이의 내적 강점을 키우는 일은 내가 처한 상황에서 잘할 수 있는 일이었다. 또 그래야 다른 어려움도 이길 수 있으며, 그렇게 아이의 삶의 바탕이 자란다고 생각한다. 마음 조급한 날도 많고 어려운 순간도 있었지만, 한 해 한 해 믿고 기다렸다. 그 기다림에는 나를 믿고 지켜봐 준 교사들이 함께했다.

사실 외롭고 서럽고 힘들 때도 많다. 교육 관련 학문을 공부한 여러 선생님들 사이에서 나 홀로 스스로의 가치와 철학에 맞게 일한다는 것은 쉽지 않으며 가끔은 학교와 타협하지 못해 의견 충돌을 겪기도 한다. 그럼에도 학교에서 일할 수 있었던 것은 변화의 과정을 함께한다는 기쁨 때문이다. 학교사회복지사 1인의 힘은 미약하지만 아이들을 다른 시각으로 봄으로써 변화를 이끌어 낼 수 있고 그 변화의 파급력은 생각보다 훨씬 크다. 아이들 스스로의 변화, 그리고 그 아이들의 변화를 통해 교사들이 변화하는 모습을 보는 기쁨은 무엇과도 바꿀 수 없다.

　　학교사회복지사로 일하는 것은 힘들고 어렵고 인내가 필요하지만, 그보다 값지고 빛나는 아이들이 있다. 사랑스러운 아이들과 함께할 수 있다는 기쁨, 이 일이 나에게 주는 감동이 사회복지사로 계속 학교에 있게 하는 힘이 된다.

학교에서 사회복지사로 일하는 방법은 크게 두 가지이다. 학교사회복지사 자격증을 따거나 교육복지사로 일하는 방법이다.

학교사회복지사 자격증을 취득하려면 사회복지사 1급 자격증이 있어야 하며 사회복지 교육과정 중 학교사회복지론을 이수하고 아동복지론이나 청소년복지론 또는 교육학 관련 교과목 중 한 과목 이상을 이수해야 한다. 그리고 한국학교사회복지사협회에서 인정하는 실습을 최소 6개월(240시간) 동안 받고 필기시험과 면접시험을 통과해야 한다. 아직은 민간 자격이다.

실습의 경우 사회복지 전공 3학년 이상 학생이면 정규 실습 과정의 실습을 학교사회복지 분야로 신청할 수 있다. 실습지는 개별 학교로 연락하거나 서울 지역의 경우 서울학교사회복지사협회, 대구·경북 지역은 대구·경북학교사회복지사협회에서 모집하여 공동 실습을 진행한다. 취업은 주로 학교사회복지사협회 구인란을 통해 이루어진다.

한편 교육복지사(지역사회교육전문가)는 사회복지사 2급 자격증이 있거나 청소년 관련학을 공부한 사람 가운데 2년 이상 교육, 문화, 복지 등의 분야에서 아동 및 청소년 대상 활동 경험이 있고 1년 이상의 지역 네트워크 사업 활동 경험이 있는 자를 우선 선발한다. 각 학교가 상황에 따라 수시로 모집하고 있으며, 해당 학교 홈페이지나 지역 교육청, 시 교육청 구인란을 통해 채용 공고가 난다. 현재 학교에서 일하는 사회복지사는 대부분 교육복지사이다.

참고 사이트

한국학교사회복지사협회 www.kassw.or.kr

서울학교사회복지사협회 cafe.daum.net/kasswseoul

대구·경북학교사회복지사협회 cafe.daum.net/kdkssw

교육복지우선지역지원사업 eduzone.kedi.re.kr

위스타트 운동본부 www.westart.or.kr

드림스타트 www.dreamstart.kr

터프한 아이들과 원더풀 티처

| 박종국 |

대학 졸업 후 공부에 대한 욕심이 있어 바로 대학원에 진학해 공부했다. 그리고 첫 직장으로 굿네이버스에서 근무하다 얼마 지나지 않아 청소년들을 만나고 싶어 궁리하던 중, 2010년 1월 법무부 안양소년원에서 일하게 되었다. 2012년 2월부터는 서울소년원에서 근무하고 있다.

"아～ ×× 열 받아."

"니가 뭔데, ××야!"

소년원에 막 근무를 시작했을 때 학생들의 잘못을 지적하자 되돌아온 답은 상상을 초월했다. 소년원에서 생활하는 아이들이 그동안 정말 힘든 환경 속에서 살아왔기에 나름대로 격한 반응을 예상했지만, 실제 이런 말을 어린 학생들에게 들으니(그것도 여학생이었으니) 당황하지 않을 수 없었다.

'그냥 NGO에 남아 있을걸, 내가 잘 선택한 것일까? 지금이라도 돌아갈까? 소년원에서는 강하게 생활 지도를 하는 선생님들이 있는 게 서로에게 유익하지 않을까?'

이런 고민으로 첫 출근 후 일주일 정도 '멘붕' 상태로 있었다.

법무부 특별 채용으로 안양소년원 첫 출근

대학에서 아동학, 대학원에서 사회복지학을 전공한 나는 청소년 문제에 관심이 많아 굿네이버스에서 운영하는 아동보호전문기관에서 일했다. 그때 학대받는 아이들이 소년원에 가는 사례를 많이 접했다. 아이들을 도와주려고 해도 한계가 있었기에 소년원에 가서 아이들을 만나면 낫지 않을까 하는 생각을 했고, 때마침 우연히 법무부의 특별 채용 공고를 보게 됐다. 그렇게 '운명'처럼 2010년 1월, 교정사회복지사로서 일을 시작하게 되었다.

이 글을 읽는 사람들에게 몇 가지 질문을 하고 싶다. 가끔 학교 폭력, 왕따, 청소년 범죄에 관한 뉴스를 보면 어떤 생각이 드는가? 그냥 내가 겪지 않아서 다행이다, 이런 나쁜 놈들은 따끔하게 혼내 줘야 해!, 정말 무서운 세상이야, 하고 생각하는지? 또 '소년원'이라고 하면 어떤 생각이 떠오르는가? 언론을 통해 흔히 보듯 사기나 강력 범죄 등을 저지른 무서운 학생들이 오는 곳으로 인식되는지? 아니면 가정환경이 너무나 열악해서 충분히 사랑받지 못했고, 그렇게 사람들의 관심에서 멀어져 나름의 생존 방식으로 본의 아니게 다른 학생을 괴롭히던 학생들이 들어오는 곳이라고 생각하는지?

혹시 교정 기관에서 사회복지사로 일하고 싶은 이가 있다면 반드시 생각해 봐야 할 주제이다. 소년원에 있는 아이들이 평범한 또래 친구들처럼 사회의 한 구성원으로 제 기능을 다하게 돕고 싶다면 더욱 잘 생각해야 한다. 소년원 학생들을 어떻게 바라보는지 그 관점에 따라 학생들을 대하는 태도와 서비스를 제공하는 방법이 달라질 수 있기 때문이다.

소년원에 가면 '빨간 줄'이 그어진다?

소년원에 들어오면(우리는 '입원'이라고 표현한다), 이른바 '빨간 줄'이 그어져 지워지지 않는 흔적, 즉 신상 불이익이 있을까? 정답은 '아니다'이다. 소년원은 '소년교도소'와 다르다.

소년원은 보호처분을 받은 만 10세 이상 19세 미만의 청소년을 수용하여 교정 교육을 하는 곳이다(아래 표의 8·9·10호 해당). 검찰 혹은 형사재판부에서 소년부 가정법원으로 송치(送致)하면 소년부 판사는 심리를 통해 '보호처분'을 명한다. 해당 보호처분 종류에 의해 단기(6개월 이내)·장기(2년 이내)로 소년원에 입원하게 된다. 반면 형사재판을 통해 형이 집행되면 소년교도소에 수감된다. 성인이 교도소에 가

보호처분의 종류 및 내용

처분	처분 내용	기간	연령
1호	보호자 또는 보호자를 대신하여 소년을 보호할 수 있는 자에게 감호 위탁	6개월(+6개월)	10세 이상
2호	수강명령	100시간 이내	12세 이상
3호	사회봉사명령	200시간 이내	14세 이상
4호	보호관찰관의 단기 보호관찰	1년	10세 이상
5호	보호관찰관의 장기 보호관찰	2년(+1년)	10세 이상
6호	「아동복지법」에 따른 아동복지 시설이나 그 밖의 소년보호 시설에 감호 위탁	6개월(+6개월)	10세 이상
7호	병원, 요양소 또는 「보호소년 등의 처우에 관한 법률」에 따른 소년의료보호시설에 위탁	6개월(+6개월)	10세 이상
8호	1개월 이내의 소년원 송치	1개월 이내	10세 이상
9호	단기 소년원 송치	6개월 이내	10세 이상
10호	장기 소년원 송치	2년 이내	12세 이상

는 것과 같다.

소년원에서는 교과 교육도 실시한다.(실제로 학교명을 함께 쓴다. 서울소년원은 고봉중·고등학교로 부른다.) 중고등학교 교과 교육, 직업훈련 교육, 인성 교육 등 다양한 교육이 이루어지는데, 소년원에 들어오기 전에 중학교 혹은 고등학교에 다니고 있었다면 소년원 내에서 중학교, 고등학교 과정을 이수하여 해당 학교의 졸업장을 받을 수 있다. 소년원은 서울(경기 의왕), 안양, 춘천, 청주, 대구, 부산 등 10개의 거점 지역에 자리하고 있다. 이 중 안양소년원과 청주소년원은 여학생들만 생활하고, 나머지 여덟 곳에서는 남학생들이 생활한다.

소년원 시설은 아이들이 거주하는 '생활관'과 교육을 받으면서 보내는 '교육관'으로 나뉘어 있으며 아이들은 일과에 맞춰 두 곳을 오가며 지낸다. 오전 6시 30분이면 모든 학생이 기상하여 세면 및 식사를 마친 뒤 교육관으로 이동한다. 9시 20분에 1교시가 시작된다. 중고등 교과 학생들은 일반 교과목을, 그 외 학생들은 사진, 제과 제빵 등의 직업훈련 수업을 듣는다. 그리고 오후 5시 10분, 수업이 끝나면 아이들은 다시 생활관으로 이동하여 저녁 식사 및 휴식을 취한다.

전국 10개 소년원에 사회복지사 1명씩 근무

그렇다면 이런 소년원에서 사회복지사는 어떤 일을 하고 있을까? 가끔 소년원으로 현장 실습을 오는 사회복지 대학원생들에게 나는 이 질문을 가장 먼저 던진다. 소년원에서 사회복지사는 어떤 일을 하는 것이 좋을까? 혹은 적합할까?

일반적으로 사회복지 기관이나 시설에 근무하는 사회복지사는 개별 상담이나 집단 상담을 진행하고, 여러 복지 프로그램을 운영하며,

전국 소년원학교 현황

기관(학교명)	대상	교육과정
서울소년원(고봉중·고등학교)	9호, 10호	● 중고등학교 교과 교육, 컴퓨터, 검정고시 ● 직업능력개발훈련 ● 보호자 교육
부산소년원(오륜정보산업학교)	10호, 위탁	● 직업능력개발훈련, 컴퓨터, 검정고시 ● 보호자 교육
대구소년원(읍내정보통신학교)	9호, 10호	● 인성교육, 컴퓨터, 검정고시 ● 직업능력개발훈련 ● 보호자 교육
광주소년원(고룡정보산업학교)	10호, 위탁	● 직업능력개발훈련, 컴퓨터, 검정고시 ● 보호자 교육
전주소년원(송천정보통신학교)	9호, 10호	● 중학교 교과 교육, 컴퓨터, 검정고시 ● 보호자교육
대전소년원(대산학교)	7호, 8호, 9호, 10호	● 7호 처분자 및 의료 처우자 교육 ● 8호 처분자 교육 ● 컴퓨터, 검정고시-보호자 교육
청주소년원(미평여자학교)	8호, 9호	● 인성 교육, 컴퓨터, 검정고시 ● 8호 처분자 교육(女) ● 보호자 교육
안양소년원 (정심여자정보산업학교)	9호, 10호	● 중학교 교과 교육, 컴퓨터, 검정고시 ● 직업능력개발훈련 ● 보호자 교육
춘천소년원(신촌정보통신학교)	9호, 10호	● 인성 교육, 컴퓨터, 검정고시 ● 직업능력개발훈련 ● 보호자 교육
제주소년원(한길정보통신학교)	8호, 9호, 10호	● 인성 교육, 컴퓨터, 검정고시 ● 8호 처분재(제주지역 男) 교육 ● 보호자 교육

각종 행사를 계획하고 진행한다. 소년원의 사회복지사 역시 크게 다르지 않다. 다만 학생들이 퇴원 후 성공적으로 사회에 복귀하는 데 더욱 많은 관심을 기울인다는 것이 다르다. 그래서 소년원에 있는 동안 교과교육이나 직업훈련 교육을 통해 아이가 능력을 키우고 지난 일을 성찰하도록 돕는다. 아이들의 가정환경에도 관심을 둔다. 가족이 함께하지 않으면, 즉 퇴원 후 아이들이 살아갈 환경이 달라지지 않으면 다시 어려움에 처하게 되기 쉽기 때문이다. 그래서 가족 관련 행사를 꾸준히 진행한다. 또 학생들의 인성 교육, 개별 상담, 멘토링 사업 운영, 소년원을 나간 이후 지역사회에서 아이를 도와줄 사람들이나 기관과의 연계, 사후 지도 업무를 맡고 있다.

현재 전국 10개 소년원에 각각 한 명씩 사회복지사가 근무하고 있는데, 조금씩 차이는 있지만 대체로 이런 업무에서 크게 벗어나지 않는다. 입원 중에는 안에서의 생활을 함께 이야기하며 진로를 궁리하고, 퇴원 후에는 전화나 가정 방문을 통해 큰 어려움 없이 잘 적응하고 있는지 살핀다. 아이들이 소년원을 나가서도 잘 살 수 있게 돕는 '디딤돌'의 역할을 하는 셈이다.

서울소년원에 있는 학생을 살펴보면 대부분 가정형편이 좋지 않다. 부모 중 한 분하고만 살고 있거나, 할머니 할아버지 손에 자랐거나, 아예 어른 보호자 없이 혼자 또는 형제자매끼리만 지낸 경우가 많다. 그래서 퇴원 후의 일까지 생각하며 도우려 노력한다. 아이에게 필요한 다양한 프로그램을 제공하고 긍정적인 미래를 설계했다고 해도, 퇴원 후의 가정환경이 달라지지 않는다면 다시 비행으로 이어지는 경우가 많기 때문이다. 그럴 때마다 가슴 아프고 안타깝다. 이런 이유로 전국 소년원에서 심혈을 기울여 진행하고 있는 것이 '멘토링' 사업이다.

:: 소년원 멘토 활동 및 각종 교육 활동 지원 등을 위한 소년보호위원들의 회의 모습. 멘토와의 관계는 아이들이 소년원을 나가서까지도 계속 이어진다.

보고 배울 좋은 멘토 한 명과 학생을 결연을 맺어 준 뒤 이 관계가 건강하게 잘 유지될 수 있게 돕는데, 입원 중에는 멘토의 긍정적 영향으로 멘티인 학생이 건강하게 생활하는 데 초점을 맞춘다면, 퇴원 후에는 사회에서 잘 적응하도록 멘토가 길잡이 역할을 해 주길 기대한다.

"선생님은 원더풀 티처예요"

"저는 누구에게도 소중한 사람이 아니에요."

신입반 담임을 맡았을 때 만난 한 아이가 내게 처음 했던 말이다. 아이는 10대 후반이었는데 부모님이 모두 자살하여 할머니 손에서 자랐다. 삼촌이 몇 명 있기는 했지만, 관심을 받을 수 없는 상황이 아니었다. 아이는 집에 있는 것보다 집 밖에서 친구들과 함께 있는 시간이 더 행복했다. 그렇게 생활하며 돈이 필요해지자 해서는 안 되는 일을 저질

렸고, 그 때문에 소년원에 오게 됐다. 가슴 아파하며 어떻게 도울 수 있을까 궁리하다가 아버지와 같은 멘토를 주선하자고 생각했다. 개인 회사를 운영하는, 이쪽 일에 뜻이 있는 분을 만났고 아이와 결연을 맺어 드렸다. 멘토 아버지는 매주 한 번 이상 찾아와 아이를 만났다. 소년원에서 열리는 가족 관련 행사에도 빠짐없이 오셨다. 멘토가 아닌 '아버지'로 참석하려 했다. 멘토의 이런 열정 때문이었을까, 아이에게 긍정적 변화가 나타나기 시작했다.

"선생님, 제 멘토, 그분 언제 또 오시나요? 빨리 뵙고 싶다고 말씀 좀 전해 주세요." 평소 거의 말이 없던 아이가 어느 날은 그렇게 말해 깜짝 놀랐다. 멘토 역시 "학생의 아버지로서 소년원 퇴원 이후 대학 진학, 취업, 결혼 때까지 뒷받침을 하겠다."라고 했다. 그렇게 헌신적이셨다.

나중에 내가 다른 소년원으로 발령받아 인사 이동하기 직전, 이 아이에게 편지를 받았다. "선생님은 나에게 wonderful teacher예요."

이 한 마디가 큰 힘이 되었다. 소년원에서 근무하면서 거친 학생들과 함께 있으면서 어려움이 적지 않았는데, 이런 편지는 처음이었다. 뿌듯했다. 나중에 들으니, 아이는 퇴원 후 멘토의 도움으로 대학에 입학했고, 학교생활도 잘하며 건강하게 지내고 있다고 했다.

교정 시설에서 꼭 자원봉사해 보라

"선생님, 저 이 아이를 어떻게 해야 할지 모르겠습니다. 계속 속아 줘야 할까요, 아니면 여기서 연락을 끊는 게 좋을까요?"

어느 날 멘토 한 분이 하소연하듯 전화를 걸어왔다. 아이가 소년원에 있을 때부터 오랫동안 멘토-멘티 관계를 유지했고 아이가 퇴원하자 머물 곳도 마련해 주고 유명한 미용실에 취업까지 시켜 주었다고 한다. 처음 한 달간은 아이도 정말 열심히 일을 해서 미용실 원장님이 직원들 앞에서 외국 유학까지 시켜 주겠다고 이야기할 정도로 인정받았는데, 갑자기 연락을 끊고 사라졌다는 것이었다. 나중에야 "멘토 선생님, 저 지금 부산에 있는데 돈이 없어요, 생활할 수 있게 돈 좀 주세요."라고 연락이 왔다면서 정말 답답했다고, 자신이 지금 뭘 하는 건지 자괴감마저 들었다고 했다. 나도 답답했다. 중간에서 제대로 일했나 싶어 부끄러웠다. 하지만 그 아이를 생각하니 심란한 마음이 안타까움으로 바뀌었다. 대체 어떤 일이 있었기에? 어떤 마음이 생겼을까? 어떻게 도와주면 좋을까?

결국 그 아이와는 연락이 끊기고 말았다. 말할 수 없이 속상했고 한 동안은 그 충격에서 헤어나지 못했다. 안타깝지만 교정 시설에서는 이런 일이 적지 않다. 사회복지사들은 대부분 긍정적인 관점으로 클라이언트를 대하고 그러는 게 도움이 되지만, 교정사회복지사에게는 너무 믿는 태도가 오히려 독이 될 수 있다. 아이들은 소년원 안에 있을 때는 뭐든 잘하겠다고 하지만 실제로 그런 경우는 많지 않다. 아이들이 집으로 돌아가면 나는 부모님에게 전화를 걸어 아이가 어떻게 지내는지 묻고 연락을 달라고 당부한다. 하지만 연락해 오는 아이는 10명 중 4명 정도. 교정 복지에 관심 있는 대학생에게 소년원이나 청소년비행예방센터 자원봉사를 반드시 권하는 것도 이 때문이다. 나도 직접 일해 보고서야 깨달았다.

게다가 이런 일이 한두 번이 아니다 보니 금세 지치게 된다. 그래서 교정 시설에서 일하려면 인내심 또한 필수다. 한 가지 더 덧붙이자면,

:: 2011년 9월, KBS-TV 〈남자의 자격〉에 출연 중인 청춘합창단이 소년원을 방문하여 멋진 화음을 들려주었다. 답례로 소년원합창단도 〈You Raise Me Up〉을 선보이며 즐거운 시간을 보냈다.

교정사회복지사는 공무원 신분이기 때문에 관료적인 공무원 사회 특유의 분위기를 이해하고 적응하려는 노력 또한 필요하다.

그럼에도 가장 중요한 것은 역시 아이들에 대한 애정이다. 소년원에 오는 아이들은 대부분 가정환경이 상상 이상으로 불우하다. 그런 상황에 있는 아이들을 도와주려는 간절한 마음이 없다면 소년원에서 오래 일하기가 쉽지 않을 수 있다.

어떤 상황에서도 믿고 응원해 주는 한 사람을 만들어 주고 싶다

미국 하와이 군도에 '카우아이'라는 섬이 있다. 경치는 아름답지만 사회·경제적 환경이 열악해 사람들이 희망 없이 살아가던 곳인데, 그

섬 아이들의 성장 과정을 추적한 유명한 논문이 있다. 섬에서도 특히 환경이 안 좋았던 200명을 살펴보았더니 그중 70명 정도가 정상 가정의 아이들 못지않게 잘 자랐다고 한다. 그 이유가 뭘까? "어떤 상황에서도 나를 끝까지 믿고 응원해 주는 한 사람이 있었기 때문이다."

내가 다들 말리는 소년원에 온 것도, 아이들이 퇴원 후 도움받을 곳을 알아보고 관계를 주선하는 일에 골몰하는 것도 이 때문이다. 아이들에게 자신을 믿고 응원해 줄 단 한 사람을 만들어 주고 싶어서다.

아이들은 달라져서 나가는데, 정작 아이를 맞는 가정과 지역사회는 여전히 무관심으로 대한다면 어떻게 되겠는가. 소년원에 온 아이들은 대부분 가정환경, 경제적 형편 등 상상 이상의 열악한 상황에서 자랐다. 누군가가 자신을 믿어 준다는 확신, 앞으로 펼쳐질 미래에 대한 긍정적인 사고, 정서적 지지를 받아 본 경험이 거의 없다. 이런 학생들에게 나는 그래도 이 세상은 살 만하다고 말해 주고 싶다. 그렇게 말해 주는 사람들을 아이들과 만나게 해 주고 싶다.

소년원에서 일하는 사회복지사는 보호직 공무원으로 국가시험에 합격해야 한다. 9급은 만 18세 이상, 7급은 만 20세 이상이어야 시험에 응시할 수 있으며, 시험 과목은 9급은 국어, 영어, 한국사가 필수과목이고 형사소송법개론, 사회복지학개론, 사회, 과학, 수학, 행정학개론 중 2과목을 선택하게 되어 있다. 7급의 경우 국어(한문 포함), 영어, 한국사, 헌법, 형사소송법, 심리학, 형사정책 등 7과목이다. 1, 2차는 병합 필기시험으로, 3차는 면접시험으로 치러진다.

9급의 경우 임상심리사 2급, 사회복지사 3급 자격증 소지자를 대상으로 특별 채용도 하는데, 만 20세 이상이면 응시할 수 있으며 필기시험 과목은 사회가 필수이고 형사소송법개론, 교육학개론, 심리학개론 중에서 하나를 선택해야 한다. 과락 없이 평균 60점이 넘어야 하며 고득점자 순으로 합격이 결정된다.

보호직 공무원은 법무부 범죄예방정책국 소속으로 전국의 소년원 및 소년분류심사원, 보호관찰소 등의 보호시설에서 근무하게 된다. 일반적으로 교도관이라 불리는 교정직 공무원과는 직렬이 다르다.

참고 사이트

법무부 www.moj.go.kr

법무부 범죄예방정책국 www.cppb.go.kr

사이버국가고시센터 gosi.kr

아역 배우, '치유'를 꿈꾸다

| 지경주 |

연세로뎀정신의학과의원 낮병원에 근무하고 있다. 서울시립대 사회복지학과 졸업 후 한림대 사회복지대학원에서 가족 치료, 서울시립대 사회복지대학원에서 사회복지 정책, 한국방송통신대 대학원에서 평생교육을 공부했다. 직장 안팎에서 정신 건강 교육과 연극 치료 활동을 해 왔고 최근 이드치(이야기&드라마치료)연구소를 열어 정신 건강 교육, 사회 기술 훈련, 심리 치유를 위한 연극적인 방법을 연구하고 있다.

죽느냐 사느냐 이것이 문제로다.

약을 먹는 것은 사는 것이오, 약을 먹지 않는 것은 죽는 것이로다.

하지만 그 부작용을 누가 알리요.

지독한 입마름과 변비가 나를 괴롭게 하는구나.

부작용만 없다면 약 먹는 것은 누워서 떡먹기인데.

그렇더라도 먹어야 하겠지.

재발을 하면 나도 괴롭고 가족도 괴로우니까.

이제 약을 먹으며 그 괴로움을 참고 견디려 한다.

나는 지금 어느 구청의 정신건강증진센터에서 정신장애인들에게 연극 치료를 진행하는 중이다.

'죽느냐 사느냐 이것이 문제로다'로 유명한 햄릿의 독백은 정신장애인들이 우울증과 자살을 호소할 때 많이 인용한다. 하지만 이 긴 대사의 마지막이 "이 세상에 남아서 그 괴로움을 참고 견디려 한다."로 끝난다는 것을 아는 사람은 드물다. 그래서 나는 연극 치료를 할 때마다 환자들에게 이 부분을 모두 읽게 한 뒤 첫줄과 마지막 줄만 남겨 두고 나머지 대사는 직접 자기 이야기로 만들게 한다. 이 방법은 현재를 돌아보고 미래를 좀 더 긍정적으로 생각하는 데 도움이 된다.

원예학도에서 사회복지학과 신입생으로

1992년 봄, 나는 일주일에 한 번씩 여러 정신과 병원에서 심리극(사이코드라마) 자원봉사 활동을 했다. 당시 원예학과 2학년에 재학 중인 대학생이었지만 학교 공부보다는 자원봉사 활동이 내게는 더 의미 있었다. 자원봉사는 나 자신을 이해하고 받아들이는 데 큰 도움이 되었고, 정신보건사회복지사라는 직업에 관심을 갖는 계기가 되었다.

몇 년 뒤 함께 공부했던 원예학과 동기들이 대부분 졸업하고 사회인이 되었을 때, 나는 정신보건사회복지사가 되기 위해 다시 수학능력시험을 치르고 사회복지학과 신입생이 되었다. 사회복지를 공부하는 4년 동안 정신보건사회복지사가 되기 위한 별도의 공부와 자원봉사 활동을 병행했고, 2002년 대학 졸업 후 정신보건사회복지사가 되기 위한 수련 과정을 거쳐 지금은 대학 시절 자원봉사를 했던 병원에서 10년 가까이 정신보건사회복지사로 일하고 있다.

임상심리사는 현재, 정신보건사회복지사는 미래에 초점

정신보건사회복지사는 어떤 사람일까? 간단히 말하면 정신병원에서 일하는 사회복지사이다. 그렇다면 정신병원(지금은 '정신건강의학과'라고 한다)에서 함께 일하는 의사, 간호사, 임상심리사 등과는 어떻게 다를까?

의사는 환자의 병을 파악하여 치료 방법을 구상한 뒤 환자에게 직접 개입하고, 간호사는 병원 내 환자의 일상을 점검하며, 임상심리사는 심리 검사를 통해 환자의 현재 심리 상태를 조사하고, 사회복지사는 환자의 퇴원을 위한 준비에 초점을 맞춘다. 즉 정신보건사회복지사는 환자의 미래를 준비하는 역할을 맡는다고 표현할 수 있다.

이를 위해 정신장애인이 스스로 장애를 관리할 수 있도록 다양한 교육과 연습 프로그램을 제공하고, 사회인으로 살아가는 데 도움이 되는 사회 기술을 훈련시킨다. 가족 문제에 집중하는 것도 그 때문이다. 환자가 퇴원하면 가족과 많은 시간을 보내기 때문에 가족이 부분적으로 간호사나 사회복지사의 역할을 대신해야 하는 경우가 많다. 따라서 가족 면담과 교육을 통해 환자들이 집에 있을 때 좀 더 안정된 환경을 조성하게 한다.(실제로 꾸준한 가족 면담과 교육 덕분에 환자와 환자 가족이 안정되는 경우가 많다.)

결국 일하는 장소가 다를 뿐, 클라이언트와 가족들을 만나서 그들의 욕구를 파악하고 그에 맞는 방법을 찾아 적절한 서비스를 제공해 주는 것은 다른 사회복지사와 마찬가지다. 그래서 정신보건 '사회복지사'인 것이다.

일과 시간에 치료하는 낮병원에서 치료 프로그램 관리

음침한 분위기의 하얀 건물, 창 밖으로 보이는 쇠창살, 온몸을 둘러싼 구속복, 이상한 웃음소리와 비명 소리, 좀비처럼 느릿하게 걸어다니는 환자들. 정신병원 하면 아직도 이런 모습을 떠올리는 사람이 많은데, 실제 정신병원은 생각보다 좀 더 밝고 차분한 분위기이다. 정신병원은 입원 치료가 가능한 안전병동(정신병원 입원은 사회와 격리되는 것이 아니라 일상의 스트레스에서 벗어나 안전한 곳에서 안정을 취하는 것이다)이 있는 병원, 상담과 약 처방과 치료 관련 프로그램을 받을 수 있는 외래만 있는 병원, 그리고 하루 종일 입원하지 않고 몇 시간만 입원할 수 있는 병원도 있는데, 이 중 밤병원은 환자들이 낮에는 일상생활을 하고 밤에 입원해 치료를 받는 반면, 낮병원은 일과 시간 동안 치료를 받고 저녁에는 집으로 귀가한다.

낮병원에서 일하는 나는 주로 환자들의 집단 프로그램 전반을 관리한다. 집단 프로그램은 환자들이 낮병원 생활을 잘할 수 있도록 서로 의견을 나누고 조율하는 자치회의와 각종 치료 프로그램으로 구성되어 있다. 치료 프로그램은 인지 치료를 비롯해 무용, 영화, 미술, 음악, 문학, 연극, 신문, 스트레칭 등의 다양한 방법을 통해 환자들이 자신의 생각과 느낌을 표현하고 나누는 시간이다. 이외에도 특정 주제를 정해 자신의 경험, 정보, 생각, 느낌을 나누는 집단치료, 갈등 장면을 대본극으로 꾸며 연기한 뒤 최선의 의사소통과 마음가짐에 대해 나누는 이심전심, 자신이 정한 특정 주제를 10~30분 동안 발표하는 리더십, 재발 방지와 정신 건강 관리를 위한 정신 건강 교육, 산책과 여행 등 외부 활동을 통한 사회 적응 훈련 등도 함께 한다.

:: 2011년 1월 14일 상명대학교 복지상담대학원 연수회에서 필자가 심리극 강의와 실습을 진행하는 모습. 연극 치료, 이야기 치료 등과 관련해 외부 강연을 많이 다닌다.

나는 이런 프로그램들이 원활히 운영될 수 있도록 관리한다. 예를 들어 리더십 프로그램을 하는 경우 진행하는 환자가 다른 환자와 공유할 수 있는 주제를 선택하고 준비하여 자신감과 성취감을 느낄 수 있도록, 일정과 내용, 준비 상황, 연습 등에 개입하고 발표 후 평가 시간을 통해 점검한다. 외부 자원봉사자나 내부 치료진이 진행하는 프로그램의 경우에도 마찬가지다. 환자와 진행자가 모두 만족할 수 있도록 적절히 개입하는 것이 정신보건사회복지사의 역할이다.

이외에 병원 외부 강연도 자주 나간다. 이런 강연을 통해 정신 건강을 증진하는 방법을 알려 주고, 정신장애에 대한 부정적 인식을 바꾸려 애쓰고 있다. 나처럼 어느 정도 실무 경험이 있거나 대학원에서 공부한 정신보건사회복지사라면 대학에서 정신건강론, 정신보건사회사업론 수업을 한 학기 동안 강의할 수도 있고 복지관, 캠프, 교정 기관 등에서 다양한 사람들을 상대로 정신 건강 증진과 관련된 강의를 할 수도 있

:: 2012년 1월에 참석한 '이야기치료 워크숍'. 필자는 최근 이야기&드라마치료연구소를 열어 활동하고 있다.

다. 최근에는 학생, 주부, 노인 대상의 우울증과 자살 예방 관련 특강이 많다. 우울증과 자살에 대한 높은 사회적 관심을 반영하는 듯한데, 이에 따라 정신보건사회복지사의 수요도 더 늘어날 것으로 전망된다.

이야기&드라마치료연구소를 열다

특히 나는 연극 치료와 이야기 치료 강연을 활발히 하고 있다. 연극 치료를 시작한 지 벌써 10년이 되었다.

초등학교 시절 나는 아역 배우로 활동했었다. 그 경험이 뿌리가 되어 1991년부터는 심리극 모임에 참여하기도 했다. 이후 2002년부터 사회사업에 연극적인 방법을 활용하기 시작했다. 삼성서울병원 낮병원을 시작으로 상계백병원, 노원정신보건센터와 여러 낮병원, 여러 기관에서 강연을 하면서 내가 갖고 있던 경험과 지식, 기관의 요구가 결합하여 '지경주식 연극 치료 기법'이 만들어졌다. 이런 내용을 엮어 『지경주의 연극 치료 워크북』이라는 단행본으로 출간하기도 했다.

그리고 좀 더 깊이 있는 연구를 위해 2012년 6월에 이야기&드라마 치료(이드치)연구소(http://idchi.or.kr)를 열었다. 이곳에서는 누군가의 소중한 이야기를 연극적인 방법으로 다루어 그 사람이 삶을 정리하고 통합하는 데 도움이 될 수 있도록, 어떻게 이야기를 다루고 드라마 치료를 적용할 수 있을지 연구하고 실천하고 나누는 작업을 하고 있다. 아직은 인터넷 세상에 연 무형의 1인 연구소에 불과하지만, 유형의 공간에서 더 많은 사람을 위한 활동을 하고 싶다.

"저도 선생님 같은 사회복지사가 되고 싶어요"

몇 달 전 어느 청년이 낮병원에 와서 나를 찾았다. 처음에는 누군지 알아보지 못했는데 이름을 듣는 순간, 예전에 낮병원에 다녔던 성진(가명)이라는 것을 알고 반갑게 인사를 건넸다.

성진이는 7년 전 중학교를 중퇴하고 병원에 입원해 우울증 치료를 받은 뒤, 인근 정신보건센터의 소개로 내가 일하는 낮병원에 왔다. 치료진은 아이와 부모를 면담한 뒤 우울증 치료와 더불어 학교 중퇴로 인한 마음의 상처를 다루면서 학업을 다시 이어 가는 것이 필요하다고 판단했다. 우울증 치료는 의사의 약물 치료와 상담, 정신보건사회복지사의 일상생활 관리와 상담을 통해 접근했고, 중퇴로 인한 마음의 상처는 주로 낮병원 프로그램과 치료자와의 상담을 통해 집중적으로 다루었다. 그리고 집에서 버스로 40분 정도 거리에 있는 야간 중학교를 다니며 학업을 이어 가기로 결정했다.

낮에는 낮병원 프로그램에 참여하고 밤에는 야간 중학교에서 공부하면서 성진이는 좀 더 밝은 모습으로 미래를 계획할 수 있게 되었다. 그 결과, 중학교 과정을 무사히 마치고 인문계 고등학교에 입학했다. 고등학교 진학을 앞두고 낮병원을 종결하는 날 성진이는 내게 이런 말을 했다. "저도 선생님 같은 사회복지사가 되어서 힘들어하는 아이들을 도와주고 싶어요."

6년 만에 다시 만난 아이는 키가 훤칠하게 자란 멋진 청년이 되어 있었다. 아이는 나 자신이 부끄럽게 느껴질 정도로 열심히 살아온 애기를 들려주었다. 대학에서 요리를 전공한 뒤 레스토랑에서 실무 경험을 쌓았고 지금은 외국 유학을 준비하고 있다고 했다. 우울증으로 인해 또래 청년들보다 조금 늦게 의무교육을 마치고 사회에 진출했지만, 성진이는 자신의 길을 잘 찾아가고 있었다. 아이는 팔에 난 화상 자국을 보여 주면서 어떻게 요리사의 길을 선택했는지, 그리고 여전히 사회복지사에 대한 꿈을 갖고 있다고 이야기했다. 나는 다양한 심리 치료 방법 중에 요리 치료가 있으며 요리가 어떻게 심리 치료의 방법으로 쓰일 수 있는지 알려 주었다. 성진이는 자신의 장기를 보다 잘 살릴 수 있을 것 같다며 기뻐했다. 또 지금의 자신이 있기까지 어머니와 외삼촌, 그리고 내가 큰 힘이 되었다면서 유학을 마치고 귀국하게 되면 나를 초대해 요리를 대접하고 싶다고 했다. 나 역시 성진이에게 고마움을 표시한 뒤 이런 말을 했다. "내가 너에게 큰 힘이 되었다면, 너도 누군가에게 큰 힘이 될 수 있을 거야."

내가 오히려 더 큰 힘과 용기를 받았다는 말도 하고 싶었지만 참았다. 아이를 다시 만나게 되는 날까지 나 또한 열심히 살면서 성장해서 조금 더 깊어진 모습으로 그 말을 하리라 생각했다. 몇 년이 걸릴지 모르지만, 성진이의 유학 생활이 끝나고 다시 만나면 그때는 이 말을 꼭 전해 주리라.

대구 지하철 참사의 영향이 아직도…

하지만 이처럼 보람만 있는 것은 아니다. 정신보건사회복지사 수련을 받던 시절에는 환자 보호자와 이야기를 나누다가 나도 모르게 내 감정을 투사하며 휘둘리기도 했고, 환자와 병리적인 문제에 대해 이야기를 나누다가 말다툼을 벌인 적도 있으며, 환자에 대한 구체적인 개입 방법을 놓고 동료와 논쟁을 벌인 적도 있다. 지금은 많이 줄어들었지만 이런 일이 생길 때마다 내 역량이 부족함을 깨닫게 된다.

또 정신보건사회복지사의 역할이 작은 병원에서는 다른 치료진이나 직원의 눈치를 봐야 하는 경우도 있다. 환자 중심이 아니라 특정 치료진이나 직원 중심으로 그들의 일방적인 지시에 맞춰 일해야 하는 것이다. 병원이 아닌 다른 기관의 경우 상급자와의 관계가 큰 영향을 미치는 경우가 많은데, 정신 건강에 대해 더 잘 알 만한 사람들이 모였음에도 불구하고 일방적인 지시나 부적절한 의사소통으로 인해 어려움을 겪기도 한다. 이럴 때마다 정신보건사회복지사의 사회적인 역량을 더 키워야겠다는 생각이 든다.

사회적으로는 아직도 정신장애인에 대한 부정적인 시선 때문에 힘든 경우가 많다. 꽤 시간이 지났지만, 2003년 대구 지하철 참사 때에는 불을 지른 사람이 정신장애인이라는 소문이 나면서 정신장애인에 대한

:: 필자는 정신장애인에 대한 우리 사회의 편견이 얼마나 깊은지 종종 느낀다. 얼마 전 낮병원 환자들과 스키장에 놀러갔다 식사를 할 때도 그랬다.

범국민적인 편견을 느끼기도 했다. 내가 담당한 환자들 중에는 사람들이 모두 자신을 미워하고 자기가 지하철에 불을 질렀다는 생각에 휩싸여 힘들어한 사람도 있었을 만큼 이 사건의 후유증은 크고 깊었다.

얼마 전에는 이런 일도 있었다. 내가 일하는 낮병원 환자들과 가까운 스키장으로 놀러 가서 함께 저녁 식사를 하는데, 어느 가족이 우리 테이블을 보는 따가운 시선이 느껴졌다. 그들은 '장애인', '모자란 사람' 등 우리를 지칭하며 웃으며 대화하고 있었다. 이후 그들이 우리 테이블이나 특정 환자를 쳐다볼 때마다 나 역시 그 시선 사이에 끼어들어, 당신들이 우리를 지켜보듯 나 또한 당신들을 지켜보고 있음을 상기시켜 주었다. 시간이 있었다면 그들에게 자세히 설명할 수도 있었겠지만 당시에는 이 방법이 최선이었다.

이럴 때마다 정신장애에 대한 편견을 줄이는 일이 얼마나 필요한

지, 정신적으로 상처받은 사람들의 회복에 사회적 인식의 변화가 얼마나 중요한지를 다시금 깨닫게 된다. 그래도 이런 걸림돌이 있기에 지금의 나와 다른 정신보건사회복지사들이 더 역량을 키울 수 있다고, 후배 정신보건사회복지사들이 우리 같은 시행착오를 덜 겪도록 우리가 주춧돌과 디딤돌의 역할을 할 수 있다고 긍정적으로 생각해 본다.

사회복지 전공한 뒤 수련 과정 거쳐야

정신보건사회복지사는 사회복지학 공부가 바탕이 된 상태에서, 사회복지윤리강령과 정신보건전문요원의 규칙을 준수하고 정신장애인들의 현실을 잘 파악해야 한다. 무엇보다 '나와 타인'에게 항상 관심을 가지면서 서로의 경계를 구분하되 동시에 공감과 나눔이 가능해야 한다.

나는 사회복지사는 '사람과 사람을 연결하는 다리(bridge)'이며, 정신보건사회복지사는 정신 건강에 어려움을 겪고 있는 사람들과 그 주변 사람들을 연결하는 '사회 통합을 위한 다리'라고 생각한다. 사람과 사람(정신장애인과 정신장애인, 정신장애인과 가족, 정신장애인과 비장애인), 사람과 사회(정신장애인과 정신장애인, 정신장애인과 비장애인, 정신장애인의 가족과 비장애인), 사회와 사회(정신장애인과 비장애인, 정신장애인의 가족과 비장애인)를 연결하여 서로 존중하며 살아가도록 사회 통합의 역할을 하는 사람이 정신보건사회복지사이다.

나는 지금까지 이 다리 역할을 수행하기 위해 필요한 것을 찾아 공부하고 고민해 왔다. 자원봉사자 시절부터 해 왔던 연극을 직업과 접목했고, 정신장애인들의 복지 정책을 살펴보기 위해 사회복지 정책을 공부했으며, 아이부터 노인까지 전 생애에 걸쳐 정신 건강과 정신장애에 대한 이해를 돕기 위해 평생교육을 공부해 실무에 적용했다.

대학생 시절 자원봉사를 통해 인연을 맺은 병원이 직장이 된 덕분에 함께 나이 들어 가는 또래 환자도 있고, 10대 후반에 만나 서른을 앞둔 지금까지 인연을 이어 가는 환자도 있다. 앞으로도 환자들이 정신장애로 인한 불편함에서 좀 더 자유로워질 수 있도록 '다리'의 역할을 수행하면서 이들과 함께 늙어 가고 싶다.

정신보건사회복지사는 정신보건에 관한 전문 지식과 기술을 활용하여 사회복지사의 역할을 수행하는 사람으로, 정신보건간호사, 정신보건임상심리사 등과 함께 정신보건전문요원으로 불린다.

정신보건사회복지사가 되려면 먼저 사회복지사 1급 자격증을 취득한 뒤 지정된 수련 기관에서 1년 이상 수련을 마쳐야 한다(이론 교육 150시간, 실습 830시간, 학술 활동 20시간 등 총 1000시간). 대학교 사회복지학과를 졸업해 1급 사회복지사 자격증을 딴 뒤 1~2년 수련 기간을 거쳐 정신보건사회복지사 2급 자격증을 받는 것이 일반적이다. 이후 5년 이상 실무 경력을 쌓은 뒤 한국정신보건사회복지사협회에서 인정하는 교육과 승급 심사를 통과하면 1급 자격증이 주어진다. 단, 이렇게 경력 산정으로 승급이 되면 수련생을 지도할 수 있는 슈퍼바이저 자격은 없다. 슈퍼바이저가 되기 위해서는 한국정신보건사회복지사협회에서 주관하는 별도의 자격시험을 통과해야 한다

정신보건사회복지사가 되면 의료 기관, 정신건강증진센터, 사회 복귀 시설, 알코올 상담센터, 정신 요양 시설, 중독 관련 기관, 치매상담센터, 보건소 등에서 근무할 수 있다.

참고 사이트

한국정신보건사회복지사협회 www.kamhsw.or.kr

한국사회복귀시설협회 www.kpr.or.kr

한국정신보건사회복지학회 www.kamhsw.org

한국정신보건전문요원협회 www.kamhp.or.kr

의술을 인술로,
사람 냄새 나는 병원을 만든다

| 김은수 |

성결대학교 사회복지학과를 졸업한 뒤 가톨릭대학교 사회복지대학원에서 석사 학위를 받았다. 어린이재단 청주사회복지관을 거쳐 2002년부터 2011년까지 서울아산병원에서 의료사회복지사로 일했고, 현재 아산사회복지재단에서 의료 복지사업 지원 업무를 담당하고 있다.

종이 위에 쓰인 글자들이 모두 뿌옇게 보였다.

주치의가 보내온 consult(환자 의뢰서)는 알 수 없는 의학 용어로 가득했다. 종합병원에서 한 달간 실습을 하긴 했지만 이제 막 출근한 햇병아리 의료사회복지사에게는 모든 것이 낯설기만 했다.

2002년 5월, 서울아산병원에서 의료사회복지사로 첫발을 내딛은 나의 하루는 기대와 달리 그렇게 암담하게 시작되었다.

사회복지를 전공한 대부분의 학생들이 겪는 일이지만, 나 역시 일하고 싶은 분야를 결정하는 데 많은 시간을 고민했다. 사회복지사의 활동 분야가 워낙 광범위하다 보니 해 보고 싶은 일이 많아 대학 4년간 자원봉사와 실습, 그리고 1년간의 복지관 근무를 통해 공들여 저울질했다. 그 중 가장 마음에 들어온 길이 의료사회복지사였다.

종이 위의 의학 용어가 모두 뿌옇게 보이던 첫날

의료 현장에는 다양한 전문가들이 있다. 의사, 간호사, 방사선사, 임상병리사…. 서울아산병원만 해도 자격증을 가진 전문 직종이 150여 종이나 된다. 그만큼 많은 전문가들이 함께 팀을 이뤄 환자를 치료하는 곳이 의료 현장이다. 그 중에서도 환자가 효과적으로 치료를 받을 수 있도록 심리적, 사회적, 경제적인 측면의 어려움을 파악하고 그에 따른 서비스를 직·간접적으로 제공하는 사람이 바로 의료사회복지사이다.

대학 시절 한림대학교 평촌성심병원에서 한 달간의 실습을 받는 동안, 풋내기인 내 눈에 의료사회복지사는 의술을 '사람 냄새 나는 인술'이 되도록 의료진들과 함께 만들어 가는 매력적인 일로 다가왔다.(10여 년이 지난 지금도 그 생각은 변함이 없다.)

월드컵 열기가 무르익어 가던 2002년 4월, 복지관에 근무 중이던 내게 실습을 지도해 주셨던 은사님께서 서울아산병원에 채용 공고가 났으니 지원해 보라고 권유하셨다. 당시 전국의 의료사회복지사는 200명 안팎으로, 새롭게 개원하는 병원을 제외하고 기존 병원에서 채용 공고가 나는 것은 흔한 일이 아니었다. 시간이 많지 않아 부랴부랴 서류를 준비해 제출했고 운 좋게도 5월부터 출근했다.(지금은 대부분의 병원에서 대한의료사회복지사협회에서 인정하는 1년간의 수련 과정을 이수하고 의료사회복지사 자격을 취득한 사람을 우대하여 채용하고 있다.)

그런데 오자마자 높디높은 벽에 부딪힌 것이다. 다행히 우리 병원의 사회복지팀에는 6명의 사회복지사가 근무 중이었고, 6개월의 오리엔테이션 기간을 거치며 경험을 쌓을 수 있었다. 그러나 두꺼운 의학사전과 약어집은 나 자신을 초라하게 만들기에 충분했다.

:: 병원에서 처음 일할 때 필자를 한없이 작아지게 만들던 약어집과 의학사전.

환자의 치료부터 퇴원 이후까지 개입

일단 처음 맡게 된 업무와 관련된 내용만 알면 될 거라는 생각은 시작부터 삐걱거렸다.

의료사회복지사는 환자의 치료 시작부터 퇴원 이후까지 효과적인 치료를 받을 수 있도록 심리적, 사회적, 경제적인 개입 계획을 수립해야 한다. 단순히 진단명이나 치료 과정에 대한 정보만 아는 것으로는 환자에게 필요한 개입을 수행할 수 없다. 진단은 어떻게 내려졌고, 지금까지의 치료 과정은 어떠했고, 앞으로는 어떤 치료를 받고, 이후 재활 치료 계획은 어떻게 수립되어 있는지, 퇴원 후 생활에는 어떠한 변화가 있는지, 환자에게 해당하는 사회보장제도는 무엇이고, 경제적 지원을 요청할 수 있는 민간 기관 및 지원 기금은 어떠한 것이 있는지 등등 전체적인 내용을 알고 있어야 의료사회복지사로서 해야 일을 계획하고 필요한 개입을 할 수 있다. 또 치료 과정에서 발생하는 수많은 변수로 인해 이미 수립된 계획도 환자와 수시로 상담하면서 유기적으로 조정해야 효과적으로 개입할 수 있다.

1년 동안 슈퍼바이저(실습 지도자)에게 혹독하게 배우는 과정을 거쳐 장기이식파트의 담당자로 일을 시작했지만 이후 새로운 환자를 접할 때마다 이 과정은 반복되었다. 환자에게 적합한 개입을 하기 위해서는 매번 치료 계획과 수많은 정보를 다시 살피고 지속적으로 공부해야 한다. 환자에 대한 새로운 개입 방법을 다룬 국내외 저널, 새롭게 변한 사회보장제도, 사회복지재단 등의 새로운 진료비 지원 프로그램, 환자의 거주 지역 내에 연계 가능한 자원 등등 배우고 익혀야 할 것이 많고, 매일 우리를 필요로 하는 환자들이 있기 때문이다.

인터넷에 띄운 어린이 환자 사연 '기적'을 만들다

3차 진료 기관인 종합병원은 1차, 2차 의료 기관에서 치료하기 어려운 중환자들이 찾는 곳이다. 하지만 안타깝게도 세상은 고르지 않고, 병은 빈부를 따지지 않는다.

태어나면서 담도폐쇄증으로 여러 차례 큰 수술과 치료를 받았으나 결국 간이식을 해야 하는, 10살이지만 또래 아이들보다 훨씬 작은 소녀를 만났다. 아버지의 사업 실패로 엄청난 부채를 안은 채, 어머니가 인근 식당에서 일해 어렵게 생활하고 있었다. 당시 아이의 생명을 살리려면 수천만 원에 달하는 수술비가 필요했지만 지금 받고 있는 치료만으로도 감당하기 벅찬 상황이었다. 또 민간 사회복지재단과 병원의 환자 지원 기금 한도액을 모두 합쳐도 고액의 수술비를 마련할 수 있을지 장담할 수 없었다. 아이는 너무나 해맑았지만, 부모는 현실에 지쳐 스스로를 원망하고 있었다. 고민 끝에 의료진과 병원 홍보팀과 함께 보도자료를 만들어 언론에 올리기로 하였다. 이 내용이 인터넷 기사로 올랐고, 이어 한 포털사이트 메인 화면에 나오면서 일주일 만에 수술은 물론 수년간 치료를 계속 받을 수 있을 만큼 거액의 기금이 모였다. 몇천 원에서부터 수십만 원까지 약 300명의 개인 독지가들이 보태 준 기금으로 기적을 만든 것이다.

경제적으로 어려운 환자의 진료비를 지원하는 일은 의료사회복지사의 업무 중 많은 부분을 차지한다. 물론 앞의 경우처럼 우리가 연계할 수 있는 지원금의 범위를 넘어서는 일도 있으며, 필요한 비용을 모두 지원하기 어려울 수도 있다. 하지만 중요한 것은 환자에게 마음으로 공감하고 그들의 입장에서 최선을 다하는 것이다. 거기에는 병원의 의료진 및 관계자들에게 환자의 입장을 옹호하고 함께 해결 방법을 찾는 데 동참하도록 하는 것도 포함된다.

사회복지사도 월급을 받는 직업이다. 밀려오는 consult와 상담, 그 환자가 그 환자 같은 일상의 연속이다. 하지만 직업 이전에 사회적 약자를 위한 책임감을 가져야 한다. 머리만이 아니라 마음으로도 공감하는 것, 그것이 사회복지사의 숙명이다.

나만 할 수 있다는 '오답'을 버려라

매년 여름이면 '경인지역 소아당뇨캠프'가 열린다. 나는 5년 정도 사회복지분과장으로 이 캠프에 참여했다. 20여 년의 역사를 갖고 있는 이 캠프의 가장 큰 장점을 꼽는다면 멘토로 활동하는 자원봉사자들이다. 캠프에 참여한 아동들과 비슷하게 소아청소년기에 당뇨 진단을 받고 아이들이 경험하고 있는 숱한 어려움들을 겪었던 대학생 형, 누나들이 아이들의 고민에 답을 준다. 물론 이 캠프에는 의사, 간호사, 영양사, 사회복지사, 운동처방사 등 참여 아동들의 치료에 직접적으로 영향을 주는 모든 의료진이 함께하고 각각 해당 영역의 프로그램들을 제공하지만 이들의 이야기는 의료진도 줄 수 없는 생생한 간접 경험이자 앞으로 스스로 헤쳐 나가야 할 모델이 되고, 용기가 된다.

환자의 사회적, 심리적, 경제적 어려움에 개입하고 돕는 것이 의료 사회복지사의 역할이지만, 사회복지사 혼자서 환자가 원하는 바를 모두 채워 줄 수는 없다. 환자에게 앞으로 진행되는 치료 과정이나 치료 후 일상생활의 변화, 이용 가능한 사회보장제도, 기타 민간 사회복지 기관 등의 정보를 제공할 수는 있지만 일상생활의 변화나 그 변화에 적응해 가는 과정 중에 겪는 어려움과 그것을 극복하는 방법, 극복한 사례 등은 실제 경험한 사람이 아니고서는 답변하기가 어렵다. 사회복지사로서 제공해야 할 서비스는 모두 제공했지만, 뻔히 예견되고 환자가 원했던, 앞으로 겪고 극복해야 할 문제에 대한 희망을 주지 못한 채 끝내야 하는 아쉬움은 이렇게 당사자들을 연결하는 방법으로 덜 수 있다.

장기 이식 수술의 경우에도 마찬가지다. 장기 이식 수술을 앞둔 환자와 기증자가 수술 전에 경험하는 불안감은 크고 다양하다. 수술 후 무사히 깨어날 수 있을까? 몸에 남는 흉터는 얼마나 클까? 수술 후 건강하게 생활할 수 있을까? 이런 막연한 불안감에 대해 의료진이 해 줄 수 있는 것은 수술 과정과 수술 이후의 생활에 대한 설명과 교육 정도이다. 그러나 최근에는 먼저 수술을 받은 환자나 기증자가 이들을 만나 자신의 경험을 들려주며 불안감을 달래 주고 있다.

:: 매년 여름이면 경인지역 소아당뇨캠프가 열린다. 필자는 아산병원에서 5년 정도 사회복지분과장으로 이 캠프에 참여했다. 사진은 캠프를 마치고 우수한 캠퍼에게 시상하는 장면.

의료사회복지사로 일한 지 얼마 되지 않았던 때에는 환자의 심리적, 사회적, 경제적인 어려움을 파악하고 개입하는 담당자는 사회복지사이며, 우리만 할 수 있는 일이라고 생각한 적이 있다. 지금 생각해도 얼굴이 붉어지는 '완벽한 오답'이다. 의료진도, 같은 어려움을 겪었던 동병상련의 환자도, 자원봉사자도, 환자의 가족도 환자가 겪는 어려움을 도와줄 수 있다. 사회복지사는 직접 개입도 하지만 이처럼 환자에게 도움이 될 여러 사람을 코디네이션 하는 일이 중요하다는 것을 시간이 지날수록 더욱 실감하게 된다.

생명에 대한 책임 따르는 일

업무에 책임이 따르는 것은 모든 분야의 사회복지사들이 마찬가지

:: 청소년 자원봉사자를 교육하는 모습. 의료사회복지사는 환자 상담부터 자원봉사자 모집까지 다양한 업무를 수행한다.

이겠으나 의료사회복지사에게는 생명에 대한 책임이 추가적으로 따른다. 의료사회복지사의 판단에 따라 때로는 환자의 수술이 제한되기도 하고, 때로는 법적인 책임을 져야 하는 경우도 있다.

우리나라에서 장기 이식 수술을 할 경우에는 해당 병원의 의료사회복지사가 장기 이식 수술 환자와 기증자의 순수성을 상담하도록 되어 있고, 그 상담 내용에 따라 국립장기이식관리센터에서 수술을 승인받도록 법으로 정해져 있다.(장기 매매는 불법이다.) 그러다 보니 환자의 생명이 위급하여 촌각을 다투는 경우 휴일이나 업무가 끝난 시간에도 비상 연락을 받아 출근해야 하는 경우가 셀 수 없이 많다.

한번은 저녁 시간에 비상 연락을 받았다. 응급실에 온 환자의 건강이 악화되어 한시바삐 이식 수술을 받아야 하는 상황이었다. 가족 3명이 기증자 검사를 받았고 검사 결과가 나오는 대로 수술에 들어가야 했다. 나는 병원으로 오는 중에 가족들에게 연락하여 승인을 받기 위해 준비해야 할 사항을 알리고, 도착하자마자 환자와 기증자의 가족들을 만나 상담을 시작했다. 중환자실과 사무실을 오가며 필요한 절차를 진행하고 승인을 받은 후에야 환자는 수술실로 들어갈 수 있었다. 다행히 더 위험해지기 전에 수술을 시작하게 된다는 소식에 감사해하는 가족들의 모습을 보면서 병원을 나선 시간은 처음 연락받은 지 만 이틀이 지난 후였다. 상담 기록 한 장에 환자의 수술 여부가 결정된 것이다. 늦지 않게 수술할 수 있어 다행이라고 나도 마음속으로 감사했다.

사람이기 때문에 실수는 있을 수 있겠지만 환자의 치료에 중요한 개입 계획을 잘못 수립하여 적절한 치료 시기를 놓치거나 개인의 선입견이나 판단의 오류로 환자에게 절실한 지원을 연계하지 못하면 그 결과는 돌이키기 어려운 경우가 많다. 의료사회복지사의 판단은 환자의 치료에 영향을 미치기 때문이다.

상담, 모금, 자원봉사 관리… 스페셜리스트이자 제너럴리스트

의료사회복지사의 근무 조건과 업무는 병원의 환경과 여건에 따라 모두 다르다. 여러 사람이 근무하는 곳도 있고, 한 사람만 근무하는 경우도 있다. 또 특정 분야의 일만 하거나 의료사회복지사의 일과는 개연성이 적어 보이는 분야의 일을 해야 하는 경우도 있다.

하지만 보통의 경우 환자 상담과 개입, 의료진과의 협업(Team Approach), 자원봉사자 관리, 기금 모금 활동, 병원 내 각종 위원회 활동, 기타 행정 업무 등 전공 서적에 언급된 제반 업무를 하는 것이 일반적이다. 수시로 밀려오는 상담과 기타 업무까지 생각한다면 의료사회복지사는 항상 바쁠 수밖에 없지만, 병원에서는 더 많은 역할을 수행해 줄 것을 원하고 있다. 의료 환경은 끝없이 변화하고 병원의 사회적 책임에 대한 국가와 시민사회의 인식도 해마다 달라지고 있기 때문에 사회복지사에 대한 기대와 역할은 앞으로 더욱 확대될 것이다. 실제로 많은 병원에서 사회복지사의 새로운 업무가 생겨나고 있다. 나 역시 변화하는 기대 역할에 따라 병원의 모금 사업을 기획했었고, 지금은 8개 병원을 운영하는 재단의 의료 복지사업을 지원하는 업무를 맡고 있다.

의료사회복지사의 역사는 짧지만, 앞으로 더 다양하고 전문적인 영역으로 발전해 나갈 분야임을 자부한다.

의료사회복지사가 되려면

사회복지사 1급 자격증을 딴 뒤 대한의료사회복지사협회에서 지정한 수련 병원에서 1년간 수련 과정을 거치거나 1년 이상 실무 경력을 쌓고 자격시험에 통과해야 한다.

자격시험은 의료사회사업 실무론(30문항), 의료사회복지 윤리(5문항), 의료사회복지 제도 및 법제(15문항) 등 객관식 5지 선다형 3과목이 50점, 주관식 논술인 의료사회사업 사례분석(1례)이 50점으로 총 60점 이상을 받아야 합격이다.

참고 사이트

대한의료사회복지사협회 www.kamsw.or.kr

살맛 나는 고향을
가꾸는 코디네이터

| 주정아 |

충남 서천군자원봉사센터 사무국장. 자신이 태어나고 살아온 곳에서 복지를 하고 싶어 대학 졸업 후 서천에서 사회생활을 시작했다. 서천군자원봉사센터에 입사하여 현재까지 10여 년 동안 일하고 있다. 인위적이고 조작적인 관계보다 옆집 사람, 이웃 주민들이 살아가는 서천을 만들고 싶어 하는 꿈과 열정 많은 사회복지사.

"믿을 수 있나요, 나의 꿈속에서 너는 마법에 빠진 공주란 걸…."

중학교 3학년 때 우연히 TV에서 〈마법의 성〉 노래에 맞춰 수화하는 모습을 보았다.

'아, 저거 배워야지!'

어린 시절, 나는 장래 희망에 무언가를 써야 할 때면 잘하는 것도 하고 싶은 것도 딱히 없어 늘 고민하던 학생이었다. 그런 나에게 아마도 장애인의 날이었던 것 같은 그날의 방송은 장래 희망에 무엇인가를 던져 주었다. 그 후 혼자 수화를 배우기 위해 노력했고 장애인을 만나 자원봉사 활동도 시작했다. 그러면서 점차 '사회복지사'라는 직업을 알게 되었다. 고등학교 때에는 영아원에서 봉사 활동을 하게 됐는데, 아이들과 함께 놀면서 고아원 원장이 되어야겠다는 희망을 품기도 했다.

대학교 사회복지학과에 입학해서 공부하던 중 또 다른 고민이 생겼다. 사회복지에는 아동뿐만이 아니라 청소년, 노인, 장애인, 여성, 행정, 정책 등 다양한 활동 분야가 있어 이것저것 다 경험해 보고 싶었다. 동기들과 이런 이야기를 나누던 중 한 명이 어려움에 처한 이들을 보면 '엄마' 같은 마음이 들어서 사회복지 공부를 선택했다고 말했다. 특히 나이 든 분을 만나면 엄마가 떠오르고, 그래서 엄마처럼 섬기고 싶은 마음이 든다는 것이었다.

'아, 나도 우리 엄마를 생각하며, 엄마를 위해, 엄마를 섬기는 마음으로, 엄마들을 위한 복지를 해야겠구나.' 그 말을 듣는 순간 그런 생각이 들었다. 그래서 내가 태어나고 자란 엄마 품 같은 고향 서천군에서 일하기로 결심했다. 그렇게 2003년 3월 서천군자원봉사센터에서 일을 시작해 지금까지 흔들림 없이 좋은 동네 엄마들과 함께 일하고 있다.

"온종일 봉사만 하니 과일 사 먹을 돈이 있겠어?"

자원봉사센터는 자원봉사가 필요한 곳을 조사하고, 자원봉사를 희망하는 사람을 연결해 주는 중간자의 역할을 하는 곳이다. 그래서 봉사자 모집, 봉사단 구성을 위한 홍보와 봉사할 곳을 찾는 일, 중복되어 일손이 낭비되는 일이 없도록 하는 중개자 역할이 자원봉사센터의 핵심적인 일이다.

자원봉사센터는 2003년 2월까지 행정안전부(현 안전행정부)의 지침에 따라 전국 시·군·구에 설치되었다. 시·군·구청에서 직접 운영하는 직영, 민간 복지 기관이나 사회단체가 맡아서 하는 민간 위탁 운영,

:: 필자는 2012년 9월 제9회 전국자원봉사센터대회에서 그동안 자원봉사에 기여한 점을 인정받아 행정안전부 장관상을 받았다.

자원봉사센터가 법인으로 운영되는 법인 운영 등 3가지의 형태로 구분되는데 내가 일하고 있는 서천군자원봉사센터는 사단법인 서천복지마을이 위탁 운영하고 있다.

지역 주민들은 자원봉사센터가 무엇을 하는 곳인지, 어떤 사람이 와서 일하는 곳인지 잘 모르는 경우가 많다. 하루는 한 아주머니께서 장날 과일을 한 봉지 사다 주셨다. 대학 나와 센터에서 하루 종일 봉사활동만 하는 내가 안쓰럽고 대견하다며, 젊은 아가씨가 온종일 봉사 활동만 하니 제철 과일 사 먹을 돈이 있겠나 싶으셨단다. 우습기도 하지만, 이렇게 내가 일하는 곳은 참 정겨운 동네다.

자원봉사자들을 배치하고 응원·격려하는 게 우리 일

자원봉사센터 입사 후 첫 프로그램은 서천에서 열리는 가장 큰 지

:: 2007년 12월 서해안기름유출사건 뒤 방재 작업을 벌이는 모습. 수많은 자원봉사자들의 뒷받침이 있었기에 조금이나마 빨리 복구할 수 있었다.

역 축제인 '한산모시문화제'의 자원봉사자를 모집하는 일이었다. 내가 담당하는 일은 아니었지만 워낙 일이 많고 중요한 행사여서 자원봉사자를 모집하고 현장에 배치하는 일을 도왔다. 처음 주최 측에서는 자원봉사자가 적어도 50명은 있어야 한다고 했다. 서천군 인구가 6만이고 그중 65세 인구가 30퍼센트를 넘는데 그 인원이 모일지 염려스러웠다. 자원봉사자 모집 광고를 지역신문에 실었는데, 신기하게도 50명이 예상보다 빨리 모집되었다. 국장님과 정말 뜻밖의 결과에 신기해하고 즐거워했다.

이어서 문화제와 모시에 대한 교육, 행사장 안내 교육 등을 진행한 뒤 적절한 자리에 자원봉사자들을 배치했다. 활동에 참여한 분들도 기쁘게 자신이 맡은 일을 열심히 하셨다. 자신이 사는 지역의 축제에 힘을 보탠다는 데에 보람을 느끼는 것 같았다.

그런데 문화제 내내 정작 나의 역할은 특별히 없었다. 자원봉사자들의 배치와 활동을 응원, 격려하는 게 전부였다. 이것이 자원봉사 담당자의 당연한 역할이다. 하지만 한편으로는 나보다 나이 많은 분들에게 일을 지시하거나 맡기는 게 자칫 건방져 보이지 않을까 걱정도 들었다. 그때, 자원봉사 담당자에게 더욱 중요한 바탕이 '사람들을 대하는 태도'가 아닐까 생각했다. 사소한 말 한마디 때문에 자원봉사자가 '지시받았다'고 느낄 수 있으니, 일을 부탁한 이후에는 감사의 인사를 잊지 말아야 하고, 자원봉사자의 여러 활동에 세심하게 반응해야 한다는 걸 다시 확인했다.

아마 자원봉사 업무를 맡고 있는 사회복지사라면 대체로 현장에서 일하며 이런 경험과 갈등을 겪었을 것이다. 어려운 일을 자원봉사자에게 맡기고 담당자는 쉬는 것 같은 느낌이랄까? 그러나 자원봉사센터와 그곳에서 일하는 사람은 '직접' 일하는 사람이 아니다. 도움의 손길을 필요로 하는 사람과 이를 도와줄 수 있는 사람을 연결하는 것이 우리의 일이다. 센터와 자원봉사자가 주종관계처럼 될까 걱정스럽다면, 이는 자원봉사자를 대하는 우리의 마음가짐과 태도를 돌아보고 더욱 다잡아야 할 일이지, 우리의 정체성의 문제는 아니다. 우리가 직접 나서게 되면 자원봉사자는 뒤로 물러나 센터의 일을 돕는 사람이 되어 버리고 만다. 자원봉사센터는 어디까지나 사람과 사람을 이어 주는 곳이 되어야 한다.

어머니들을 위한 야학 '늘푸른배움터'

어느 날 한 주민이 사무실에 찾아와 자신이 대학교 때 야학에서 자원 교사로 활동한 경험이 있다며 서천에도 야학을 세워 보면 어떻겠느냐고 사무국장님에게 제안했다. 야학이 열린다면 기꺼이 교사로 자원봉사 활동을 하겠다고 했단다. 국장님도 우리 지역에 배우지 못한 분들이 여럿 있으니 그런 배움의 공간을 열면 좋겠다고 했다. 바로 야학을 세우기 위한 작업에 들어갔다. 하지만 당시 나는 '그래? 우리 지역에 야학을 만들어야 할 정도로 중고등학교를 다니지 못한 사람이 많을까? 또 운영은 될까? 누가 저녁에 나와 봉사 활동을 할까?' 하며 시작하기도 전에 어려울 거라는 부정적 생각부터 품었다.

먼저 지역신문에 홍보 기사를 내 학생을 모집하고, 전교조 서천지회 교사들에게 협조를 얻어 교사 자원봉사자를 확보했다. 고입 검정고시 과정에 어머니 5명과 국어, 영어, 수학, 과학, 사회 5과목의 교사 자원봉사자, 그리고 센터 직원까지 총 11명이 모였고, 뜻을 모아 드디어 2004년 4월 17일 서천군자원봉사센터 부설 '늘푸른배움터'가 문을 열었다.

입학식 때 학생 소개 시간에 어머니들은 자기를 소개하면서 하나둘 울기 시작했다. 어려운 가정 형편 때문에 학교 문턱에도 가 보지 못한 분, 큰딸이라서 동생들을 위해 배움을 양보한 분, 이런저런 이유로 학교를 다니지 못한 분들이 지난날에 대한 서러움과 다시 시작하는 기쁨이 합쳐진 눈물을 뚝뚝 흘렸다. 교사 자원봉사자들은 분주한 하루 일과를 마치고 가르치기 위해 열심히 달려왔고, 대부분이 50대 주부인 학생들 역시 집안일을 얼른 끝내고 한걸음에 달려왔다. 교사나 학생 모두 피곤할 텐데, 가르치고 배우는 열정만큼은 그 누구도 따라올 이가 없어 보였다.

초등반을 시작하기 전에 먼저 한글 기초 공부를 했다. 그리고 기초

:: 2012년 '늘푸른배움터' 졸업식 사진. 늘푸른배움터는 이런저런 이유로 배움을 중단한 어머니들이 평생 한으로 남아 있던 갈증을 푸는 기회가 되었다.

과정을 잘 마치신 분들이 드디어 본격적인 공부를 위해 초등반에 입학했다. 입학식이 열리던 날, 자원봉사센터에서는 학생 이름표와 노트, 연필, 지우개를 선물했다. 어머니들은 이름표를 보자 다들 "손수건도 가져올걸…" 하며 무척 긴장된다고 했다. 설레고 들뜬 마음이 얼굴에 그대로 보였다.

사실 기초 과정을 마친 어머니들이 처음에는 초등 과정에 입학하지 않으려 했다. 한글만 배우면 된다는 것이었다. 하지만 배움을 통해 삶의 재미와 기쁨이 더해 가는 그분들의 모습을 보면서 초등반에서 계속 공부하시라고 부탁하고 설득했다. 아마도 늦은 나이에 새로운 걸 배우는 게 무슨 소용일지 많이 고민하셨던 듯하다. 그러나 막상 입학식 당일이 되자 무척 기뻐했다. 한 분씩 돌아가면서 자기 소개하는 시간에 어떤 분은 지난 밤 잠을 이루지 못했다고 하고, 또 어떤 분은 자꾸 감사하다고만 하고 정작 자기 이름은 말하지 않았다. 그 중 한 어머님 학생의 이야기가 내 가슴을 뭉클하게 했다.

"집배원이 집에 등기 우편물을 가지고 와서 '할머니 이름 한번만 써주세요.' 하고 말하면 나는 이름을 못 써서 참 창피했어요. 부끄럽기도 하고 창피하기도 해서 이름이나 쓰면 좋겠다 싶어서 늙은 나이에 이렇게 한글반에 왔습니다. 내가 이름만 쓰면 좋겠다 싶었는데 좋은 선생님들 만나서 초등학교까지 입학하게 되어 무척 고맙습니다."

오늘도 어김없이 10시 30분이 되면, 지각할까 봐 1층에서 2층을 뛰어 올라오는 발소리가 들린다. 곧이어 문을 열고 들어오는 표정에는 대부분 설렘과 배움의 기쁨이 그대로 드러난다. 우리는 아무 걱정 없이 다녔던 학교인데, 야학에서 공부하는 어머니들을 통해 그렇게 당연하게 여겼던 일이 누군가에게는 평생 한이 되었을 수도 있겠다는 데 생각이 미쳤다. 그렇게 나도 인생을 배웠다.

매월 100명의 청소년에게 나눔 교육

이처럼 자원봉사센터의 역할은 다양하다. 혼자 지내는 어르신, 장애인처럼 외롭고 힘들어하는 분들을 직접 돕는 일도 있으나, 주민들이 서로 가진 걸 나누고 보태어 어울려 살아가게 주선하는 것도 중요한 일이다. 특히 요즘은 청소년들에게 나눔 교육을 진행하고 있다. 학생이 의무적으로 해야 하는 봉사 활동이 단순한 일손 돕기나 이웃을 봉사 대상으로 만나는 일을 넘어, 왜 나누고 살아야 하는지, 왜 함께 어울려 살아야 하는지 궁리하고 작게라도 실천하도록 돕는 것이다. 소위 인식 개선 사업이다.

현재 서천에서는 매월 100여 명의 학생들이 월별 테마 봉사 활동에 참여하고 있는데, 지속적으로 참여하는 학생의 비율이 점점 높아지고 있어 기쁘다.

선택의 폭이 적었음에 오히려 감사

"선생님, 저는 사회복지사가 되고 싶기는 한데, 장애인이랑 할머니들과는 밥을 함께 먹지 못해서 걱정이에요. 사회복지사, 재미있을 것 같기는 한데 저는 그렇게 착하지는 않거든요."

"응, 나도 그랬어. 그런데 그건 모르는 사람이라서 그랬을 거야. 나도 처음에는 꺼려지고 밥 먹는 것도, 같이 몸 부대끼는 것도 싫고 그랬어. 그런데 같이 있다 보면 어느 순간 아무것도 아니더라. 그런 걱정은 하지 않아도 돼."

사회복지사는 착해서 누구든 만나면 배려하고 양보해야 하는 그런 사람이 아니다. 물론 사람을 대할 때 존중하고 배려할 줄 아는 사람이어야겠지만, 성직자라도 되는 듯 너무 엄격한 잣대에 맞추지 않아도 된다. 자신의 양심을 생각하며 성실하게 일하고, 나름의 철학과 그에 따른 방법으로 일하면 분명 보람을 느낄 것이다. 그렇게 신나게 일할 준비가 되어 있는 사람이라면 누구나 사회복지사가 될 자격이 있다고 생각한다.

솔직히 나는 사회복지사로서의 첫발을 자원봉사센터를 희망하고 선택한 것은 아니다. 직접 당사자를 만나는 활동도 아니고, 사회복지

전문 기관이 아닌 시민 단체 같은 느낌이 들었기 때문이다. 하지만 내 꿈이 내가 태어나고 자란 고향 서천에서 일하는 것이어서 서천을 선택했는데 그 당시 농어촌 지역이던 서천에는 사회복지 기관이 그리 많지 않아 선택의 폭이 넓지 않았다.

'그래, 지역 복지를 하기 위해 자원봉사센터에서도 할 일이 많을 거야.' 나는 자원봉사를 사회복지의 한 부분이라 생각하고 스스로를 위안하며 큰 기대를 하지 않고 입사했다. 그러나 지금은 그때 선택의 폭이 넓지 않았던 것에 오히려 감사한다. 일반적으로 복지 대상을 특정 주민으로 국한하는 다른 기관에 비해, 자원봉사센터는 지역사회의 자원을 개발하여 문제를 해결함으로써 주민들의 전반적인 삶의 질이 높아지도록 지원하는 곳이기 때문이다. 이러한 점에서 지역 복지를 하고 싶었던 나의 바람과 잘 맞았다고 생각한다.

지역 복지를 꿈꾸는 예비 사회복지사들에게는 자원봉사센터도 그 꿈을 펼쳐 나가는 데 좋은 발판이 되리라 생각한다.

3장

더 넓은 사회복지사의 세계

어제는 기자 오늘은 탐정,
24시간이 부족해!

| 기현주 |

사람 사이의 관계를 살리는 일이 곧 사회복지라는 생각으로 살아간다. 복지 현장에서 일하며 세상을 바꾸는 힘에 대해 고민하다가, 진보적 관점에서 사회정책을 실현하기 위해 진보 정당의 보좌관으로 살았다. 복지 운동과 복지 정책에 관심을 갖고 일하지만, 사회복지사라는 직업이 필요 없는 복지국가에서 한량으로 살기를 꿈꾼다.

2011년 12월 30일 밤 10시가 조금 넘은 시간. 국회 본회의장은 불이 환하게 켜져 있다. 한 해 동안 밀리고 밀린 법안 중 그나마 올해 꼭 처리해야 하는 일명 '민생법안' 290개를 심의하고 의결하느라 정신이 없다. 의원실 TV로 본회의장 모니터링을 하고 있는데, 별안간 문자한 통이 날아들었다.

"보좌관님, 정말 개정안 통과된 거 맞아요? 이제 우리 외국인 장애인들도 한국에서 장애 등록 할 수 있는 거죠? 정말 꿈만 같아요!"

장애소수자연대 회장님의 문자다. 바로 몇 분 전, 장애인복지법 개정안이 통과되었다는 소식을 듣고 부리나케 연락을 준 것이다. 순간 장애인복지법 개정을 위해 기획했던 일들이 주마등처럼 스쳐 지나간다.

민주노동당 곽정숙 의원실에서 보건 복지 정책 보좌

국회의원회관에 근무하다 보면 다양한 민원인들을 만나게 된다. 화교장애인협회 회장님을 비롯한 장애소수자연대 관계자들을 만난 것 또한 마찬가지였다. 299개의 의원실을 돌며 외국인 장애인의 국내 장애인 등록이 가능하도록 하는 법 개정안이 국회에 계류 중인데, 이 개정안의 취지를 설명하고 통과하게 해 달라고 요청하는 중이었다. 우리 의원실에서 개정안 의결을 촉구하는 청원서를 내기로 했다. 청원서는 장애소수자연대에서 작성하고, 청원의 내용과 절차는 의원실에서 준비하고, 기자회견은 공동으로 준비했다.

이때 청원서와 기자회견문 작성, 각 언론사에 보도자료 배포 등이 바로 정책 보좌관의 일이다. 그뿐 아니라 해당 상임위원회에서 법안을 심사하는 자격을 가진 분들(각 상임위원회에는 법안을 심층적으로 심사하는 법안심사소위원회가 구성되어 있다)에게 개정안의 취지를 쉽게 설명하는 자료를 만들고, 이를 의원께서 직접 설명하도록 돕는다. 본회의에 안건이 상정되면 개정안의 취지에 따라 찬성 혹은 반대 토론을 하게 되는데, 이때 의원의 발언문을 작성하는 일까지. 2년여 동안의 법 개정으로 위한 모든 과정에는 정책 보좌관의 손길이 필요하다.

발언문을 쓰면서 울고, 보도자료를 작성하면서 웃고. 그래, 드디어 개정안이 통과되었다!!! 외국인을 이중으로 차별하는 것이라며 국가인권위원회에서 시정 권고를 내린 뒤 법 개정까지 꼬박 8년이 걸렸다.

나는 국회 보건복지위원회 위원으로 활동하던 민주노동당 곽정숙 의원실에서 보건 복지 정책을 담당하는 정책 보좌관으로 2010년 3월부터 2년 반 동안 일했다.

:: 2011년 10월 11일 국회의원회관에서 열린 장애인법 개정 토론회. 특히 법 개정 과정에서 토론회와 공청회는 여러 사람의 공감을 얻기 위해 반드시 필요한 사업이다.

달동네 사회복지사에서 벤처 연구원으로

나는 현장의 사회복지사로 사회생활을 시작했다. 달동네 쪽방이 고스란히 남아 있던 서울의 난곡동이 재개발 이후 고층 아파트가 들어설 때까지 지역의 사회복지관에서 일했다. 당시만 해도 생소하던, 갑자기 어려움에 처한 주민을 돕는 '지역 긴급구호기금'을 운영하고, 혼자 사는 어르신 댁을 방문해서 도시락을 배달하고, 동네 식당이며 약국 등을 다니면서 기부를 요청하고, 젊은 시절 가난으로 공부하지 못한 사람에게 필요한 교육을 지원하기도 했다. 그러다 어느 더운 여름날, 숨이 턱턱 막히는 골목길에서 자원봉사자와 함께 도시락 배달을 하면서 문득 이런 생각이 들었다.

'세상이 바뀌지 않는 한 빈곤의 문제는 언제까지나 지속되는 게 아닌가. 한 끼 식사도 중요하지만 더 길게 보면 이것만으로는 어렵겠다.'

현장에서 느끼는 갈증은 주로 '방향성'에 대한 것이었다. 사회복지사로서 나는 잘하고 있는가? 내가 만나는 사람들에게 필요한 게 있다면 그것이 무엇이든 그냥 주어야 하는 것인가? 반복되는 문제들을 해결할 방법은 없는가? 사람들이 생활에서 느끼는 어려움은 왜 정책에 반영되지 않는가? 사회복지 정책은 과연 사회 약자가 원하는 방향으로 설계되고 있는가?

그래서 선택한 길이 바로 '사회서비스정책연구원'이라는 벤처 연구소를 만드는 일이었다. 물론 현장에서 그 물음에 대한 답을 찾는 동료도 분명히 있었지만, 나로서는 현장의 경험을 바탕으로 실질적인 사회복지 정책을 '제안'하는 것이 더 매력적으로 느껴졌다. 늘 선택은 자기가 더 잘할 수 있는 것, 더 즐길 수 있는 것이 기준 아닐까?

연구원 활동은 말 그대로 '벤처(venture)' 그 자체였다. 정부의 정책 보고서를 분석하여 현장의 언어로 풀어내거나 또는 그 반대 과정을 거치는 일을 주로 했다. 사회복지 분야를 포괄한 사회 서비스의 전달에서 여러 기관 및 단체가 더 효과적으로 일할 수 있는 방안을 연구하기도 했다. 연구원은 연구 용역을 받아 운영하는 곳이었기에, 나중에는 보건 의료 분야의 연구를 맡기도 했다. 여자 교도소의 심리 치료 관련 연구나 중앙아시아 지역의 보건 의료 지원 체계 연구 같은 것도 했다. 의도하지는 않았지만, 연구원 생활을 하면서 보건 복지 분야를 아주 일부분이나마 경험하게 되었던 것이다. 그야말로 역동적인 생활이었다.

연구원 생활을 하면서 '국가적 보건 복지 정책'은 과연 어떻게 결정되는지, 의회나 행정부에서 관련 분야를 공부할 기회가 있다면 참 좋겠다는 생각이 들었다. 바로 그때, 운명처럼 국회 보좌진 자리를 제안받았다. 현장에서 국회로 가기까지 우여곡절이 있었지만, 참 운이 좋게도 뜻을 품었을 때 좋은 기회가 나를 찾아온 것이다. 마침 민주노동당 당원으로 활동한 경험이 국회라는 새로운 곳으로 진출하는 데 도움이 되었다. 그렇게 현장 사회복지사의 국회 진출이 시작되었다.

의원의 '퍼포먼스' 전 보도자료 쓰고 전략 짜기

지글지글 아지랑이가 연신 더운 숨을 내뱉는 2010년 8월, 구불구불 빽빽한 골목에 들어섰다. 도대체 어디가 사람이 드나드는 출입문인지 알기도 어려운 미로 같은 집들, 여기는 동자동쪽방촌이다.

오늘은 시민 단체와 국회의원연구단체가 함께하는 최저생계비 체험 캠페인이 있는 날이다. 곽정숙 의원은 쪽방촌에 마련된 2.5평짜리 작은 방에서 하루치 최저생계비 6300원으로 1박 2일을 살기로 했다. 숙소는 그나마 쪽방촌에서 가장 깨끗하고 통풍이 잘되는 달방으로 월세 30만 원짜리, 동네에서는 꽤 비싼 곳이었다. 날씨는 후텁지근한데 아이스크림 하나 사 먹을 여유는 꿈도 꿀 수 없을 뿐 아니라 집은 방음도 통풍도 잘되지 않아 잠을 쉽게 이룰 수가 없었다. 바로 그런 생활이 우리나라 사회안전망인 국민기초생활보장제도의 '최저생계비'가 보장하는 삶이다.

최저생계비와 관련한 활동은 '더 많은 사람에게 부당함을 알리는 전략'이었다. 최저생계비를 결정하는 위원회 개최 전에 어떤 퍼포먼스를 하는 게 좋을지에 대한 전략 회의가 이어졌다. 시민 단체가 주최하

:: 국회의원 보좌진의 책상은 갖가지 자료에 점령당해 있다. 행정부의 일을 감시하고 새로운 정책을 내는 일에 가장 중요한 것은 제대로 아는 것. 그래서 늘 공부, 공부다.

고, 국회의원을 비롯하여 대학생들도 참여하는 '최저생계비로 하루 나기'라는 퍼포먼스를 하기로 결정하였다. 또 국회의원회관에서는 최저생계비 책정의 부당함을 알리는 전시회도 개최하기로 하였다.

막상 최저생계비로 하루 나기 체험 당일에는 의원의 행보를 쫓기만 하면 되지만, 이를 위해 언론을 조직하고, 보도자료를 챙기고, 시민 단체 관계자들과 전략을 짜는 일들은 미리 '조직'되어야 한다. 어떻게 해야 더 많은 사람들에게 최저생계비를 알릴 수 있을까? 많은 사람들이 알아야만 의제는 힘을 갖는다. 그래야 바꿀 수 있다. 보좌관이 접하는 정책들은 늘 이러한 고민에서 시작된다.

대안을 알리고 지지자를 모아라

18대 국회 회기 동안 빈곤 정책 개선을 위해 법 개정이 여러 차례 시도되었지만, 번번이 정부와 여당의 반대에 부딪혀 이루어 내지 못했다.

국민의 세금을 주는 것인데 어떻게 그냥 주느냐, 정말 가난한지를 더 강하게 검증해야 한다, 예산이 부족한데 그런 곳에 돈을 퍼 줄 수는 없다, 자꾸 돈을 퍼 주면 '복지병'에 걸린다는 논리였다. 하지만 생각해 보라. 우리나라 국민 누구인들 가난의 나락으로 떨어지지 않는다는 보장이 있는가. 나이가 들어 일할 곳도 없고 건강도 나빠진다면 현재의 사회보장제도로는 누구든 가난뱅이가 될 수 있다. 대학을 졸업하고 엄청난 스펙을 쌓아도 20~30대가 정규직으로 취직하는 일은 매우 드물다. 가족 중에 누군가 큰 병을 얻어 오랫동안 병원생활을 한다면… 돈벌이가 계속 없다면 언젠가는 가난해지는 거다. 가난은 남의 이야기가 아니다.

왜 부자들을 돕는 것은 '투자'라고 하고, 가난한 이들을 돕는 것은 '비용'이라고만 말하는가.
—룰라 전 브라질 대통령

실제 브라질은 룰라 대통령 재임 기간에 절대적 빈곤 상태인 사람이 줄고, 사회적 불평등도 눈에 띄게 완화되었다. 사회적 불평등이 완화되었다는 것은 계층 간의 소득 형평성이 회복되면서 계층 위화감 또한 줄어들었다는 얘기이며 이는 결국 다양한 사회문제에 투입되는 비용을 감소시킬 수 있다는 것이다. 빈곤 해결에 쓰이는 세금은 그저 '비용'이 아니라 '사회적 투자'라는 것을 몸소 보여 준 좋은 사례다.

사회적 문제를 해결하기 위해서는 적확한 대안도 필요하지만, 그 대안을 적극적으로 알리고 지지해 줄 사람들을 모으는 것이 절대적으로 중요하다. 아무리 좋은 대안을 제시한다고 한들 아무도 모른다면, 또 누구도 지지해 주지 않는다면 실천될 리 만무하다. 경험상 대체로 그 대안은 단순하지가 못하다. 당연하다. 문제가 복합적이니까 대안도 복합적이어야 한다. 그렇다면 필요한 것은 더 많은 사람들이 사회문제 자체에 관심을 갖도록 삶에 여유를 가지는 사회구조, 그리고 문제와 대안을 토론하는 문화가 형성되는 것이다.

인사청문회, 국정감사 때면 '탐정' 노릇

장관 및 국무총리는 대통령이 인선을 하고, 국회에서 인사청문회를 거쳐 최종 인준을 한다. 인사청문회가 시작되기 전, 해당 후보자에 대한 각종 자료가 청문위원에게 배달된다. 기본적인 인적 사항이나 범죄 및 전과 기록, 재산 사항 등은 자료가 제공되고, 그 외에 청문위원들이 필요한 자료를 사전에 요청하기도 한다. 이런 자료를 바탕으로 해당 후보자들에게 흠결은 없는지 찾아내는 것도 보좌관의 중요한 업무이다.

나는 국무총리, 장관, 대법관 등 총 4차례 인사청문회를 경험했는데, 사회지도층 인사들의 도덕성에 크게 실망하였다. 4차례 모두 후보자 본인이나 가족이 실제 주택 매매가보다 낮은 금액으로 조작한 '다운 계약서'를 작성했던 것이다. 다운 계약서 의혹을 알아보려면 후보자나 가족의 부동산 계약서를 다 찾아보고 등기부등본과 계약 당시 주택 시세를 확인하는 등 수십 가지 자료를 대조하여 차액을 계산한다. 그래서 청문회를 준비하고 있다 보면 마치 탐정이 된 듯한 기분이다. 그러나 다른 사람의 삶을 기록으로 들여다보는 작업은 그리 흔쾌한 경험은 아니다.

국정감사는 인사청문회와는 조금 결이 다른 탐정 노릇이다. 정부가 나라를 운영하는 것을 조사하고 감사하는 것을 국정감사, 정확한 용어는 '국정감·조사'라고 한다. 국정감사는 대체로 9~10월 중에 상임위원회별로 진행된다.

예를 들어 보건복지부와 산하기관의 활동을 감시하는 일은 국회 내 보건복지상임위원회에서 진행하는데 보건복지부, 국민건강보험공단, 국민연금공단, 식약청, 건강보험심사평가원 등 보건 복지 영역의 국가기관이 수행하는 제도와 기관 운영 등을 전반적으로 조사한다. 기관장의 업무 추진비가 용도와 다르게 사용되지는 않았는지, 정책 수행에서 배제된 국민은 없는지, 올해 수행하기로 한 정책 중 집행하지 않은 것은 없는지 등 다양하게 조사한다. 재미있는 건 각 정당이 추구하는 가치나 이념에 따라 같은 문제도 다르게 해석하고 정부에 요구하는 대안도 다르다는 점이다.

국정감사 준비는 피를 말리는 일정이다. 의혹이 있다면 대상 기관에 관련 분야의 자료를 요청하고 의혹을 검증해 내기 위해 다각적으로 분석한다. 사실 보좌진이 실제 공무원으로서 업무를 구체적으로 해 본 경험이 없으면 이런 의혹을 잡아내기는 쉽지 않다. 그래서 국정감사를 잘 준비하는 보좌진은 그만큼 행정부의 업무를 잘 알거나 다양한 제보 경로를 갖고 있다고 볼 수 있다.

9월부터 시작되는 정기 국회는 전년도 결산 심사, 국정감사, 예산안 심사 등 정해진 일정으로 매우 팍팍할 뿐 아니라 각종 현안 처리를 위해 쉴 새 없이 돌아간다. 그래서 국정감사 준비를 시작하는 6월부터 예산안 처리가 끝나는 12월까지는 주말에도, 밤에도 내내 국회를 못 벗어난다. 국회 안에서 연애하지 않으면 연애도 못한다고 농담할 정도로 개인 시간이 전혀 없다.

:: 보좌진 일 중에 많은 부분은 전화 민원 해결이다. 오죽하면 의원실에까지 전화를 할까 싶은 사연들이 줄줄이다. 대부분은 바로 해결할 수 없는 일이지만, 어느 것 하나 소홀할 수는 없다.

현장과 사회 전반, 모두에 관심을

국회에서 일한다면 왠지 거창하게 보일지도 모르겠다. 앞에서도 얘기했듯이 사회복지사가 전공을 활용하여 진출할 수 있는 현장은 매우 다양하다. 사회복지 실천 현장도 있을 것이고, 정책 입안의 현장이나 정책 시행의 현장도 있을 것이다. 어떤 현장이든 사람들의 삶과 멀어지고서야 존재할 수 없다. 실제 국회에서 일할 때, 사회복지사로서 체감했던 생생한 현장의 경험들이 많은 도움이 되었다. 현장을 모르고는 정책의 문제를 제대로 짚어 낼 수 없고, 현장을 모르고는 문제를 제대로 해결할 대안을 제시할 수 없다. 사회복지는 실천 학문이기에 더더욱 현장이 중요하다. 아마 현장 경험 없이 국회에서 일했다면 탁상행정에 대해 제대로 비판할 수 없었을 것이다.

반대로 사회문제 전반에 관심이 없었다고 해도 국회에서 일할 수 없었을 것이다. 사회복지 실천 기술이나 전략에만 매몰되어 세상 돌아가는 이야기에 관심이 없었다면 사회구조에 따른 사회문제를 인식하는 데 어려움이 많았을 것이고 다양한 이슈를 다루는 국회에서 제대로 역할을 하지 못했을 것이다.

실천 현장과 사회구조에 동시에 관심을 갖는 일은 녹록하지 않지만 국회에서 일하려면 필수적이다. 사회복지는 필요를 찾아 서비스를 제공하는 걸로 끝이 아니다. 사람들이 더 나은 세상을 살아갈 수 있도록 함께 환경을 만들고 지원해야 하는 것이기 때문이다.

더 많은 사람들과 역동적인 사회복지를 향유했으면 좋겠다. 문제도, 답도 늘 사람들의 삶 속에 있다는 사실을 상기하면서.

국회의원 보좌관은 무슨 일을 할까

국회의원은 4년 임기 동안 입법, 재정, 일반 국정, 외교에 관한 권한을 갖고 의정 활동을 한다. 입법은 주로 법률의 제·개정, 조약의 체결·비준 등의 활동이고, 재정은 예산·결산·기금 등의 심사 활동이다. 또 일반 국정에 대한 감사·조사의 권한이 있고, 국제 외교 활동을 할 수 있다.

국회의원 보좌진은 이러한 활동 전체를 보좌한다. 19대 국회를 기준으로 국회의원 1명당 총 9명의 보좌진을 둘 수 있고(4급 보좌관 2명, 5급 비서관 2명, 6·7·9급 비서 각 1명, 인턴 2명), 지역구 의원의 경우 지역에서 활동하는 보좌진

2명을 추가로 둘 수 있다.

국회에서 보좌관이 하는 일은 크게 정책과 정무 기능으로 나뉜다. 정책 분야는 국회의원이 맡은 상임위원회, 이를테면 보건복지위원회, 국토해양위원회, 환경노동위원회 등에서 관련 행정기관의 정책을 감시하고, 관련 분야 이슈를 발굴하여 시민들의 삶과 가까운 정책과 제도를 펼쳐 내도록 독려하는 일이다. 정무 분야는 크게 보면 현안의 해결, 정당의 목적 달성, 국회의원으로서 책무 달성 등을 위해 국회의원의 정치적인 행보를 전략적으로 배치하는 일이다.

보좌관 일의 장점은 최고·최신의 정보를 접하기 때문에 다양한 분야를 조망할 수 있고, 여러 전문가들과 협업으로 인맥을 넓힐 수 있다는 것이다.

반면 개인 시간이 너무 적다는 단점이 있다. 국정감사 같은 정기 업무는 물론 예측할 수 없이 터지는 현안에 매번 기민하게 대응하자면 체력적, 시간적으로 매우 힘들다. 의원 임기 4년을 모두 채워 일하기가 쉽지 않을 정도다. 다만 노동강도는 어느 의원실에 있느냐에 따라 편차가 크다. 한마디로 말하면 의원실 하나마다 각각의 회사라고 생각하면 된다.

보좌관은 국회 홈페이지, 해당 국회의원 홈페이지 등을 통해 공개 채용하기도 하지만, 보통은 경력이 있는 사람을 면접 등을 통해 임용한다. 국회에서 일해 본 경험이 없으면 많은 이슈를 즉각적으로 처리하기 어렵기 때문에 여전히 경력자에게 취업 기회가 훨씬 많다. 그러나 최근에는 인턴 제도를 통해 많은 청년들이 국회 활동을 경험하고 있다. 진입 장벽은 높지만 일단 한번 일을 해 보면 다시 진입하기는 쉬운 편이다.

이벤트 회사 하나 차려 봐? ㅋㅋ

| 민혜란 |

영혼이 자유로운 삶, 로맨틱리얼리스트를 꿈꾸는 사회복지사. 누구나 가지고 있는 마음속의 선함이 빛을 발하는 데 역할을 하고픈 소망을 가지고 있다. 지금은 '민들레건강사회적협동조합'에서 의료 기관 운영 관리, 조합원 조직 사업 등을 하면서 '진짜 협동'에 대해 많은 고민을 하고 있다. 건강한 삶을 위한 새로운 시스템과 모델을 찾아 조만간 긴 여행을 떠날 예정.

"ㅇㅇㅇㅇ~!"

랩을 뚫기 위해 젖 먹던 힘까지 쏟는다. 한없이 일그러지고 찌그러지고. 내 얼굴은 이미 사람의 얼굴이 아니다. 여기저기서 터져 나오는 웃음소리, 박수 소리. 한 번 더 기운을 쓰자 랩을 씌운 프레임이 부서져 버린다. 넓디넓은 강당에 폭소가 메아리친다.

'아, 내 조신한 이미지… ㅠ.ㅠ'

2007년 12월 민들레의료생협 조합원 송년의 밤 행사장. '차력쇼'에 참가한 나는 괴력을 발휘해 스타킹 복면 쓰고 격파하기와 랩 뚫기를 선보였다. 한 달 전 입사한 단아했던 '동양미인'은 온데간데없이, 이날 나는 민들레의 '차력녀'로 등극했다!

:: 2007년 송년의 밤 행사에서 단아한 이미지를 한 방에 깨고 '본색'을 드러낸 랩 뚫기 장면. 가운데가 필자.

새로운 돌파구 찾아 쪽방에서 협동조합으로

사회복지사라는 이름으로 활동한 지 9년째.

시작은 대전광역시쪽방상담소였다. 동네에는 삶의 끝으로 몰릴 대로 몰린 많은 사람들이 살고 있었다. 아이부터 어른까지, 원래 가난했던 사람들부터 부자였다 가난해진 사람들까지 천인천색의 역사가 있었다. '존재란 다른 모든 이유를 떠나 그냥 그 자체로 진정으로 위대한 것이구나.', '아이들 한 명 한 명이 각자 하나 하나의 우주구나.' 쪽방 활동을 통해 몸으로 느끼고 깨달은 진리이다. 이렇게 지역 주민들 덕분에 부족한 나 자신을 돌아보고 조금씩 성장할 수 있었다.

그렇게 3년, 그런데 무언가 마음이 충족되지 않았다. 어떤 한계가 높고 두꺼운 장벽이 나를 가로막아 넘어설 수가 없었다. 무언가를 '주는' 사람으로서의 사회복지사, 무언가를 '받는' 사람으로서의 쪽방 주민. 그 관계를 넘어서서 다만 존재와 존재로 만나고 교감하고 톱니바퀴처럼 굴러가고 싶었는데 그게 왜 그렇게 어려웠는지 모르겠다.(앞에 나온 남대문지역상담센터 김솔 선생님의 글을 보니 참으로 대단해 보이고 부럽기도 하고 뒤늦은 아쉬움도 든다.)

그렇게 고민하던 차에 민들레의료생협에 대해 알게 되었다. 가끔 쪽방 주민들의 의료 연계가 필요하면 도움을 청하는 수준으로만 관계를 맺고 있었는데 조금씩 그 사정을 알게 될수록 참 매력적이었다. 보조금이 아니라 자체 수익 구조를 통해 조직을 운영하며 그 수익으로 지역 활동을 한다는 것, 사회복지라는 구조적 타이틀은 없지만 지역사회와 함께 활동한다는 것 등이 눈에 들어오기 시작했다. 쪽방상담소에서 출구를 찾지 못하고 있던 시절이라 민들레는 내게 새로운 돌파구 같은 곳이었다. 마침 민들레에서도 이제는 의료생협운동에 사회복지사가 필요하다며 사람을 찾고 있다기에 인연이 맞아 이곳에서 사회복지사로서 두 번째 마디를 시작하게 되었다.

'건강' 씨앗을 퍼뜨리는 의료생협

민들레는 2002년, 의약분업으로 세상이 시끄러울 당시 지역 통화 운동을 하는 '한밭레츠' 회원들을 중심으로 의료 영역에서 대안적인 활동을 해 보자 하여 시작되었다. 몸과 마음이 아픈 사람들이 의료라는 전문적인 영역에서 소외받고 위축되지 않기를 바랐고, 그런 마음으로 믿을 수 있는 건강한 진료, 지역 주민과 함께하는 다양한 보건 예방 사업을 펼쳐 가고 있다. 2007년에는 사회적기업이 되었으며, 2012년엔 우수 사회적기업으로 대통령상 표창을 받기도 했다. 대전시 대덕구 법동의 임대 아파트 밀집 지역에 첫 둥지를 튼 뒤 10년이 지난 2012년에는 번화가인 둔산에 제2의 민들레를 꽃피웠다. 그리고 2012년 12월 1일 시행된 협동조합기본법에 따라 2013년 2월 23일에 '민들레건강사회적협동조합'으로 전환했다.

의료소비자생활협동조합이란 말 그대로 '의료'의 문제를 '협동'의 방식으로 풀어내는 곳이다. 건강 문제에 관심을 갖고 '의료'라는 전문적 특기를 활용하여 환자와 지역 주민을 만나고 다양한 건강 증진 활동을 통해 궁극적으로는 건강한 지역사회를 만드는 것을 목표로 삼고 있다. 일반적으로 의원, 한의원, 치과 같은 의료 기관을 운영하고 다양한 건강 증진 프로그램을 진행하면서, 진료실 안팎에서 조합원과 주민을 만난다. 이러한 활동을 통해 건강 약자가 건강의 주체로 거듭나도록, 나아가 다른 건강 약자들을 돕고 거들도록 한다.

민들레에서도 의원, 한의원, 치과, 건강검진센터, 노인복지·가정간호센터 등의 의료 기관을 운영하는데, 이곳에서는 기존 병원보다 항생제를 덜 쓰면서 몸의 치유력을 살리는 '건강한' 진료에 초점을 두고 있다. 밖으로는 현미 채식을 직접 실천해 보는 '건강실천단', 영화를 보고 함께 식사하며 건강에 대해 생각해 보는 '건강영화제' 같은 건강 증진 프로그램을 운영하고 있다. 또 조합원 소모임도 활발하다. 마라톤 모임 '달려라 민들레', 연극 모임, 노래 교실 같은 몸 살림뿐 아니라 '여성 내 安으로의 여행', '철학연습' 같은 마음 살림을 위한 모임도 큰 호응을 얻고 있다.

:: 민들레에서는 조합원들의 건강을 챙기는 프로그램을 다양하게 운영하고 있다. 사진은 2011년부터 시작된 현미 채식 건강실천단 모임 풍경.

내부 구성원들의 갈등 풀어내는 '해결사'로 투입

민들레에 와서 내가 처음 맡은 일은 간병팀 팀장이었다. 20여 명의 어머니들로 구성된 간병팀 선생님들은 주로 취약 계층 주민들을 상대했는데, 선생님들 중에도 심적, 물적으로 넉넉지 않은 분들이 많았다. 게다가 같은 동네에서 오래 알고 지내던 터라 업무와는 별개로 이미 앙금이 상당히 쌓여 있던 사람들도 있었다. 이러저러한 갈등과 위기를 몇 차례 겪고 팀장이 퇴사한 자리에 내가 들어갔던 것이다. 사회복지사인 만큼 취약 계층인 내·외부 구성원 모두를 다독여야 하는 역할이 맡겨졌으나, 처음에는 참으로 암담했다. 말도 안 되는 애기로 서로 헐뜯는 어른들을 보면서 미혼의 젊은 처자인 나로서는 뭘 어떻게 해야 할지 답답했다.

:: 2012년 7월 대전지하철 시청역에 민들레의료생협 광고가 걸렸다. 이 광고 사진을 찍기 위해 필자는 미용실에 가서 머리를 하고 멋진 웃음까지 지었건만(맨 오른쪽), 결국 광고에 등장한 것은 두 남자뿐.

당시 내게는 서비스 이용자 발굴, 특히 유료 서비스로 전환되던 터라 수익성 관리를 하는 것이 관건이었는데, 팀 내의 갈등 때문에 우선은 내부 구성원과 마음을 맞추는 데에 집중했다. 우리 팀 선생님들의 메마른 마음이 어떻게 하면 촉촉해질까 고민했다. 매일 아침 미팅을 할 때면 좋은 음악을 함께 듣고 좋은 글도 나누고, 한 사람 한 사람에게 편지를 쓰고 생일도 챙기면서 내 마음이 전달되길 바랐다. 다행히 표면적인 위기는 많이 안정이 되었다. 간병 활동에 도움이 되는 요가 수업을 같이 듣고, 바람 따라 물 따라 나들이도 가고, 정기적으로 워크숍을 하면서 현재를 점검하고 마음을 나누었다. 그러면서 선생님들도 서로 마음을 나누기 시작했다. 체력적으로 힘든 간병 일이기에 아침마다 몸 풀기 운동을 진행했다. 또 자체적으로 계를 만들어 운영하면서 팀은 안정을 찾아 갔다.

이처럼 협동조합 사회복지사는 때로는 갈등 속에서 해법을 찾아내는 해결사가 되고, 때로는 팀과 팀의 의사소통에 중요한 중개자가 되기도 하고, 때로는 조합원들과의 활동을 촉진하는 촉매제가 되기도 한다.

안 되면 되게 하라! 신나게 재미나게 '일' 벌이기

사회복지사의 가장 큰 역할은 관계와 관계를 조정하고 그 속에서 각 주체가 스스로 중심에 설 수 있도록 거드는 것이다. 내가 있는 협동조합에서도 마찬가지이다. 협동조합은 기본적으로 선의를 가진 개인들이 모인 곳이다. 그러나 선한 개인들이 모였다고 해서 갈등이 없는 것은 아니다. 그러한 갈등을 조정하여 각자의 선의가 잘 드러나고 어우러지도록 거드는 것, 그것이 바로 협동조합 사회복지사의 역할이 아닐까.

그리고 그렇게 일을 할 때, 사회복지사로서의 사명이나 책임감에 눌리기보다는 스스로 즐겁고 재미나는 일과 역할을 잘 찾아내는 것이 매우 중요하다고 본다. 우리는 100미터 단거리 선수가 아니라 42.195킬로미터를 뛰어야 하는 마라톤 선수이기 때문에! 그래서 나는 수시로 '일'을 벌인다. 다양한 조합원이 모이는 협동조합의 조직 관리 차원에서도 '재미'는 중요한 부분이다.

민들레에 처음 들어왔을 때 대부분의 모임과 행사의 주요 참여자는 어머니나 가족 단위였다. 결혼하지 않은 나로서는 좀 재미가 없어서 청년 모임을 몇 차례 시도했다. 처음 '공작'한 청년와인파티는 두세 번 하다 시시하게 끝나 버렸지만 20대~30대 초반 조합원들과 무언가를 도모했던 첫 번째 시도였기에 나름 뿌듯했다. 그 외에도 다른 협동조합 젊은 실무자들과 바닷가로 엠티를 가기도 하고, 젊은 조합원들끼리 무

:: 행사 당일 공연장 바닥에 '비상 조치'를 취했던 붓사위 퍼포먼스. 자세히 보면 바닥에 스티로폼이 깔려 있다.

박 2일 설악산 낙엽 산행을 떠나기도 했다.

특히 이벤트를 좋아하는 내게 매년 열리는 조합원 송년의 밤 행사는 '이벤트 회사 하나 차려 봐?' 하는 생각이 들 만큼 재미난 사업이다. 조합원별, 소모임별, 직원 단위, 이사진, 지역의 연대 단체 등이 각자 공연을 준비하고 모두가 어우러져 신명나게 논다. 2007년 송년의 밤 때 '차력녀'로 인상적인 데뷔를 한 덕분에 나는 2009년부터 행사를 책임지게 되었다. 행사 전 온갖 준비를 다했어도 당일이 되면 늘 예상치 못했던 온갖 상황이 벌어졌다.

2009년에는 조합원 한 명이 붓사위 퍼포먼스로 행사를 열기로 했는데, 막상 당일이 되니 먹물이 튀면 지워지지 않는다며 공연장에서 못하게 막는 것이었다. 난감했다. 공연 시간은 점점 가까워졌고 나는 머리를 쥐어뜯다가 바닥에 깔 게 없을까 하며 분리수거장을 찾았다. 오, 신이시여! 마침 스티로폼 깔개 한 무더기가 버려져 있는 게 아닌가! 그걸 공연장에 깔고 붓사위 퍼포먼스는 멋들어지게 진행됐다. 대학교 때 예비역 선배들이 하던 말이 생각났다. '안 되면 되게 하라!'

송년의 밤이 끝나고 나면, 더 많은 조합원이 함께 참여할 수 있게 기획하지만 늘 충분히 교감하지 못했다는 아쉬움이 남곤 하는데, 2010년에는 다 함께 어우러지는 대동놀이로 끝을 맺어 모두에게 따뜻하고 신나는 느낌을 남겨 주었다.

다양한 조합원들의 선의가 빛을 발하도록 돕는 조력자

민들레에서는 매년 초 조합원총회를 열기에 앞서 준비위원회를 꾸린다. 준비위원회에서는 한해 사업을 정리하고 차기년도 사업 계획을 논의한다. 조합원이면 누구나 참여할 수 있기에, 회의를 하다 보면 여러 번 위원회에 참여한 사람과 처음 참여한 사람들 사이에 경험의 차이가 드러나기 마련이다. 초심자는 경험 많은 사람들과 자신을 비교하며 스스로 위축되거나 자존심에 상처를 입기도 하고, 경험이 많은 사람은 자기 의견을 관철하려고 강하게 나가다 갈등을 조장하게 되기도 한다.

그럴 때 경험이 적은 사람이 암묵적으로 배제되거나 비판의 대상이 되지 않도록 적절히 개입하고 상호 이해를 도모하는 것은 사회복지사인 나의 역할이 된다. 초심자는 충분히 의견을 제시할 수 있도록, 경험이 풍부한 사람은 그 경험을 나눌 수 있도록 돕는 것이다.

그렇다고 매번 갈등의 중심에 있는 사람들과 직접 의사소통해야 한다는 부담을 가질 필요는 없다. 사실 그렇게 할 수도 없다. 오히려 구성원들 중에 소통을 잘하는 사람이 있으면 그 사람에게 도움을 청하는 게 좋다. 그러면 갈등의 당사자들이 주체가 되어 문제를 해결하기 위해 마음을 더 잘 모으는 것 같다.

선한 가치를 추구하는 협동조합 또한 다양한 생각과 가치관을 가진 사람들이 모이는 곳이기 때문에 이 같은 약자 소외 현상이 나타날 수 있다. 그럴 때 한 사람 한 사람의 가치를 생각하고 그들이 잘할 수 있는 것을 찾는 사회복지사의 역할이 더욱 빛을 발한다.

의료사회복지사 vs 의료생협 사회복지사

간단히 설명하자면, 의료사회복지사는 종합병원 등에 상주하면서 당장 치료와 수술이 시급한 환자들과 이를 지원할 수 있는 자원을 연결하고 발굴하는 데 주안점을 두는 반면, 의료생협의 사회복지사는 취약 계층의 진료 연계와 더불어 다양한 교육 훈련·지역 조직·보건 예방 활동 등의 측면에서도 일하는 것이 다른 점이라 할 수 있다. 현재 의료생협이 운영하는 의료 기관은 의원급의 1차 의료 기관이기 때문에 응급 상황이 많지는 않고 그런 경우는 종합병원으로 연계한다. 그렇다 보니 일상적인 생활 진료를 좀 더 잘 이용할 수 있도록 지역 단체와 연계하는 역할에 힘쓰고 환자, 조합원, 지역 주민들의 생활이 건강해지도록 교육 훈련과 조직 활동 및 보건 예방 활동에 좀 더 집중하는 편이다.

동티모르 개발의
'마중물'이 되다

| 이여울 |

지구촌나눔운동본무에서 동티모르사업소 소장대행으로 활동했고 현재 굿네이버스 국제개발팀에서 일하고 있다. 땅 속 깊은 곳의 물을 끌어올리기 위해 필요한 한 바가지의 마중물처럼, 개도국 가난한 사람들의 부족함 전부를 채워 주는 사람이기보다는 그들이 가진 역량과 강점을 끌어내어 자기 삶의 주인으로써 스스로 선택하고 결정하는 삶을 살 수 있도록 도와주는 활동가를 꿈꾼다.

"**우리** 마을에는 없는 것투성이야."

"문제가 많아."

"지구촌나눔운동이 꼭 우리를 도와주어야 해."

동티모르에 처음 발을 내디딘 2008년 10월, 처음 만난 소모초 마을 주민들은 내게 이런 이야기들을 했다. 자기가 살고 있는 마을을 긍정적으로 바라보지 못하는 사람들, 이들과 함께 보낼 날들이 무거운 짐으로 다가왔다.

나는 2009년부터 2012년까지 3년간 지구촌나눔운동 동티모르사업소에서 활동했다. 5개 마을 500여 가구 2800여 명이 사는 바우로 지역이 내 활동 무대이자 삶의 터전이 되었던 곳이다.

대학에서 사회복지를 전공한 나는 현재 국제 개발 협력 사업을 수행하는 NGO(nongovernmental organization)에서 일하고 있다. 국내의 사회복지와 해외의 사회복지가 다른 점도 분명 있겠지만, 내가 일하면서 강조점을 두는 부분은 '해외'라는 환경이 아니라 '마을'이다. 즉, 국제 사회복지라는 건 문화와 배경이 조금 다른 '마을'에서 주민들과 관계 맺으며 주민들의 역량을 강화하고 지역의 공생성을 살리는 것을 목표로 한다는 점에서 지역 사회복지와 맥을 같이한다고 생각한다.

malai(외국인)에서 ema Timor(티모르 사람)가 되기까지

처음 동티모르에 파견되어 겪은 가장 큰 어려움은 서로 다른 문화적 배경으로부터 오는 차이, 그리고 언어가 통하지 않는 데서 오는 소통의 문제였다. 같은 문화권이라면 굳이 설명하지 않아도 공감할 수 있는 많은 부분을 다시 설명하고 서로의 차이를 이해하기 위한 노력이 필요했다. 소득 증대 사업이든 교육이든 뭔가를 하기 위해서는 주민들과 신뢰를 쌓아 그들이 나를 받아들이는 과정이 선행되어야 했다. 누군가와 친구가 되기까지 비교적 오랜 시간이 걸리는 나로서는 더더욱 쉽지 않은 과제이기도 했다.

다행히도 파견된 첫해, 마을 내 센터에 딸린 집에서 살게 되었다. 쉬는 날 마을을 어슬렁거리며 돌아다닐라치면 어김없이 불러 세워 안부를 묻고 밥때 되면 밥 먹고 가라고 붙잡는 손길, 물이 귀한 마을에 비라도 내리면 홀딱 벗고 밖으로 나와 목욕하는 아이들을 보며 양동이 하나 가득 빗물을 받고 아이들과 함께 우물로 물을 길러 다니는 일상, 시골 생활이 어설픈 나를 위해 이것저것 챙겨 주던 아주머니들. 그렇게

:: 일주일에 두어 번, 우물가로 물을 길러 가면 누군가는 수레를 빌려 주기도 하고 아이들은 앞 다투어 펌프질을 대신해 주기도 했다. 그렇게 필자는 마을 주민들과 친구가 되었고 또 이웃이 되었다.

특별할 것 없는 일상의 삶을 공유하며 나는 조금씩 malai(외국인)에서 ema Timor(티모르 사람)가 되어 그들의 삶 속으로 들어갔다.

속옷 선물 해프닝

"죄송해요, 어르신."

"외국인이라 잘 몰랐을 텐데 뭘, 괜찮아."

전화를 끊고 나서야 가슴을 쓸어내렸다. 영농 지원 그룹 워크숍이 있었는데, 마침 한국에서 질 좋은 속옷이 후원 물품으로 들어온 터라 워크숍에 참석한 각 그룹 리더들과 마을 대표들에게 감사 선물로 그 속옷을 선물했다. 평소에는 현지 직원들이 함께 선물을 고르거나 논의했으나 그때는 미처 논의하지 못한 상태였다. 그런데 행사가 모두 끝나고 나중에야 선물이 뭔지 알게 된 직원 한 명이 다가와 걱정스런 표정을 입을 열었다. "동티모르에서 속옷 선물은 부부간에나 하는 건데…. 다들 화낼 거예요."

시골 어르신들이라 더 민감했을지도 모른다. 곧바로 선물받은 분들을 일일이 찾아가거나 전화를 걸어 양해를 구했다. 다행히 그동안 좋은 관계를 쌓아 온 덕분에 웃으며 넘어갈 수 있었다. 별 생각 없이 전한 선물이 '사건'을 일으킬 뻔한 웃지 못할 해프닝이었다. 돌이켜 보면 알게 모르게 몸에 밴 습관대로 행동하고 한국에서 하던 방식대로 일하는 과정에서 상대방의 마음을 상하게 하는 경우도 많았을 것 같다. 하지만 늘 옆에서 조언해 주고, 마을 주민들에게 잘 설명해 준 현지 직원들 덕분에 다른 문화권임에도 큰 어려움 없이 일할 수 있었다. 물론 처음부터 그렇게 무난했던 것은 아니다.

동티모르 사람들은 속내를 쉽게 드러내지 않는다. 누군가는 인도네시아 식민 지배를 겪으면서 누가 내 편인지 알 수 없어 늘 말조심을 해야 했기 때문이라고 하는데, 그래서 일을 하면서 답답할 때가 많았다. 동티모르에 파견된 후 1년도 안 되었을 때, 사업소 초창기부터 함께 일했던 현지 직원이 일언반구 없이 일을 그만두었다. 그만둔다는 말도 없었고, 날 피하는 건지 여러 번 집으로 찾아갔어도 만날 수가 없었다. 그저 다른 사람들을 통해 전해 오는 말들로 어렴풋이 이유를 짐작할 뿐이었다. 그 뒤로 1년에 한두 번씩은 꼭 직원들과 개인 면담을 하면서 일할 때의 어려운 점이나 사업소의 개선해야 할 점 등을 이야기해 달라고 부탁했다. "난 외국인이기 때문에 말해 주지 않으면 알 수가 없어요." 처음엔 그런 자리 자체를 어색하고 불편해하던 직원들도 나중엔 크고 작은 어려움을 이야기해 주어 훨씬 수월하게 일을 해 나갈 수 있었다.

교사 교육으로 '마중물'을 만들다

마중물이라는 게 있다. 땅 속 깊은 곳의 물을 끌어올리기 위해 필요한 한 바가지의 물을 의미한다. 그 한 바가지의 물이 없으면 아무리 열심히 펌프질을 해도 물이 나오지 않지만, 물 한 바가지를 붓고 펌프질을 하면 몇 배, 몇십 배의 물이 쏟아져 나온다. 지역사회에서 활동하는 사회복지사의 역할이 바로 이 마중물과 같다.

내가 활동했던 동티모르의 로스팔로스 지역은 수도 딜리로부터 차로 5~6시간 걸리는 시골이다. 인도네시아로부터 독립하는 과정에서 마을의 지식인들 대부분이 죽어 지금도 시골에서는 테툼어(동티모르 공식어)만 조금 할 줄 알면 교단에 세우는 일이 비일비재하며, 교육의 질 또한 낮은 편이다.

지구촌나눔운동은 이런 지역의 교육 상황에 보탬이 되고자 2008년부터 지역 아동들을 대상으로 테툼어, 미술, 영어 교육을 실시해 왔다. 하지만 한정된 인력과 시간 때문에 1년에 두세 차례밖에 진행할 수 없었고, 형평성의 문제로 늘 새로운 아이들에게 교육을 해야 했기에 지속적이고 효과적인 교육을 제공할 수 없다는 한계가 있었다. 그래서 생각한 것이 교사 교육이다. 50명의 아이들을 교육하는 대신 교사들이 더 잘 가르칠 수 있도록 돕는다면 한 반에 30명씩만 잡아도 무려 1500명의 아이들에게 혜택이 돌아갈 수 있기 때문이다.

시범적으로 2개 학교 14명의 교사들과 미술 교육을 시작했다. 10주 과정이 끝나고 수료하던 날, 각자 작품 하나씩을 만들어 와 전시회도 했다. 그 중 한 선생님이 종이접기로 포도를 만들어 왔다. 저학년 아이들이 테툼어 알파벳 'u'를 배울 때 'uvas(포도)'라는 단어를 배우는데,

:: 10주 과정의 미술 교육이 끝나고 수료하던 날, 교사들은 각자 작품을 만들어 전시회를 했다. 그 중 한 선생님이 동티모르에서 나지 않는 '포도'를 설명하는 데 종이접기가 유용하겠다면서 포도를 만들어 왔다.

동티모르에는 포도가 나지 않아 아이들에게 설명하기가 쉽지 않다면서, 미술 교육 때 포도 접기를 배우면서 아이들에게 만들어 보여 주고 싶다는 생각을 했단다.

교사가 가진 배움에의 열정, 아이들의 상황과 필요를 누구보다 잘 아는 마음, 이런 것들이 교사 교육이라는 마중물을 통해 흘러나와 아이들에게 가장 좋은 교육의 형태로 전달될 수 있다고 믿는다.

면장님과 이장님을 움직여라

"면장님, 저희가 이번에 영농 지원 사업을 하려고 하는데요…"
"이장님, 영농 지원을 하려는데 적합한 가정이 있을까요?"
주민들의 소득 증대를 돕는 가축은행, 영농 지원에서부터 생활 환경 개선을 위해 운송 및 이동 수단인 리어카와 자전거를 지원하는 리어카은행과 자전거은행, 학교에 작은 도서관을 지원하는 꿈도서관 지원 사업 등 지구촌나눔운동이 마을에서 하는 일은 정말 다양하다.

사업 목적도, 사업 내용도 다 다르지만 어떤 사업이건 가장 먼저 하는 일은 바로 마을의 리더들을 찾아가 의논하는 일이다. 사업의 대상이 되는 주민들을 만나기에 앞서 5개 마을의 책임자인 면장님을 찾아가 사업을 설명하고 의견을 구한 후 사업을 진행할 마을을 추천받는다. 그러고 나면 추천받은 마을의 이장님을 찾아가 다시 사업을 설명하고 사업에 적합한 가정을 추천받는다. 이 일련의 과정이 끝난 후에야 주민들과의 사업설명회를 준비한다. 때로는 이장님이 추천한 가정이 우리가 생각하는 기준에 적합하지 않을 때도 있다. 그런 경우에도 임의로 대상자를 제외하지 않는다. 다시 이장님을 만나 상황을 설명하고 양해를 구한 후 새로운 대상자를 찾는 과정을 거친 뒤 최종 대상자를 선정한다.

사실 개도국의 가난한 사람들, 특히 시골에 사는 사람들은 도움을 주기 위해 찾아온 외국인 활동가에게 본인의 의견을 제대로 말하는 것이 쉽지 않다. "이런 활동을 해 보려고 하는데 어떻게 생각하세요?" 하고 물으면 열에 아홉은 "우리 마을에 정말 필요한 일이다. 꼭 지원해 달라."고 대답한다. 그래서 사업 수행 전 면장님이나 이장님을 찾아가 사업을 설명하고 의견을 구해도 제안했던 내용 그대로만 진행되는 경우가 대부분이다. 그럼에도 이런 과정을 생략하지 않는 것은 이렇게 함으로써 그분들이 마을의 대표자로서 존중받는다는 느낌을 가질 수 있고, 이 일이 NGO의 사업이 아니라 이장인 내가 챙겨야 하는 우리 마을의 일로 인식될 수 있기 때문이다.

3년 만에 달라진 주민들 "우리도 할 수 있어요"

동티모르에 온 지 3년여가 지난 2012년 1월. 각 마을 리더들이 함께 모인 지도자 연수에서 리더들은 마을의 문제 대신 비전을 보는 '비전 나무(vision tree)'를 그렸고, 그를 통해 자기 마을이 가진 수많은 자산을 보기 시작했다. 사람이, 우리가 가진 땅이, 너무나도 멋진 자연이, 마을의 전통 가옥이 우리의 자산이 된다고 말하는 주민들. 액션 플랜을 짜고 발표하는 시간에 마을 이장님은 500달러짜리 축사 짓기 프로젝트를 제안하며 이렇게 덧붙였다.

"기초를 다질 돌은 우리 마을에 많아요. 지붕 씌울 코코넛 잎도, 대나무도 많고요. 이런 것은 따로 지원받지 않아도 주민들이 구할 수 있어요. 500달러로는 우리가 구할 수 없는 못이랑 모래, 시멘트를 살 거예요."

순간 울컥했다. 처음 왔을 때 마을이 문제투성이라던 그들의 말이 떠올랐다. NGO가 주도하는 것이 아니라 주민들이 머리 맞대고 제안하는 모습, 주민들 스스로 마을의 필요를 찾고 자신들이 할 수 있는 것이 무엇인지 생각한 후에 정부와 NGO에 도움을 요청하는 모습. 내가 그리던 지역 개발의 모습이 마침내 보이는 듯했다. 새 건물이 들어서거나 눈에 띄게 소득이 증가하는 극적인 변화는 없었을지라도 지난 3년의 시간이 결코 헛되지 않았음을, 사람들의 마음이 조금씩 조금씩 달라지고 있었음을, 지구촌나눔운동이 일방적으로 지원해 주는 단체가 아니라 함께하는 협력자가 되고 싶다는 것을 주민들이 알고 있음을 확인한 시간이었다.

면장님의 말처럼 나와 같은 활동가들은 곧 떠날 사람이고 그 땅에

:: 지도자 연수에서 조별로 비전 나무를 그린 후 발표하는 모습. 처음 만났을 때 "우리 마을엔 없는 것투성이"라던 주민들은 3년여가 지난 자기들이 할 수 있는 일을 찾아내 필자를 감동시켰다.

끝까지 발붙이고 살 사람들은 주민들 자신이니, 주인으로서 좀 더 당당하게 주도적으로 자신의 역할을 해 나가는 멋진 리더들의 모습을 기대해 본다.

어학 실력과 타 문화에 대한 이해 필요

국제사회복지사를 꿈꾸는 사람이 있다면 관심 분야를 잘 살펴야 한다. 국내 사회복지와 마찬가지로 국제 사업에도 다양한 영역이 있다. 따라서 막연하게 국제 사업을 하고 싶다 할 것이 아니라 자신이 관심 있는 분야와 이슈를 잘 살펴보고 파고들어야 한다. 또 국제 사업이다 보니 일정 수준 이상의 영어 실력은 필수. 단순히 어학 점수를 올리는 것보다는 실제 회화 능력을 쌓는 것이 더 중요하다.

어학 능력만큼이나 중요한 것은 현장, 즉 가서 활동할 나라와 그 나라 사람들에 대한 이해이다. 이를 위해서는 봉사 활동이나 여행 등을 통해 다양한 사람들을 만나고 그들의 문화를 경험함으로써 타 문화에 대한 이해의 폭을 넓히려는 노력이 필요하다.

대학에서 사회복지학을 공부하고 졸업한 뒤 국제사회복지사로 일한 지 벌써 7년이 지났다. 하면 할수록 일이 수월해져야 하는데, 이상하게도 점점 더 어렵게 느껴진다. 수학 공식처럼 어떤 상황에서도 정답이 나오는 매뉴얼이 있는 게 아니다. 이 마을에서 성공한 사업이 저 마을에 가면 다른 결과가 나올 수도 있다. 사람들의 삶에 관여하는 일이기 때문에 그렇다.

그럼에도 어느 지역에서나 동일하게 적용되는 기본 원칙은 있다. 바로 지역 주민들을 존중하는 마음, 지역의 리더들을 세우고 함께 일하려는 노력, 문제에 집중하기보다 수많은 문제 속에 가려진 강점을 찾아내는 시각 등이다. 국제사회복지사로 일하려면 이런 원칙을 늘 새겨야 한다. 나 역시 앞으로 어느 지역에서 일하건 이 원칙을 늘 마음에 품고 일하고 싶다. 내가 빛나고 우뚝 서기보다는 주민들과 함께 호흡하는 활동가로서 말이다.

원조를 받는 나라에서 원조를 주는 나라가 된 한국에 국제사회가 요구하는 역할과 기대가 커지고, 국내에서도 해외 구호 사업에 대한 관심이 증대됨에 따라 개발도상국에서 국제 개발 사업을 수행하는 개발 NGO들의 숫자도 계속 늘어나고 있는 추세이다.

2013년 현재, 한국 개발 NGO들의 협의체인 '국제개발협력민간협의회(KCOC)'에 등록된 NGO만도 97개에 달하고 있으며, 초기에는 아시아 국가들에 집중되었던 사업 지역도 점차 아프리카, 중남미로까지 확대되고 있다. 한국의 국제 구호 사업은 짧은 역사에 비해 단기간에 급속한 양적 성장을 이뤄 지금은 교육, 보건·의료, 지역 개발, 긴급 구호 등 여러 분야의 사업을 수행하는 단체에서부터 보건·의료, 식수 사업 등 특정 분야만을 전문적으로 다루는 단체들까지 다양한 유형의 구호 단체들이 활동하고 있다.

최근 장단기 해외 자원 활동이나 개발학을 전공하는 청년들의 증가, 세계 시민 교육이나 매체를 통한 국제 구호 사업에 대한 인식 및 후원 증대, OECD DAC(Development Assistance Committee, 개발원조위원회) 가입을 기점으로 한 원조액 증가 등의 흐름에 따라 향후 보다 활발한 활동이 전개될 것으로 기대된다.

참고 사이트

국제개발협력민간협의회 www.ngokcoc.or.kr

복지와 수익,
두 마리 토끼를 잡아라

| 이우석 |

마을 카페 '소소봄'을 운영하는 바리스타이자 사회복지사. 신라대학교에서 사회복지학을 전공하고 울산광역
시사과나무청소년쉼터 상담사, 양산시청소년방과후아카데미 SM(스케줄매니저), YMCA동원종합사회복지관
에서 복지사로 근무하였다. 지금은 소소봄을 운영하면서 『양산시민신문』 시민기자, 양산YMCA 이사로도 활
동 중이다. '복지꿈공장장'이라는 즐거움을 추구하기 위해 '카페 사회사업가'라는 이름을 만들고 열심히 활
동하고 있다.

"딸랑딸랑(풍경소리), 어서 오세요. 마을 카페 소소봄입니다."

높다란 새 아파트들 사이에 자리 잡은 상가. 바쁜 일상을 살아가는
사람들이 모여 사는 동네 어귀, 소소봄의 문 여는 소리와 함께 카페 사
회사업가의 하루는 시작된다.

매일 오전, 카페에 나와 커피머신에서 갓 내린 뜨거운 에스프레소
를 맛보는 것이 나의 첫 일과다. 주방에선 여동생이 굽는 달콤한 컵케
이크 냄새가 난다. 은은하게 퍼진 커피 향에 이끌려 손님들이 하나둘씩
모여든다. 대부분 마을 주민들로 우리 카페의 단골이다. 한 분 한 분 인
사를 나누고 안부를 묻는다.

카페 안에는 동네 장애인 화가의 작품이 전시되어 있다. 얼마 전에
는 마을의 대학생이 아이폰으로 찍은 사진을 모아 '나의 첫 스마트폰

:: 소소봄 카페에서는 장애인복지관이나 사회적기업에서 만든 빵, 비누 같은 물품을 전시, 판매한다. 좋은 품질의 제품을 적절한 가격에 파니, 기관도 좋고 주민도 좋고 카페도 좋다.

사진전'을 열었다. 매 분기 마지막 주 토요일이면 카페는 공연장이 된다. 공연을 하는 사람도, 보는 사람도 모두 마을 주민. 멀리 나가지 않아도 가족끼리, 연인끼리 동네에서 공연을 관람할 수 있다. 이런 소박한 마을 공연을 통해 지역사회에서 활동하는 마술사, 색소폰 동호회, 교회 밴드부, 그리고 많은 동네 이웃과 소중한 추억을 만들어 가고 있다.

이웃과 함께 즐거움을 나누는 사랑방, 이것이 바로 내가 꿈꾼 마을 카페 '소소봄'의 모습이다.

"사회복지사가 왜 카페를 하나요?"

"사회복지사가 어쩌다가 카페 주인이 되었나요?"
사람들은 많이 궁금해한다. 왜 창업을 했는지, 왜 커피를 선택했는지, 그리고 그게 사회복지와 어떤 연관이 있는지….

사실 나 또한 현재의 내 모습이 아직 낯설다. 사회복지를 정말 사랑했고, 복지 기관에서 일하는 것을 복지사의 운명이라 여겼다. 그래서 대학을 졸업한 뒤 청소년 기관과 사회복지관에서 일했다.

그러나 현장에서는 의도하지 않게 도움을 받는 이와 도움을 주는 이로 구분되는 환경과 상황을 자주 접했다. 그 속에서 사회복지사는 가난한 사람을 도와주는 착한 사람, 마음씨 고운 천사, 무엇이든 해결해주는 슈퍼맨처럼 그려지는 것이 늘 불편했다. 지역 주민들이 서로 돕고 나누는 마을 공동체를 잘 이룬다면 사회복지 서비스라는 특별한 활동이 없어도 괜찮지 않을까? 그렇게 된다면 사회복지사도 편한 이웃으로 남을 수 있을 것 같았다. '복지'가 특별한 서비스나 시혜적 지원을 넘어 평범한 살림살이가 되는 것. 우리가 함께 누리는 행복한 삶(보편적 복지)과 서로가 함께 살아가는 삶(공동체)이 하나가 되기를 바랐다.

이런 생각을 복지관에서 풀어내려 노력했지만 쉽지 않았다. 기관에 종사하는 직원으로 해야 할 기본 업무가 적지 않았고, 기관이 지향하는 방향이 있는데 내 뜻만을 주장하는 게 옳은지도 고민스러웠다. 지역사회 안에서 주민들과 자연스럽게 만나고 싶은 마음이 커지면서 기존 방식과는 다른 모습으로 일하면 좋겠다는 생각이 커졌다. 그래서 부산의 복지관 일을 그만두고 고향인 경남 양산으로 돌아왔다.

나는 '카페 사회사업가'다

전통적인 현장을 벗어나 사회사업을 한다는 게 처음에는 두려웠다.

돈은 어떻게 벌어서 생활해야 하는지, 그리고 주민들에게 다가가려면 어떤 일을 해야 하는지 막막했다. 그러다 알게 된 것이 사회적기업이다. 사회적기업 형태라면 복지와 수익을 함께 추구할 수 있을 것 같았고, 지역 주민 누구나 편하게 드나들 수 있는 '마을의 사랑방' 역할을 할 수 있는 곳으로 카페가 적당하다고 생각했다. 그래서 1년 동안 다수의 커피 전문가 과정을 수료하고 바리스타 자격증을 취득했다. 한편으로는 사회적기업과 협동조합을 주제로 공부하였다. 그렇게 '카페 사회사업'과 '카페 사회사업가'라는 이름을 만들고 스스로 다음과 같이 정의를 내렸다.

'카페 사회사업'은 공동체를 만들거나 운영하기 위해 '카페'라는 공간(거점)을 구실로 지역사회 안에서 사회사업(사회복지)하는 실천을 말하며, '카페 사회사업가'란 카페를 통해 사회사업 하는 사회복지사(사회사업가)를 말한다.

'밝을 소', '바 소', ' 봄 봄', '밝은 봄이 머무르는 공간'이라는 뜻을 담은 마을 카페 '소소봄'은 그렇게 시작되었다.

마을 카페, 소통의 장이 되다

'카페에서 복지를 어떻게 녹여 낼까?' 처음 카페를 열었을 때 가장 큰 고민은 그것이었다. 자칫하다가는 '복지'라는 이름을 가지고 수익을 위해 경영하는 장사꾼으로 비칠 수도 있고, 젊은 사람이 멋있어 보이는 일 하면서 적당히 복지에 끼워 맞추는 이상주의자로 비칠 수도 있었기

:: 매 분기 마지막 주 토요일에는 카페가 공연장으로 변신한다. 공연자도 관람자도 모두 동네 주민이다. 2012년 5월, 교회 밴드의 공연 모습.

때문이다. 그래서 원하든 원하지 않든 많은 사람에게 카페 사회사업의 의도와 목적을 설명해야 했다. 이런 과정을 통해 소소봄은 지역사회 안에서 '소통'하는 공간으로 점차 자리 잡아 가기 시작했다.

그 첫 번째는 마을 주민과의 소통이다. 카페에 오는 손님은 거의가 마을 주민인데, 커피 주문을 받을 때면 나는 손님과 항상 더 많이 대화를 나누려고 애쓴다. 이 때문에 처음에는 많은 손님이 당황했다. 하지만 이런 대화를 통해 손님과 더 가까워졌다. 한번 찾아온 손님은 대부분 단골이 되었고 이제는 서로 반갑게 인사하는 관계가 되었다. 어떤 커피를 좋아하고, 어떤 책을 좋아하고, 어떤 삶을 살아가는지 정도는 아는 이웃이 된 것이다.

두 번째는 지역사회와의 소통이다. 이때 가장 중요한 것이 인사다. 나는 주변 가게와 관공서 및 복지기관 등에 일일이 찾아가 인사하면서 우리 카페가 어떤 일을 하는지를 알렸다. 처음에는 나 같은 생각으로

:: 커피에 대한 철학부터 소소봄이 꿈꾸는 카페의 가치까지 공유하는 소소봄 가족들과 브이! 뒷줄은 필자와 여동생 미애 씨, 앞줄은 오른쪽부터 호주, 채은, 지혜 씨.

장사하면 금방 망할 것이라는 반응이 대부분이었다. 복지 관련 기관들 역시 소소봄의 사업을 이해하지 못했다. 하지만 지금은 지역사회 분들 모두가 소소봄의 든든한 지원군이 되어 우리를 응원한다. "소소봄 덕에 동네에 사람 사는 냄새가 나서 좋아.", "장사 잘해서 돈도 많이 벌고 좋은 일도 많이 해." 나아가 우리가 하는 일에도 동참하고 싶어 한다. 그저 인사 하나 잘했는데 주변 이웃과 이렇게 응원하는 사이로 연결되었다.

복지 기관과도 좋은 관계가 되어 여러 일을 함께하고 있다. 우리 카페는 지역 복지 기관이 생산한 물품을 전시 판매한다. 가격을 할인하지 않는 대신 이윤도 과하게 붙이지 않는다. 기관으로서는 좋은 제품을 알릴 수 있어서 좋고, 카페로서는 좋은 가격으로 지역 주민들에게 판매할 수 있어서 좋다. 이윤에 대한 욕심을 내려놓고 마을과의 공생을 생각한 결과다. 복지 기관에 강연도 종종 간다. 요즘 부쩍 커피에 대한 관심도

가 높은데, 복지 기관은 강사료가 적은 탓에 강사 섭외가 쉽지 않다. 그래서 기관이나 상황이 열악한 곳에 가서 커피 강의를 하곤 한다.

얼마 전에는 전교생이 40여 명인 야구 특성화 중학교에서 커피 수업을 했다. 야구를 하지 않는 몇몇 아이들이 커피 수업을 듣고 싶어 했는데, 강사료와 거리 때문에 강사를 구하지 못하던 담당 선생님이 페이스북을 통해 소소봄에 연락을 하셨다. 굽이굽이 산길을 건너 학교에 찾아가 아이들과 즐겁게 커피 공부를 했다. 다만 이렇게 강의를 할 때는 주변의 커피 가게에 피해가 가지 않도록 조심한다. '복지'라는 이름으로 강의료를 적게 받고, 그것을 홍보한다면 뜻하지 않게 다른 카페에 피해를 줄 수 있기 때문이다. 이외에도 주변 학교와 연계한 청소년 인문학 강좌나 복지관에서 진행하는 장애인 프로그램에도 참여하고 지역 축제에 부스로 내고 참가하기도 하는데, 모두 지역사회와 함께하고 싶은 마음 때문이다. 다른 카페에서 하지 않는 일을 우리가 맡고자 한다.

더 나아가, 주민과 주민을 엮어 이웃을 만들고, 지역사회와 주민을 엮어 공동체 만드는 역할을 하고 싶다.

나는 지역신문인 『양산시민신문』의 시민 기자로 매달 '마을 만들기'를 주제로 기사를 쓰고 있는데, 이것이 인연이 되어 2012년 양산시 복지박람회 때는 '마을 안의 복지 순환'이라는 프로젝트에 참여했다.

지역아동센터와 화훼 농장, 소소봄, 신문사가 함께한 이 프로젝트에서 화훼 농장과 소소봄은 재능을 기부하여 지역아동센터의 아이들에게 간단한 드립 커피와 다육 식물 화분 만들기를 교육하고, 아이들은 이렇게 배운 것을 지역 복지 박람회에 참여해서 주민들에게 나누어 주었으며, 신문사는 이러한 활동을 신문에 보도했다. 지역사회는 아이들에게, 아이들은 지역사회에 관심을 갖도록 거들어 서로 좋은 이웃이 되게 하는 게 목적이었다. 이러한 순환적인 체계가 건강한 공동체, 살기 좋은 마을을 만드는 데 이바지할 수 있다고 생각하기 때문이다.

'협동조합 소소봄'을 향해

"여기는 쿠폰 없나요?"

"테이크아웃 하는데 할인 안 해 줘요?"

우리 카페는 여느 카페와 조금 다르다. 보통 다른 카페에서는 음료를 구매하면 쿠폰에 스탬프를 찍어 주고, 테이크아웃을 하면 할인을 해 주지만 소소봄에는 이런 제도가 없다. 카페를 자주 찾는다고 더 많은 혜택을 주기보다 좋은 제품을 좋은 가격으로 누구나 누릴 수 있게 해야 마땅하다고 생각하기 때문이다. 작은 제품이라도 하나하나에 정성을 기울인다. 이런 마음이 통했는지, 카페를 연 지 만 2년이 지난 지금은 매출이 전년보다 50퍼센트 이상 성장했다. 우리 제품에 대한 신뢰, 카페 운영에 대한 믿음의 결과라 생각한다.

사실 우리 카페 말고도, 마을 공동체나 복지 기관에서 운영하는 카페가 전국에 많이 있다. 하지만 카페의 모양은 예쁘게 잘 갖추었으나 아쉽게도 운영이 잘되는 곳은 드물어 마을의 사랑방 역할을 하지 못하는 실정이다. 커피에 대한 전문성, 카페 운영에 대한 전문성이 부족하기 때문이다. 커피가 맛이 없고 카페 운영 철학이 부족하니, 정작 마을 사람들이 즐겨 찾지 않는다. 마을 카페 역시 사회적기업처럼 이윤과 사회적 가치를 동시에 추구해야 하는 어려움에 처해 있는 현실이다.

소소봄은 이런 마을 카페의 한계를 뛰어넘어 새로운 카페 사업을 향해 달려가고 있다. 커피가 맛있는 카페, 철학이 숨 쉬는 카페, 마을과 주민의 사랑방 역할을 할 수 있는 카페. 사회사업을 실천하며 카페 사업의 성장을 통해 마을 주민을 고용하는 일자리를 만들고, 마을에서 나는 제품으로 카페 제품을 만들고 판매하는 지역 시장을 형성하고, 마을의 다양한 문화를 소통하게 하여 마을을 살아 숨 쉬게 하는 공간. 바로 협동조합이다. 소소봄에서 일하는 직원들 역시 커피에 대한 철학부터 소소봄이 꿈꾸는 카페의 가치까지 모두 이해하고 응원한다.

마을 안에서 복지가 구체적으로 이루어지는 '협동조합 소소봄'. 이름만 불러도 가슴이 두근거린다. 마을 주민들이 가꾸어 가는 카페, 마을 주민들이 스스로 복지를 생산해 내는 카페, 마을 주민들이 지역을 변화시키는 카페. 그 안에 바로 사회복지사가 함께 있다. 이것이 바로 카페 사회사업이고, 이 일을 거드는 이가 카페 사회사업가이다.

카메라를 든 사회복지사
"레디~ 큐!"

| 이성종 |

대학에서 사회복지를 전공하고 한국사회복지사협회 홍보팀, 복지TV 등에서 일했다. KBS 제3라디오와 청주방송 리포터로도 활동했다. 지금은 공감하는 카메라 '복지영상'의 대표이자 휴먼 다큐멘터리 감독. 우리 사회복지 현장 이야기는 '다큐멘터리'와 많이 닮았다고 생각한다. 시간이 지날수록 가치가 올라가는 기록을 고민한다. 실무자 영상 교육, 기관의 미션에 맞는 영상 메시지, 다큐멘터리를 제작하고 있다.

"레디~ 큐!"

큐 사인이 떨어지자 뷰파인더 속의 사람들은 영화의 주인공이 된다. 요양보호사는 더 신이 나서 설거지를 하고, 화장실을 청소하고, 장애인이 휠체어에 앉는 걸 도와 함께 산책하고, 그동안 일하면서 있었던 일을 수다스럽게 이야기한다.

혼자 사는 할머니와 이야기를 나누다가, 8년 동안 노래 교실 다녔다는 말을 듣고는 즉흥적으로 노래를 청해 듣는다. 똑같은 리듬의 노래마다 먼저 돌아가신 할아버지에 대한 그리움이 담겨 있다. 안타까운 가사가 할머니 마음이랑 똑같은 걸 발견하고 뷰파인더를 적시며 울고 있는 내 모습을 발견한다.

추석날, 남들은 선물 들고 가족들과 고향으로 발길을 재촉하는 서울역에서 박스를 들고 오늘은 어디서 자야 하나 서성이는 노숙인을 보며 가슴 먹먹해하다가도, 고급 화장품 회사가 주최하는 크리스마스 바자회에서 '아이들을 돕자'는 영상을 기획해 상영하기도 하는 참 묘한 일을 하는 사람, 그게 바로 나다.

사회복지사의 눈으로 촬영하고 콘텐츠 기획

나는 '복지영상'이라는 영상 제작 업체를 운영한다. 주로 여러 사회복지 기관의 활동 현장을 촬영한다.

우리나라 사회복지 기관은 참 많은 일을 한다. 그 많은 사업의 예산은 정부에서 오기도 하고, 시민의 모금과 후원을 받기도 하고, 특정 공모 사업을 통해 지원받기도 한다. 그래서 이 예산을 의미 있고 효과적으로 잘 사용했는지 보고해야 하는데, 이때 문서나 사진도 좋지만 일이 이뤄지는 과정을 영상에 담아 보고하면 기관의 의도를 더 잘 설명할 수 있다. 나는 이런 일을 돕는다. 사실 복지 기관에서 일하는 사회복지사에게는 영상 제작이 낯설다. 그래서 전문 업체에 일을 맡기는데, 공익적 가치를 잘 담아 내지 못하는 경우가 많다. 이런 상황을 자주 보면서 사회복지사의 관점으로 영상을 만들면 어떨까 생각했다.

나는 대학 졸업 후 한국사회복지사협회에서 홍보 업무를 담당했다. 인터넷이 생소하던 시절, 당시 전국 사회복지 기관의 소식을 모아 다시 가공해서 널리 알리는 것이 내 역할이었다.(이때 방송국과 연결된 것이 훗날 매주 사회복지계의 소식을 전하는 계기가 되기도 했다.) 그러다가 〈오마이뉴스〉를 알게 되고 시민 기자 교육을 받으면서 막 생겨난 VJ라는 직업에도 관심을 갖게 되었다. 마침 〈VJ 특공대〉라는 방송 프로그램이 생겨나던 때였다. 나는 직장을 그만두고 방송아카데미에서 촬영을 배웠다. 방송아카데미를 졸업할 무렵 복지TV에서 일을 시작했으나 운영상의 어려움으로 얼마 못 가 흐지부지 그만두고 말았다. 그래서 2002년, 개인사업자로 촬영을 시작했다. '복지영상'은 그렇게 탄생했다.

지금은 영상 제작 대행뿐 아니라 각 기관의 실무자들이 직접 영상을 제작할 수 있게 기술적인 방법을 알려 주기도 하고, 기존 방송사가 사회복지 현장을 왜곡된 시선으로 바라보지 않도록 콘텐츠를 기획하고 진행하는 일도 하고 있다. 4년 동안 KBS 제3라디오의 현장 리포터로 활동했고, 얼마 전까지는 CJB청주방송에서 6개월간 매일 사회적기업을 소개하는 리포터 역할을 맡기도 했다.

한마디로 미디어라는 도구를 통해, 평범한 시민에게는 약자가 바로 우리 곁에서 함께 살아가는 이웃임을 알리고, 사회복지 현장에서 일하는 이들에게는 지금 하고 있는 일을 잘 설명하고 세워 주는 것이 내가 하는 역할이다.

카메라맨, 피디, 작가, 리포터… 1인 4역

〈1박 2일〉 같은 예능 프로그램에서 VJ들이 가지고 다니는 카메라를 들고 사회복지 현장을 다닌 지 벌써 12년이 되었다. 영화나 TV 드라마 만드는 현장을 생각하면 카메라 감독, 연출, 조명 기사, 오디오 기사 등 수많은 사람들이 힘을 모아 영상물을 만드는데 나는 혼자서 카메라맨, 피디, 작가의 역할을 한다.

:: 카메라맨, 피디, 작가, 여기다 때로는 리포터까지. 필자는 1인 4역을 해낸다. 촬영하는 현장의 특성상 카메라를 어색해하는 사람들이 많아 혼자 일하는 편이 수월하기 때문이다.

왜 혼자서 하느냐고? 내가 촬영하는 사회복지 현장에 있는 사람들은 대부분 카메라에 익숙지 않다. 그래서 장정들이 우르르 몰려와 카메라에 조명까지 들이대면 당황하고 부자연스러워지기 마련이다. 시간이 걸리더라도 익숙해지길 기다리려면 최대한 적은 인원으로 작업하는 게 낫다.

촬영은 아무나 하는 게 아닌데, 어려서부터 재능이 있었나 보다, 이렇게 생각한다면 오해다. 사실 내가 처음으로 카메라를 갖게 된 것은 대학 졸업 후 2년 정도 지나서였으니, 어려서부터 스마트폰으로 사진과 동영상을 찍는 요즘 세대보다 훨씬 뒤늦게 카메라를 접했다. 당시 〈VJ 특공대〉가 방송되는 것을 보면서 내가 공부하는 사회복지 분야도 영상을 통해 재미나게 이야기할 수 있겠다는 생각이 들어 방송아카데미에서 6개월 동안 방송카메라 촬영을 배웠다. 요즘엔 문화센터나 미디어센터 같은 곳이 많아 배우기도 쉽고 배우는 사람도 많다.

정신장애인들과 카메라로 첫 만남

"아이들과 약속했어요. 다시는 카메라 앞에 세우지 않겠다고. 이전에 방송국에서 와서 얼마나 마음을 아프게 했는지…."

공부방 선생님은 고개를 저었다. 내 이름을 걸고 나간 첫 촬영이었다. 방송되는 것도 아니고 사회복지사의 시선으로 촬영하겠다고 했지만 마찬가지였다. 방송국 사람들이 얼마나 밉던지. 대신 아이들과 잘 놀았다. 몇 번 찾아가서 놀고 여름 캠프도 같이 가다 보니 어느 순간 나는 카메라를 들고 아이들을 만나고 있었다. 캠프에서의 즐거운 모습을 편집해서 부모님들과 같이 보기도 했다. 문전박대당했던 카메라맨은 이제 한 식구가 되어 매년 아이들의 모습을 찍고 있다.

비슷한 시기에 정신장애인 이용 시설인 '태화샘솟는집'이라는 곳에도 촬영을 나갔는데, 카메라를 들이대기만 하면 즐겁게 웃던 사람들이 긴장하고 흩어져 버렸다. 거부당하는 카메라, 상대방을 불편하게 하는 카메라에 대해 고민을 많이 했고 방법을 바꿨다. 우선 만날 때마다 반갑게 인사를 하고 그들이 즐거워하는 모습을 틈나는 대로 사진에 담으면서 여러 날을 기다렸다. 어느 정도 사진이 모인 후에 모두가 식사하는 곳에 TV를 가져다 놓고, 한 명 한 명 즐겁게 웃는 얼굴을 담은 뮤직 비디오를 만들어서 상영했다.

"유리같이 맑은 아침처럼 이슬을 좋아하는 마음처럼 당신의 그 고운 눈을 사랑합니다. 랄랄 라랄라라 랄라라…."

TV에 환히 웃는 자기의 얼굴이 나오는 게 좋았는지 정신장애인 회원들은 며칠 동안 그 노래를 흥얼거렸고, 오랫동안 피하던 나와 카메라를 편하게 받아 주기 시작했다. 이렇게 몇 개월을 더 만나면서 회원들이 직접 출연하고 녹음까지 한 홍보 영상을 만들었다. 지금도 그 홍보 영상이 샘솟는집을 안내하는 역할을 하고 있다.

혹시 정신장애인과 대화를 나눠 본 적 있는가? 사회복지를 전공했기에 자원봉사도 많이 하고 현장도 많이 다녔지만 정신장애인을 만난 것은 나도 그때가 처음이었다. 두려움과 긴장이 앞섰다. 사회복지를 배운 사람조차 그들을 자주 만나지 못하는 현실이다 보니 왜곡된 선입견을 갖거나 자신의 시선과 행동이 그들을 불편하게 하는 줄 모르게 되는 것 같다. 가까이에서 자주 보고 만나게 되면 장애 인식 교육을 따로 할 필요가 없지 않을까. 그래서 영상으로나마 그들을 더 많이 접할 수 있도록 하는 것 역시 나의 역할이 아닐까 생각한다.

베트남 엄마, 요양사 아주머니들의 노래자랑을 찍다

2012년 7월, 청주에서 열린 충북 사회적기업 페스티벌. 나는 이 행사 중에서 '노래자랑'을 촬영하고 있다. 경연에 앞서 메이크업을 준비하는 참가자들에게 카메라를 들이댄다.

"오늘 처음 화장하는데요, 노래자랑 나가게 되어서 기뻐요. 우리 한국어 노래 좋아합니다. 예뻐요, 고향에 계신 엄마, 아빠에게 보여 주고 싶어요." 거울에게 누가 제일 예쁘냐고 묻는 동화 주인공처럼 자기 모습에 홀딱 반해 버린 젊은 엄마는 베트남 고향 생각이 자꾸 나는 모양이다.

:: 2012년 충북 사회적기업 페스티벌 노래자랑에 출연한 참가자들이 합숙하면서 노래는 물론 몸동작까지 열심히 배우고 있다.

"남한테 화장 받기는 몇 년 만에 처음이지? 어유, 그러고 보니 27년 전이네. 우리 아들이 스물일곱 살이니까." 남들 수발하는 것이 일이라 자기를 가꾸는 것은 화장 한 번 않던 요양보호사 어머니들은 모처럼 예쁘게 화장을 받으면서도 우스꽝스런 복장으로 무대 위에서 사람들의 스트레스를 날려 줄 생각을 하고 있다.

"저희들은 어르신들, 노인들, 장애인들 같은 불편한 분들 보살피는 직업을 갖고 있어요. 예전 말로는 간병, 요즘엔 요양보호사라고 해요. 여기 오신 분들은 휴먼케어의 팀장들이에요. 이런 사회적기업 페스티벌에서 한몫해야 한다 해서 4팀이 신청해서 1팀만 선정된 거예요. 오늘 집에 못 가고 1박을 하면서 뭘 할지 기대도 되고, 그래도 여러 사람에게 기쁨과 행복을 주기 위해서 한번 해 보려고 해요."

"할머니들이 한 번도 웨딩드레스를 입어 본 적이 없다고 하시는 거예요, 칠십팔십 평생. 이렇게 꾸며 주니까 좋은 걸 넘어서 감사해요. 사회적기업 페스티벌이 잔치보다는 일하는 사람 입장에서는 카타르시스가 돼요. 과정이 행복하네요." 충북 영동에서 포도주를 만들고 된장을 만드는 업체 '산마루'의 이원철 대표는 아내와 일하는 할머니들 모두에게 웨딩드레스를 입혀 놓고 무척 흐뭇해한다. 이 팀은 할머니들의 북장단에 맞춰 〈여행을 떠나요〉 노래를 부를 예정이다.

노래 경연만 하는 것이 아니라, 출연하는 사람들이 자신감 있게 무대에 오를 수 있도록 노래와 안무까지 훈련시키는 1박 2일 프로그램은 CJB 방송 이재선 PD의 아이디어에서 시작되었다. 그래서 이렇게 출연자들이 스튜디오에서 한껏 멋을 낼 수 있게 된 것이다.

앞으로 며칠 동안 세수를 하지 않겠다는 다짐을 들은 지 얼마 안 되었는데, 숙소인 청원군청소년수련관에 도착해 보니 다들 땀을 뻘뻘 흘리며 안무 선생님을 따라 팔을 휘젓고 발동작을 맞추느라 정신이 없다. 노래 지도를 하는 가수 유현 씨는 마이크를 잡는 손동작부터 발성까지 한 팀 한 팀 지도하고, 안무 지도를 하는 고향아 씨는 박자 감각부터 다시 손발을 맞춘다.

"우리 만남은 우연이 아니야. 이것은 우리의 바램 이었소~." 노래 가사처럼 진지하게 서로를 바라보다가 '이었소' 부분만 되면 서로의 머릿니를 잡아 주는 동작을 하라는 김현기 소장님의 재치 있는 레크레이션 진행 덕분인지 처음 만난 사람들은 어느새 서로를 감싸 안아 주고 실수하는 모습을 안타까워하며 1박 2일이 훌쩍 지나간다.

오늘만큼은 '주연'이 된 이웃들

드디어 페스티벌 첫날, 오전부터 비가 잔뜩 내린다. 실내 행사장에 있는 조그만 무대에서 풀어내기에는 성이 차지 않는 눈치인데, 다행히

:: 사회적기업 페스티벌 노래자랑에 참가한 젊은 베트남 출신 엄마들. 이런 이웃들이 주인공이 되는 현장을 촬영하는 것이 필자는 즐겁고 뿌듯하다.

오후 들어 날씨가 개이면서 야외무대에서 공연을 하게 되었다. 마지막 연습과 분장을 끝내고 각 공연마다 지적받았던 부분까지 완벽하게 소화해낸 출연 팀들의 공연을 본 뒤 하이라이트 공연을 기다리는데 아쉽게도 부슬부슬 비가 다시 내리기 시작한다. 급기야 관중석에 우산이 하나둘 펼쳐진다.

"내리는 비가 우리의 열정을 식힐 순 없습니다." 사회자의 재치 있는 진행과 참가자들의 열정적인 무대 덕분에 우산을 쓰고 있을지언정 자리를 지키는 관중의 환호가 섞여 공연장은 하나의 축제가 된다.

"메~아~리 소리가 들려오는 계곡 속의 흐르는 물 찾아 그곳으로 여행을 떠나요." 발음도 틀리고, 박자도 틀리고, 연습 땐 그렇게 불안하게 하던 이원철 대표가 진짜 무대에선 이승기로 변신해 완벽히 노래를 해낸다. 머리 위로 떨어지는 빗방울은 무대 효과가 되어 〈Raindrops Keep Falling On My Head〉 노래가 흘러나오는 영화 장면 같은 착각이 든다.

무대에서 열정을 다해 공연을 펼치듯 열심히 살아가는 사회적기업 사람들에게 이번 무대는 인생이라는 무대에서 주인공이 되어 보는 특별한 시간이었다. 닭 가공업체에서 근무하는 베트남 출신의 엄마들, 시골에서 유기농 포도 농사를 짓는 할머니들, 간병 서비스를 하던 아주머니들이 오늘은 결혼식의 주인공처럼 속눈썹을 길게 붙이고, 남이 해 주는 화장에 낯설어하며 거울 속의 자신을 바라본다. 이런 일의 기획을 돕고, 촬영하고, 편집하여 방송하는 일을 도울 때면 영상으로 사회사업 하는 내 일이 참 자랑스럽다.

나는야 사회복지 다큐멘터리 작가

요즘 나는 해외 촬영을 자주 다닌다. '코피온'이란 국제 구호 단체와 함께 스리랑카 활동 현장도 갔었고, 우리나라 노숙인의 해외 활동을 촬영하기 위해 필리핀도 다녀왔다. 중국 연변에 있는 공부방 활동도 촬영했고, 지금은 한국국제협력단(KOICA)와 함께 팔레스타인 청소년 미디어 교육을 준비하고 있다.

복지영상을 시작한 지 12년. 영상으로 현장의 생생한 이야기를 담고, 또 그 과정에서 시청자의 입맛에 맞게 현장을 편집하는 게 아니라 촬영 당사자의 입장에서 당사자의 이야기를 시청자에게 전하려고 꾸준히 노력해 왔다. 그 과정에서 가끔은 정말 힘들 때도 있었다. 일감이 하나도 안 들어와서 밥 해 먹을 쌀조차 없어 가까운 동료 선생님에게 쌀을 받아서 먹은 적도 있다. 그때는 아내와 두 아이 보기에 면목이 없었다. 하지만 뜻을 세우면 길이 보인다고 이렇게 열심히 활동하니 자연스럽게 내 가치를 인정받고 해외 현장을 담는 일도 함께하게 되었다.

해외 현장은 내게 또 다른 새로운 도전이다. 팔레스타인 청소년 미디어 교육을 준비하면서도 이를 놓지 않으려고 궁리한다. 내 활동의 목적은 청소년 미디어 교육이지만, 나 역시 사회복지사이다. 그러니 미디어 교육을 구실로 청소년들에게 꿈을 묻고 그 꿈을 향해 나아가는 걸음을 응원할 계획을 세우고 있다. 이것이 진정한 '영상 복지' 아닐까.

내가 만드는 영상이 우리 사회가 나와 다른 사람, 특히 약자나 배려가 필요한 사람에게 깊이 공감하고 인식을 바꾸는 데 도움이 된다면, 사회복지나 사람에 대한 서비스를 공부하는 사람들이 현장을 더 쉽게 이해하고 실수를 줄이는 데 보탬이 될 수 있다면, 그런 바람으로 더 나이를 먹더라도 이 일을 계속하고 싶다.

요즘은 나를 소개할 때 '사회복지 다큐멘터리 작가'라고 말한다. 내가 정말 하고 싶은 일은 사회복지 현장의 생생한 이야기를 대중에게 전하는 다큐멘터리를 만드는 것이다. 낮은 곳에서 묵묵히 살아가는 사람이 주인공인 다큐멘터리를 통해 다양한 이들이 함께 어울려 살아가는 모습을 보여 주고 싶다. 그래, 이렇게 살아가는 거지! 감동하며 살아가는 재미를 알게 하는 다큐멘터리를 꿈꾼다.

3500만 네티즌과 함께 꾸는
콩 한 알의 꿈

| 이경은 |

해피빈재단 기획운영팀에서 일하고 있다. '함께 꾸는 꿈은 현실이 된다'는 생각을 모토로 더 나은 세상을 꿈
꾸는 사람들과의 연대와 실천이 지속되고 확장되기를 소망한다. 지금은 온라인을 기반으로, 사람들이 사회
복지를 어딘가에 살고 있는 누군가의 이야기가 아닌, 지금 이 사회에 살고 있는 나의 이야기로 자연스럽게
접할 수 있는 지점을 만들어 가고 있다.

"저희에게 기적이 일어났어요! 이게 정말 꿈은 아니겠지요?"

전화기 너머로 벅찬 목소리가 들려왔다. 전라남도 시골 마을에서
공부방을 운영하는 아주머니 선생님이 말한 '기적'이란 우리 재단의 지
원을 통해 마을 아이들이 처음으로 살던 곳을 떠나 꿈꾸던 곳으로 여행
하게 된 일이었다. 선생님은 아이들에게 잊지 못할 겨울방학 추억을 만
들 수 있게 되었다며 기쁜 목소리로 전화를 했다.

당시 나는 어느 기업 재단에서 지역아동센터 선생님들에게 지원 내
용을 안내하는 일을 담당하고 있었는데 '기적'이라는 그 한 마디가 큰
위로가 되었다. 내가 하는 일이 누군가에게 기적을 줄 수 있구나 하는
생각에 가슴이 벅찼다. 쉬지 않고 울려 대는 전화와 반복되는 상담으로
몸과 마음이 지칠 때마다 그 선생님의 말씀이 떠올랐고 그 기억이 계속

일할 힘을 주었다.

기업 재단 워크숍에서 '새로운 사회복지' 발견

내가 하는 일이 이 세상을 더욱 더 나은 곳으로 만드는 데 보탬이 되는 일이었으면 좋겠다는, 막연하지만 나름의 결의로 사회복지학을 전공으로 선택했다. 하지만 실제 복지 현장에서 자원봉사를 하면서 학교에서 배우는 이론이 현실과 맞지 않는다는 것을 어렴풋하게 알게 됐다. 그러면서 사회복지사로서의 미래에 대한 작은 갈등이 생겼다. 아니 갈등이라기보다 두려움이라고 하는 게 더 맞을 것이다. 내가 사회복지사로 일하면 정말 사회를 더 나은 곳으로 만드는 데 도움이 될까? 대학에서 공부한 것으로 과연 그러한 일들을 해낼 수 있을까? 사회복지를 공부한 나에게 보이는 것이 다른 사람들에게도 보일까? 그렇다면 나만 노력한다고 이 세상이 더 나은 곳으로 변할 수 있을까?

그러던 중 우연히 한 비영리단체에서 실습을 하게 되었다. 자원봉사에 관해서 연구하고 자원봉사자들을 교육하는 단체였는데 내가 처음 맡은 일은 기업의 임직원 자원봉사 프로그램 개발을 위한 워크숍의 운영 보조였다. 그 경험은 나에게 충격으로 다가왔다. 대기업, 공익 단체, 복지 기관 등 다양한 분야에서 일하는 사람들이 자원봉사와 사회복지에 대해 눈을 빛내며 진지하게 이야기하고 토론하면서 어떻게 하면 이 세상이 보다 살기 좋은 곳으로 변할 수 있을지 각자의 자리에서 품은 생각을 공유했다.

이 짧은 워크숍이 내 안에 만들어져 있던 사회복지 활동의 경계를 확장하는 계기가 되었다. 내가 지금 일하고 있는 기업 재단과 온라인 기부 서비스처럼, 전통적 사회복지 현장이 아닌 곳에서의 사회복지사 역할에 대해 구체적으로 생각하기 시작한 게 바로 이때부터다.

사회의 여러 문제를 사회복지사, 혹은 시민 단체 활동가 혼자서 해결하고 변화를 만들어 나갈 수는 없다. 정부의 정책만으로, 대기업의 자본만으로 할 수 있는 것도 아니다. 사회의 변화를 꿈꾼다면 협력해야 한다. 각자 선 자리에서 다른 분야의 사람들과 함께하는 걸 생각해야 하고 그 중심에는 시민들이 있어야 한다. 일상을 성실히 살아가는 평범한 시민들의 관심과 참여가 있어야 변화는 구체적으로 만들어진다.

"혼자 꾸는 꿈은 꿈에 지나지 않지만, 모두 함께 꾸는 꿈은 현실이 된다."

짧은 문장이지만 지금 내가 맡은 일과 나아가 내 삶 전체에 중심이 되는 이야기이다. 누군가 세상을 보다 나은 곳으로 만들려고 할 때, 그 꿈을 함께 꾸고 있는 사람이 있음을 알게 하고, 그런 꿈을 꾸는 사람이 점점 늘어나게 돕는 일이 지금 사회복지사인 내가 네이버 해피빈재단에서 하고 있는 일이다. 학창 시절 품었던 세상의 변화를 위한 내 몫을 찾아가는 과정이다.

어려울 때 제일 먼저 생각나는 사람이 나라니!

대학원을 졸업한 뒤 나는 온라인을 통해 지역아동센터의 교육 사업을 돕는 한 기업 재단에 입사했다. 처음 맡은 일은 지역아동센터 선생님들이 전화로 지원과 관련된 문의를 하면 이를 안내하는 일이었다. 재

:: 2009년 8월, 소외된 아동과 청소년을 돕는 야외 행사장에서. 이 행사에서 모아진 책은 공부방 아이들에게 전달되었다.

단에서는 전국 방방곡곡 여러 현장을 지원했고 그래서 실제 얼굴을 맞대며 이야기하기보다 대체로 온라인이나 전화로 대화가 이뤄졌다. 재단의 대표번호를 담당하고 있던 나는 많은 시간을 컴퓨터 앞에서 전화와 함께 지냈다. 전국 1000여 개의 지역아동센터 선생님들과 매일 전화로 만나며 간접적으로 사회복지 현장을 경험했다.

재단에서 지역아동센터 아이들을 위해 진행했던 방학 중 캠프 프로그램, 진로 교육 프로그램, 기초 학습 능력 향상을 위한 프로그램 등은 많은 재원과 인력을 필요로 하는 사업이었다. 기업 재단에서 사업을 기획할 때에는 이처럼 꼭 필요하지만 사업의 규모와 안정적인 재정 지원에 대한 어려움으로 작은 단체에서는 선뜻 실행하지 못하는 영역인지를 고려하게 된다. 그 부분이 안정적인 자본을 가진 기업 재단에서 사회적인 가치를 가지고 진행해야 할 역할이 아닐까 생각한다.

어느 날 아침 일찍 한 선생님께서 사무실로 전화하셨다. 전화를 받자

다급한 목소리가 들려왔다. 그날 새벽 3시, 공부방에 오는 아이 중 한 명인 민수네 집에 불이 났는데 민수 어머니는 아무것도 챙기지 못하고 겨우 아이들만 데리고 집을 빠져 나와 지금 잠옷 차림으로 공부방에 와 있다고 하셨다. 야속한 불은 민수네 집 모든 것을 태워 버렸다.

"제일 처음 생각이 난 사람이 이경은 선생님이에요. 그래서 염치불구하고 아침 일찍 전화했어요. 민수네 집, 이제 어떻게 하면 좋을까요?"

나도 급히 재단에 상황을 설명하고 제안서를 작성하여 긴급 모금을 진행했다. 당장 필요한 생필품, 학용품, 옷가지를 마련했고 장학금도 지원했다. 시급한 일을 정신없이 끝내고 난 뒤 생각했다. 누군가 어려울 때에 나를 떠올려 주어 고마웠다. 가장 먼저 나를 생각해 주다니, 내가 하는 일의 가치를 다시 생각해 볼 수 있었다. 지금에 와서 생각해 보면 위의 사례와 같이 시급히 지원해야 할 때도 있지만 그것이 전부는 아니다. 기업의 후원은 마중물과 같다. 특히 대상자가 살아가는 관계망 속에서 후원과 도움이 이뤄지도록 도와야 한다. 물질이 부족한 이에게 모자란 물질을 후원하는 일이 아니라, 그 물질을 구실로 서로 돕고 나누게 하는 일이 사회 공헌의 핵심이라 생각한다.

이후 이런저런 사정으로 재단을 떠났지만, 지원 업무를 맡으면서 만나는 현장의 여러 선생님을 진심으로 대하려고 했던 경험은 매우 귀하다. 현장에서 직접 일하지 않고 사무실에서 간접적으로 일하면 공허할 수 있다. 그래서 더욱 현장에 있는 분과 소통할 때는 사무적인 관계를 넘어 진심을 담아 사업을 잘 이뤄 가기를 응원했다. 그리고 기업 재단의 입장에서 일을 진행하면서도 현장의 상황을 이해하려 했고, 정말 현장에 도움이 되는 지원이 뭘까를 생각했다. 그때의 경험이 이런 생각의 틀을 잡아 주는 계기가 되었다.

6000개 단체와 3500만 네티즌 연결해 모금

이후 온라인 모금을 통해 공부방 사업을 지원했던 재단에서의 경험을 이어 온라인 포털 사이트 네이버 내에서 '기부 커뮤니티 서비스'를 운영하는 해피빈재단에 입사했다. 이곳에서는 참 많은 단체와 관계하고 있다. 현재 약 6000개의 단체가 우리의 서비스를 통해 네티즌과 소통하며 모금 활동을 한다. 사회복지 기관을 비롯한 시민 단체, 사회적 기업, 협동조합 등 다양한 공익 단체들로서 하는 일은 달라도 모두 더 나은 세상을 꿈꾼다. 단체들은 저마다의 이야기를 온라인 공간에 글과 모금함으로 남긴다. 해피빈 서비스는 이러한 다양한 단체들의 활동을 네티즌들이 읽고 공감하고 나아가 참여하게 돕고 있다.

2010년 3월 일본에서 지진 관측 역사상 최악의 지진이 일어났다. 지진과 그로 인한 해일(쓰나미)로 많은 사람들이 죽거나 다쳤고, 살아남은 사람들도 자신의 터전을 잃어버렸다. 우리나라의 많은 국제 구호 단체들이 일본 현지에 지원단을 파견하여 당장의 생계를 지원했다. 해피빈에서도 긴급 이슈 모금을 진행하였다. 단 15일 동안 무려 6억 원이 넘는 돈이 모금되었다.

해피빈은 단순히 재단 구성원의 노력으로, 네이버라는 한 회사의 기금으로 운영이 되는 것이 아니다. 3500만 명의 네티즌이 바로 구체적인 변화를 만들어 가는 주체가 된다. '네이버'라는 포털 서비스 안에서 이뤄지는 일이니만큼 우리 활동에 접속할 수 있는 네티즌의 수는 어마어마하다. 여기서 내 역할은 이러한 많은 네티즌들에게 오프라인에서 사회문제 해결을 위해 활동하는 여러 단체의 사회 공익 콘텐츠, 즉 다양한 현장의 이야기를 전달하여 네티즌이 공감하고 나아가 구체적

:: 재단에는 블록을 가지고 놀 수 있는 공간이 있다. 왼쪽은 필자가 블록으로 만든 해피빈 로고. 오른쪽은 해피빈의 상징인 콩 인형과 함께. 콩 한 알은 귀하게 사용되는 100원이 된다.

행동으로 이어지게 하는 것이다.

해피빈에서는 일본 대지진과 같이 긴급한 지원이 필요한 사회적 이슈는 물론 잘 보이지 않는 이슈들도 네티즌들에게 알리는 노력을 한다. 주 5일 수업이 진행되면서 주말에 돌봄을 받지 못하는 아이들에 대한 문제, 영화 〈도가니〉를 통해 비로소 관심을 받게 된 장애인 인권에 대한 문제, 아이를 홀로 키우며 일하는 싱글맘의 자립에 대한 문제, 한국 사회에서 편견으로 더욱 설 자리를 잃어 가는 이주 노동자 문제 등. 평소에는 잘 보이지 않으나 분명 우리 사회 안에서 일어나고 있는 이슈를 네티즌들에게 알리고자 노력한다. 단순히 동정심으로 인한 참여가 아닌 사회적 연대를 기반으로 한 참여를 이끌어 내기 위해 다양한 현장의 이야기에 귀를 기울이는 것 역시 이곳에서의 나의 역할이다.

언젠가 지역사회에서 활동하는 한 작은 단체의 메일을 받았다. 지역의 청년들을 대상으로 대안적인 삶을 모색하고자 노력하는 다양한 사람들을 초청해 이야기를 듣는 행사를 준비하고 있었는데, 행사를 함께 진행할 청년 기획단을 모집하는 공지를 해피빈 서비스에 올렸더니 네티즌들의 신청이 쏟아졌다고 했다. 얼마 후 나는 그 행사에 갔다. 온라인을 통해서 모인 청년들은 훌륭하게 행사를 진행했고 그 결과까지 공유하며 마무리했다. 온라인이라는 제한된 공간에서 맺어진 단체와 네티즌의 관계가 오프라인 현장의 실질적인 참여로 이어질 수 있는 가능성을 그곳에서 확인할 수 있었다. 그리고 이렇게 삶 안에서 사회 현장을 접한 네티즌들이 다시 인터넷 블로그에서 그 경험을 다른 네티즌들과 나누는 과정도 지켜보았다. 이 일을 통해 내가 하는 일이 사회적으로 공익적인 가치를 순환시키고 사회적인 변화를 만들어 가는 과정에 일조할 수 있다는 확신을 갖게 되었다.

위기의 순간엔 초심·중심·진심을 되새긴다

이런 열정과 신념으로 일하다가도 가끔 갈등의 순간, 위기의 순간을 맞아 종종 멈추어 돌아볼 때가 있다. 그런 때면 세 가지 마음, '초짐·진심·중심'을 생각한다.

처음 내가 사회복지학을 공부했을 때의 마음, 처음 사회에 발을 딛고 실천 현장이 아닌 지원 현장을 선택했을 때의 각오, 처음 단체 실무자들을 만나 현장의 이야기를 듣고 가슴 벅차며 나의 역할에 다시 의미를 부여했던 다짐…. 사회복지사로 일하면서, 특히 실천 현장이 아닌 사무실에서 온라인을 통해 업무를 진행하는 기업 재단에 근무하는 나에게 이러한 초심을 상기하는 건 매우 중요한 일이다. 내가 왜 이 길로 나섰는지, 어디로 가려 하는지 생각한다. 그리고 그런 마음으로 처음 일을 시작했을 때의 설렘을 기억한다. 이 첫 마음이 내가 신나서 일하게 하는 원동력이 된다.

:: 필자와 함께 같은 꿈을 꾸고 있는 해피빈재단 동료들과 제주도로 워크숍을 갔을 때 모습. 재단 직원들뿐만 아니라 3500만 명에 달하는 네티즌 모두가 해피빈의 소중한 '콩알'이다.

현장에 나가 기업 재단에서 왔다고 하면 종종 불신의 눈길을 마주할 때가 있다. 기업에 대한 불신이 그대로 재단을 보는 시선에 투영되고, 돈을 지원하는 입장에서 우리가 횡포를 부린다고 생각하는 때도 적지 않다. 돈을 지원받는 입장에서는 지원 재단을 파트너라기보다 평가자로만을 여기는 듯하다. 이럴 때 진심이 있어야 한다. 기업이 지원할 대상자를 결정할 때는 흔히 '기업 전략'이라는 것이 포함될 수밖에 없다. 하지만 그것이 전부는 아니다. 비록 전략적인 지원일지라도 그 지원을 어떤 의도로, 어떤 이유로 진행하는지 대상자에게 설명하거나 묻는 '진심'이 전달되면 이야기가 달라진다. 그래서 더욱 전달하는 사람들의 태도와 자세가 중요하다.

온라인 서비스를 운영하다 보면 사회복지사로서 결정하기 어려운 주제를 만날 때가 종종 있다. 원치 않은 지원을 해야 할 때도 있고, 유기동물, 아픈 아동과 같이 네티즌들의 많은 관심과 모금을 이끌어 낼 수 있는 이슈에 치중한 모금을 진행해야 할 때도 있다. 이럴 때마다 '중심'이 필요하다. 온라인 서비스 운영자로 서비스의 활성화를 위해 해야 할 일과 사회복지사로서 품은 이상을 생각하며 어떻게 결정해야 할지, 또 내려진 결정을 어떻게 따를지 판단해야 한다. 온라인상에서 모금함의 노출 기준은 공정한지, 우리의 지원이 대상자의 인권을 침해하지는 않는지도 살펴야 한다. 즉 나의 실천을 이상과 철학, 그리고 방법에 들어맞게 하는지 생각해야 한다는 말이다. 그러기 위해 더욱 중심을 어디에 두고 있는지 살펴야 한다. 그 중심이 잘 잡혀 있다면 하고 싶지 않은 일을 진행할 때에도 그 맡겨진 상황 속에서 또 중심을 향한 방법을 찾아가게 된다.

많은 조직이 미션과 비전을 가지고 있지만, 정작 큰 결정 앞에서는 그러한 미션과 비전을 보지 못하고 결정하는 경우가 적지 않다. 항상 내가 있는 이곳이 우리 사회에서 어떠한 역할을 해야 하는지, 그러기 위해 나는 사회복지사로서 이곳에서 어떤 역할을 해야 하는지, 늘 중심을 잃지 않으려고 노력한다.

온라인 세상이 치열한 나의 현장

이런 마음으로 일하지만, 기업 재단에 일하면서 가장 힘든 것 역시 사회복지사로서의 정체성이 흔들릴 때이다.

안으로는, 내가 사회복지사로 해야 하거나 하고 싶은 일들이 기업 공헌의 관점에서는 그리 중요하게 받아들여지지 않는다는 생각이 들 때 특히 힘들다. 밖으로는, 사회복지 현장을 누비는 동료와 선배들을 보면서 나도 저렇게 실천해야 하는 건 아닌지 하는 불안함과 쾌적한 사무실에서 편안하게 근무하는 데 대한 미안함이 생길 때가 그렇다. 이것도 결국 이 현장에서 사회복지사답게 일하지 못한다는 생각에서 비롯됐을 것이다. 그래서 더욱 정체성을 생각한다. 지금 내가 어디에 있든, 어떤 일을 하든지, 바로 그곳이 나의 사회복지 현장이고, 어떤 일이든 사회복지사답게 하면 된다. 사회복지사답게 그 당사자와 함께 생각하고, 우리 사회가 함께 어울려 살게 도와야 한다.

사회복지학을 공부하면서 가장 의미 있었던 건 다른 학문을 공부했으면 눈에 들어오지 않았을 사회의 다른 쪽 모습이 눈에 들어오고, 그런 면을 보려고 노력하는 관점을 가지게 되었다는 것이다. 우리 사회의 관심 밖에 있던 이들에게 다가가 만나고 이야기하고 싶은 지금 내 모습을 만들어 준 사회복지학이 고맙다.

나아가 이런 배움을 다른 이들과도 나누고 싶다. 함께 살아가는 다른 사람들에게 관심 두고 다가가게 돕는 일이 바로 나의 역할이라고 생각한다. 세상일을 내 문제로 여기고 그래서 어떻게 풀지 함께 모여 궁리하게 돕는 일, 특히 지금은 온라인이라는 도구를 통해 이를 돕는 일이 나의 일이기에 감사하다. 앞으로도 내가 어디에 있든, 바로 그곳에서 사회복지사답게 실천해 나갈 것을 다짐한다.

최근 기업의 사회책임경영(CSR)이 화두가 되면서 사회공헌팀을 만드는 기업이 늘고 있다. 기업 사회공헌팀과 기업이 설립한 공익 재단은 모두 기업의 사회 공헌 활동을 담당한다는 공통점이 있으나 그 내용에는 차이가 있다.

먼저 기업 재단은 기업이 공익사업을 하기 위해 자산(돈, 부동산, 주식 등)을 출연해 만든 별도 법인이다. 반면 사회공헌팀은 회사 내 하나의 부서로, 기업 상황에 따라 사회공헌팀, 대외협력팀, 마케팅팀, 홍보팀 등 이름과 형태가 다양하다. 사업 내용과 방향성에도 차이가 있다. 기업 공익 재단은 고유의 '목적사업'을 가지고 있다. 이를테면 대표적인 장학 재단인 삼성꿈장학재단은 학술·장학 사업을 목적사업으로 하기 때문에 대부분의 사업이 장학 사업이며 사회복지나 문화·예술과 관련된 사업은 거의 하지 않는다. 또 독립된 법인이므로 사업의 독립성이 보장되고, 일반적으로 장기적인 사업이 많으며, 기업의 이익과 공익성을 함께 추구하려는 특징이 있다. 반면 기업 사회공헌팀은 사회 변화에 따른 다양한 사회 공헌 프로그램을 시도하는데, 재단에 비해 기업 이미지 홍보를 위한 이벤트성, 홍보성이 강한 사업이 많고 회사의 경영 실적에 따라 사회 공헌 활동이 위축되거나 확대되기도 한다.

직원의 처우나 분위기도 다르다. 기업 사회공헌팀은 기업 소속으로 연봉이나 복지 혜택이 다른 직원들과 동일하고 스트레스 또한 동일하게 받는다. 반면 기업 재단은 별도 법인이므로 연봉이나 복지 혜택은 모기업과 다를 수 있지만 관련 분야에 대한 전문성을 키울 수 있다는 장점이 있다. 소수이긴 하지만 예외적으로 공익 재단에서 모기업 사회공헌팀의 업무까지 맡아서 하는 경우도 있다.

출처: 다음 블로그 '어떻게 하면 기업 사회 공헌을 잘할 수 있을까?
(http://blog.daum.net/mryoopm)

이론과 현장을 아우르는
실천 학문의 전달자

| 김성천 |

중앙대학교 사회복지학과를 졸업한 뒤 같은 학교 대학원에서 박사 학위를 받고 현재 사회복지학과 교수로 재직 중이다. 주 연구 영역은 가족 복지, 사례 관리, 발달장애인 복지 등. 가족사회복지학회장, 사례관리학회 장을 맡았으며 중앙대 부설 종합사회복지관 관장과 단기가족치료센터장을 역임했다. 섬 사회사업과 광산 사 회사업에 함께해 부모 교육 자원 활동을 하고 있다.

"사회사업학과에 진학하는 게 어떻겠니?"

고등학교 2, 3학년 때, 남을 잘 배려하는 내 모습을 본 담임선생님 들은 마치 약속이라도 한 듯 당시에는 생소하던 '사회사업학과(현 사회 복지학과)' 진학을 권하셨다. 그것이 계기가 되어 나는 사회복지라는 학문을 깊이 알지 못한 채 1977년에 중앙대학교 사회복지학과에 입학 하였다.

그러나 학년이 올라가면서 내가 막연히 알고 있던 사회복지는 매우 한정된 영역에 지나지 않았음을 깨닫게 되었다. 사회복지학은 남을 돕 는 데 필요한 전문적 이론과 가치, 기술만이 아니라 기본적으로 모든 국민의 최저생활을 보장하기 위해 사회구조적 문제와 정책에도 지대한 관심을 갖는 멋진 학문이었다. 사회복지개론과 사회문제론 및 사회정책 과목을 수강하면서 나는 한국 사회문제의 구조적 원인과 대책에 대해 사회학적으로 고민할 수 있었다. 또 의사가 환자를 치료하듯이 사회복지사가 어려움에 처한 개인과 가족 및 지역사회를 지원하면서 변화를 도모하는 사회복지실천 등의 과목을 통해서는 심리학, 철학, 윤리학 및 생태체계학 등을 흥미롭게 접했다.

고등학교 담임선생님이 말씀하시던 사회복지(남을 돕는 이론과 기술)와 내가 꿈꾸는 사회복지(사회변화)가 이렇게 하나가 되어 매력적인 학문으로 다가왔다.

복지관장으로 센터장으로⋯ 현장 이해는 기본

사회복지학은 응용 학문으로 경영학이나 의학처럼 인간과 사회의 선(善)을 위하여 실생활에서 활용할 수 있는 지식과 가치 및 실천 방법을 다룬다. 그래서 사회복지학을 전공한 학자들은 대부분 실제 현장을 제대로 이해하기 위한 노력을 아끼지 않는다. 그렇지 않으면 사회복지학 본연의 가치와 목적을 달성하기 어렵고 힘 있는 연구가 이루어질 수 없기 때문이다.

따라서 사회복지학 교수들은 대부분 활발한 연구 활동과 함께 실천 활동도 적극적으로 행한다. 예를 들어, 정책을 전공한 교수들은 입법 및 국가와 민간의 사회복지 관련 정책 형성에 다양한 자문을 제공하고, 실천을 전공한 교수들은 지역사회 운동에서부터 프로그램의 기획 및 개별 맞춤형 서비스의 관리·제공에도 관여하고, 현장에서 일하는 사회복지사들에게 교육과 슈퍼비전을 제공한다.

나 역시 중앙대학교 교수로 재직하면서 대학 부설 종합사회복지관 장과 해결중심 단기가족치료센터장을 병행했고, 보건복지부와 서울시청, 그리고 다양한 민간 기관의 자문 활동을 하고 있다. 특히 중앙대 부설 종합사회복지관 관장으로 재직하던 시기에 장애 아동 집단 활동 프로그램을 통해 만났던 장애 아동과 부모들, 그리고 외환 위기로 어려움을 겪던 노숙인과의 만남은 잊지 못할 기억으로 자리 잡고 있다.

중앙대 부설 종합사회복지관은 장애 아동을 위한 지역 기반의 조기교육 프로그램을 앞서 시행하여 좋은 평가를 받았고, 타 지역의 벤치마킹 대상이 되기도 했다. 요즈음에야 장애 아동과 비장애 아동이 함께하는 프로그램이 많지만, 2000년도 초반까지만 해도 그렇지 못했다. 당시 중앙대 부설 사회복지관에서는 집단 활동 프로그램에 7명 정도의 장애 아동들이 참여했는데, 교실 안에서만 활동하는 것이 아이들에게 답답하게 느껴질 것 같았다. 이에 사회복지사 선생님들과 상의하여 장애와 비장애 아동의 통합 프로그램을 추진했다. 사회복지사와 평소 친분이 있던 과천의 한 어린이집 원장님께 도움을 요청해 그 어린이집 아이들과 통합 프로그램을 실시하게 되었다. 초기에는 장애 아이들을 어렵게 느끼던 비장애 아이들은 시간이 지나면서 달라졌다. 뒷산에 오를 때나 전통 놀이를 할 때, 자연스럽게 장애 친구의 손을 잡고 놀이에 참여하게 되었다. 장애 아동들과 함께하는 프로그램을 통해 아이들의 인내심과 협동심이 커진 것 같다며 부모님들도 긍정적인 의견을 주었다.

또 노숙인들과 함께하는 집단 상담 프로그램은 고정관념에서 탈피하여 그들의 강점을 끌어내고 확인하는 것이 얼마나 중요한지를 깨닫게 해 주었다. 사회복지사는 '모두에게 그럴 만한 사정이 있을 것'이라는 가정하에 사람들을 만난다. 따라서 문제 상황을 변화시키는 데에 더

:: 2012년 11월 23일, 제주종합사회관 주최로 열린 사례 관리 전문화 교육에서 필자가 강의하는 모습. 학계와 현장 모두를 경험할 수 있는 게 사회복지학과 교수의 장점이다.

초점을 둔다. 이런 생각으로 환경적 문제를 개선하도록 지원하면서, 노숙인들의 문제에 초점을 두기보다 강점을 찾아냄으로써 힘을 내고 변화하는 모습을 지켜보는 일은 실천적으로나 학문적으로 큰 보람으로 다가왔다.

나는 이러한 현장 활동이 학생들의 교육과 연구 활동에 매우 귀한 자료가 될뿐더러 사회복지학이 응용 학문으로서 갖는 실천적 정체성을 보여 주는 활동이라고 자부한다. 마치 의과대학의 교수들이 종합병원에서 환자들을 진료하고 이에 대한 임상 결과를 보고하듯이, 사회복지학 교수들은 실천 현장에서 일하는 사회복지사와 클라이언트(서비스 이용자)를 대상으로 한 활동에 기반하여 학문적 성과와 교육적 효율을 높이는 연결 고리라고 볼 수 있다. 예를 들어 나와 사회복지사가 진행한 상담 혹은 개입 활동이 클라이언트의 삶에 어떤 영향을 미쳤는지를 제대로 규명하는 것은 사회복지학이 발전하는 데도 기여할 뿐만 아니

라 이를 통해 많은 사람들이 긍정적으로 변화할 수 있으며 학생들에게
는 훌륭한 교육 자료가 될 수 있다.

사회복지 60년, 한국을 넘어 세계로

한국의 사회복지는 1950년대 한국전쟁 당시 외국의 원조 기관이 주
력했던 사업에 뿌리를 두고 있다. 1952년 7개 기관이 중심이 되었던 외
국민간원조단체한국연합회(Korean Association of Voluntary
Agencies: KAVA)가 1964년에 70여 개로 증가하면서 미국식 전문 사
회사업의 실천 방법과 관련 이론이 소개되었다. 1956년에는 이화여대
에 대학 부설 사회복지관이 최초로 만들어졌고 개인에 의한 민간 사회
복지관도 설립되었다.

그로부터 50여 년이 지난 지금, 한국은 도움을 받던 국가에서 도움
을 주는 국가로 성장하였다. 다수의 한국 NGO가 아프리카와 동남아시
아 국가에서 활발한 국제 사회복지 서비스 활동을 펼치고 있다. 많은
사람들이 월드비전과 어린이재단, 굿네이버스의 활동에 대해 들어 본
적이 있을 것이다. 한국의 사회복지 단체는 이제 더 이상 국내에 머물
지 않고 더 넓은 세계로 나가 지구 공동체 실현을 위해 활동하고 있다.

학계의 역사를 보자면, 1947년 국내 최초로 이화여대에 사회사업학
과가 설립되었고 이후 강남대와 중앙대를 필두로 다수의 대학에서 사
회사업학과가 만들어졌다. 미국 등으로 유학을 떠났던 다수의 학자들
이 모국으로 돌아와 교수가 되었다. 이들에게 배운 후학들은 청출어람
의 자세로 한국적 토양과 문화에 맞는 이론을 보고하여 사회복지 학계

와 실천 현장에 모두 영향을 주며 진화했다. 이제는 학문과 실천 활동 모두에서 사회복지학을 전공한 인재들이 중국과 동남아시아 등에 한국 사회복지 모델을 전파하며 더 넓은 세상으로 진출하고 있다. 과거의 경험을 기반으로 한 한국의 성공적인 실천 모델은 외국을 원조하는 데 적용될 수 있을 뿐만 아니라 학문으로서의 사회복지학을 발전시키는 데도 기여하고 있다.

저술, 연구, 논문 지도… 방학이 더 바쁘다

사회복지학과 교수가 되려면 기본적으로 박사 학위를 따야 하며 연구 및 교육 능력을 갖추어야 한다. 현재 우리나라에서 사회복지 관련 학과가 있는 대학(대학원 포함)은 200개가 넘어 교수가 될 기회가 적지 않다. 반면 지원자도 그만큼 많기 때문에 자격을 갖추어도 교수가 되기는 쉽지 않다. 대학을 졸업한 후에도 평균 6~10년 동안 대학원 과정을 이수해야 하고, 그 뒤로도 시간 강사와 연구원 생활을 하기 때문에 대학 졸업 후 바로 취업하는 학생들에 비해 평균 10년 정도의 시간과 노력을 더 투자해야 한다.

게다가 대학교수는 이제 결코 편한 직업이 아니다. 교수는 방학과 안식년이 있어서 축복받은 직업이라고 생각하는 사람들이 많은데, 실제로는 방학이 학기보다 더 바쁘다. 학기 중에는 수업 때문에 할 수 없었던 밀린 연구와 저술, 논문 지도 등을 대부분 방학에 몰아서 하기 때문이다.

또 잘 가르치고 연구하는 일은 늘 진행형이기 때문에 퇴근 후에도 일에서 해방되지 못하는 경우가 많다. 학생들의 강의 평가가 갈수록 세세해지고 그 결과가 전부 공개되기 때문에 강의에 대한 부담이 해가 갈수록 커지는 것도 현실이다. 더욱이 대학 평가가 치열해지면서 대학마다 교수의 연구 업적 기준을 매년 상향 조정하고 있는 형편이라, 시간이 흐를수록 여유가 없어지고 스트레스가 심한 직종으로 변하는 추세다. 과거처럼 교수 휴게실에서 바둑을 두는 모습이나 교수들이 같이 모여 식사를 하는 풍경은 더 이상 찾기 어려워 쓸쓸할 정도다.

타 학과보다 끈끈한 사제 관계

반면 후학들을 양성하는 보람이 크고, 자신이 원하는 분야를 구속받지 않고 자유롭게 연구할 수 있다는 장점이 있다. 특히 사회복지학과 교수들은 연구와 실천을 통해 사회문제의 해결과 휴먼 서비스의 개선에 직접 참여하는 경우가 많아서 생활 속 실천 학문으로서의 보람을 체감할 수 있다는 매력이 있다. 즉 본인의 열정만 뒷받침된다면 정책의 형성과 법의 개정, 서비스 전달 체계의 개선 등 투입한 만큼 실제 결과물을 보는 보람을 맛볼 장이 많다.

또 제자들과 함께 연구와 실천 및 봉사를 수행할 기회가 많아서 타 분야에 비해 사제 관계가 더 돈독한 편이다. 대학에서는 학생들의 독립성이 기본이 되기 때문에 중고등학교와 달리 사제 관계가 소원하고 형식적일 수 있다. 교수는 강의와 연구를 잘하면 되고, 학생 역시 교수에게 인생의 멘토보다는 학문적인 멘토 역할을 기대한다. 그러나 내 경험을 보자면, 학문의 성격상 사회복지를 전공하는 학생과 교수의 관계는

:: 매년 여름·겨울방학이면 사회복지학과 학생들은 전라남도 완도군에 있는 '생일도'에 찾아가 실습 및 자원 활동을 펼친다. 필자도 함께 찾아가 부모들을 만나고 학생들과 돈독한 사제 간의 정을 나눈다.

형식적인 사제 관계 이상으로 발전하는 경우가 많다. 사회복지 전공 학생들은 자원봉사 활동과 사회복지 현장 실습에 적극적으로 참여하면서 자신들의 진로를 탐색하게 된다. 그래서 자원봉사 기관이나 현장 실습 기관 혹은 참여하고 싶은 활동 프로그램이 있을 경우 스스럼없이 교수 연구실의 문을 두드린다.

내게도 그렇게 기억에 남는 제자들이 참 많다. 실습 기관을 방문한 날 보고 반갑다고 울음까지 터뜨리던 제자, 오지의 섬 사회사업 활동에서 며칠 밤낮을 동고동락하여 10년지기가 된 제자들, 10년 넘게 꾸려온 학부생 스터디 활동에 참여해 돈독한 정을 나누었던 제자…. 이런 제자들은 졸업하고 몇 년이 지나도 고향이자 친정처럼 나의 연구실을 찾아와 이야기꽃을 피운다.

매년 방학이면 낙도 찾아 학생들과 봉사 활동

방학이면 나는 전라남도 완도군에 있는 '생일도'라는 낙도를 찾아 섬 사회사업을 돕는다. 이 사업은 사회복지를 전공하는 학생들이 매해 여름과 겨울방학에 섬 아이들 및 부모들과 함께 소중한 시간을 보내면서 지역의 자생력을 북돋게 돕는 활동이다. 나 역시 매해 방학마다 찾아가 주민들을 만나고, 실습이나 자원봉사 활동을 하는 학생들과 시간을 보내곤 한다. 딱딱한 학교 공간과 달리 상쾌한 바다의 내음과 신선한 공기, 따뜻한 인심이 넘치는 생일도에서 맞는 시간은 학생들과 돈독한 사제 간의 정을 나누기에 그지없이 좋은 곳이다. 사회복지학도를 꿈꾸는 사람이라면 대학 진학 후 꼭 이 활동을 경험해 보기를 추천한다.

끝으로, 미래의 진로를 결정하는 데 가장 중요한 것은 무엇보다도 자신에게 의미가 있고 재미있는 것을 선택해야 한다는 점이다. 자신의 관심 분야에 대해 공부하고 연구하는 것이 즐겁고, 학생들을 가르치는 일을 좋아하며, 어려운 이웃들과 서로 나누고 살아가는 사회에 가치를 두는 사람이라면 사회복지 교수라는 직업에 도전할 재원이 될 수 있다.

22년 한길로,
뚜벅뚜벅 천천히

| 배영길 |

충남대학교에서 국어국문학을 전공하고 대전대학교에서 사회복지학 석사와 박사 과정을 수료했다. 대전 중촌사회복지관을 거쳐 현재 한국생명의전화 대전지부 생명종합사회복지관에 20년째 재직 중. 2013년 1월에 관장으로 임명되어 좌충우돌의 나날을 보내고 있다.

"아직도 공사 안하고 뭐하는 거여. 이러다가 장마 오겄어."

무장애 마을 만들기 회원인 하 씨 아저씨가 전동휠체어로 앞을 가로막으며 농담하듯 타박을 한다.

"설마 하니 장마 때까지 못 끝내겠어요."

"배 관장, 오늘 ○○이 보면 그냥 피해 다녀. 아침부터 술 한 잔 했나 봐."

"아주머니가 아직 안 돌아왔나 보네요."

동네 사랑방인 사회복지관은 아침부터 시끌벅적하다. 저마다 한 사연씩 가슴에 품고 살아가는 사람들이 밤사이 있었던 일들을 나누고 있다. 편안하게 오가는 이야기 속에서 지난밤 풀렸던 긴장이 다시 조여지며 나의 하루가 시작된다.

생명종합사회복지관에 20년째 출근하고 있지만 요사이 부쩍 설레는 마음과 더 무거워진 책임감이 내 어깨를 누르고 있다. 올해 초, 사회복지관 근무 22년 만에 늦깎이 관장으로 취임한 것과 무관하지 않을 듯하다. 사실 나의 승진은 지역사회에서 작은 화제가 되었다. 이렇게 오랜 기간 실무자 생활을 거쳐 기관장이 된 경우가 많지 않을뿐더러 그런만큼 더 잘해 줄 것이라는 기대감도 작용했을 것이다.

후배와 봉사자 격려하고 수시로 찾아오는 민원인까지 응대

사회복지관 관장의 하루는 바쁘다. 일주일 중 가장 바쁜 월요일에는 직원들의 주간 일정을 공유하고 조정하는 회의로 시작한다. 전 직원이 모일 때도 있지만 대개는 팀장회의를 통해 주간 일정을 살핀다. 이때 단순히 보고를 받고 결정하는 것이 아니라 지역사회와 지방정부 및 기관과의 관계 등 세심한 부분까지 고려해야 한다.

보통 아침 시간에는 결재를 하는데 이 시간은 일선 사회복지사와 대화하는 소중한 시간이다. 개인별 과업의 진행 정도를 확인하고 그에 맞는 슈퍼비전(지도)을 주는 것은 슈퍼바이저인 관장의 의무. 가급적 행정 책임자보다는 사회복지사 선배로서 최대한 편안하게 이야기를 나누려고 한다. 휴먼서비스는 격의 없는 토론을 통해서 발전하기 때문이다. 한편으로 이 시간은 지친 사회복지사를 격려하고 달래는 '치유'의 시간이기도 하다. 업무량과 스트레스가 많은 직업 특성상 대부분의 사회복지사는 '소진(burn out)'을 경험하기 마련이라, 이렇게 둘이 마주하는 짧은 시간을 통해 소진의 메시지를 발견하고 예방하는 기회를 갖는다. 특히 폭력적 행동을 반복하거나 지나친 요구로 사회복지사를 무력하게 만드는 클라이언트가 있다면 사회복지사 개인이 해결하기는 어렵다. 이럴 때 관장의 지지와 관심은 일선 사회복지사에게 크나큰 위안이 된다.

결재가 끝나면 사회복지관을 한 바퀴 돈다. 빠지지 않고 들르는 곳은 식당이다. 어르신들의 점심을 준비하는 봉사자들을 만나서 애로 사항을 듣고 해결해 주는 것이다. 몇 해 전, 혹서기를 대비해 얼음조끼와 장화 말리는 기계를 마련했는데, 지금도 봉사자들 사이에서 칭찬이 자자하다. 더불어 봉사자들에 대한 관심과 감사의 마음도 표현한다. "김 집사님, 지난번에 양말이 다 젖었었는데 괜찮으셨어요?", "오 회장님, 지난주에 육개장이 맛있다고 할머니들이 난리가 났어요." 사전 조사를 해서라도 구체적으로 마음을 표현하면 봉사자들은 큰 감동을 받는다. 그러려면 일상적인 만남 속에서도 세심한 관심을 갖고 살펴야 한다.

이외에 수시로 찾아오는 민원인들을 만나는 일도 빼놓을 수 없는 중요한 업무. 민원인들은 실무자와 상담하는 것보다는 기관장인 관장과 면담하는 것을 선호한다. 그 편이 더 효과적이라고 생각하기 때문이다. 한시가 아쉬운 형편이지만 주민을 만나는 소중한 기회로 삼자고 생각한다.

회의는 다른 기관과 네트워크 강화할 기회

오후에는 주로 회의에 참석한다. 사회복지관 관장에게 회의는 회의적이리만치 많다. 그래서 가능하면 꼭 필요한 회의만 선별해서 참석하려고 한다. 대부분의 사회복지관은 정부 기관과 다른 사회복지 기관의 거점 역할을 요구받는데, 이때 회의를 통해 각 기관의 역할을 조정하게 된다. 특히 같은 지역 유관 기관과의 일상적인 네트워크는 사회복지관의 운영 방식에도 커다란 영향을 미친다. 경쟁적 관계가 협력적 관계로 변할 수 있기 때문이다. '판암사랑하자!네트워크'가 대표적인 사례다.

2007년, 관내에 지역아동센터가 생기면서 우리 복지관이 누리던 독점적 지위가 흔들리게 되었다. 복지관 이용 아동이 급격히 줄면서 운영비에 커다란 도움이 되었던 회비 역시 급감했고 제반 시설들도 쓸모없어졌다. 보다 많이 홍보하고 우수한 시설을 갖추면 떠났던 아이들이 돌아올 것으로 판단했다. 그러나 해법은 경쟁이 아니라 협력이었다. 이용 아동의 부모를 통해 이를 깨달은 뒤 여러 기관이 서로 머리를 맞댔다. 이렇게 해서 탄생한 것이 '판암사랑하자!네트워크'다. 공동 캠프는 물론이고 강사의 교류, 통합적 사례 관리 등 든든한 동역자가 되어 동네의 일을 함께 고민하고 있다. 어디를 이용하는 것으로 구분되는 것이 아니라 필요에 따라 이용하고 함께 연대하여 문제를 해결하는 작은 울타리가 만들어진 것이다. 벌써 7년이 되었다. 이러한 네트워크 회의는 격식이 없어 점심시간에 수시로 만나는 등 일상적으로 이루어지기도 한다. 기관장보다 실무자들의 만남이 활발하고, 만나면 재미있다.

반면 재미있지는 않지만 참석하지 않으면 안 되는 회의도 있다. 지방자치제가 실시되면서 민관 협력을 통해 지역 복지 계획을 수립하는 회의가 많아졌다. 이런 회의는 준비도 많이 해야 하고 긴장도 되지만, 복지관의 예산이나 사업에 미치는 영향이 크고 논의 과정을 통해 민관 파트너십의 기초가 만들어지기 때문에 관심을 갖고 참석한다. 가능하면 민간의 의견을 올바르게 대변해 '쓴소리'를 하려고 애쓴다.

이외에도 나는 탈북 주민의 정착을 돕는 대전하나센터의 기관장도 겸하고 있는 터라, 다른 복지관 관장들보다 일이 더 많은 편이다. 그러다 보니 정말 눈 깜짝할 새에 하루가 지나간다.

"관장님, 예산이 부족해요." 사업비 따내랴 후원금 모금하랴 동분서주

기관장이지만 사무실에 앉아 폼 나게 결재나 하고 있을 거란 상상은 금물이다. 사회복지관 관장은 거의 매일 '돈'과 씨름하며 뛰어다닌다. 사회복지관의 예산은 대부분 정부 보조금과 후원금, 그리고 위탁 법인이 부담하는 법인전입금으로 구성되어 있는데 늘 부족한 게 현실이다. 이 중 제일 큰 비중을 차지하는 부분은 정부 보조금인데 인상률이 적은 데다 최저 기준으로 결정되기에 어려움이 크다. 그런 의미에서 주무 관청과의 협력 관계가 무척이나 중요하다. 주무 관청 담당자를 얼마만큼 설득하느냐에 따라 정부 보조금 액수가 달라질 수 있기 때문이다.

하나센터의 경우 처음에는 인건비 외에 사업비가 전혀 없던 상황이었는데, 시의원을 만나고 구청 담당 계장을 찾아가 이 예산이 얼마나 현실성이 없는지를 설득해 4000여 만 원을 지원받았다. 또 장애인들이 직접 무장애 마을 만들기에 앞장서는 '오아시스 평가단'의 경우에는 3년 동안 지역의 문제를 조사한 뒤 구의원들을 초청해 그 결과를 발표하여 마음을 움직였다. 지금 복지관에서는 점자블록과 장애인용 화장실 등을 설치하는 공사를 하고 있다.

사실 이보다 힘든 게 민간 영역의 후원금을 확보하는 일이다. 관장은 지역사회에서 후원해 줄 개인이나 기관을 찾아 후원의 필요성을 설

:: 무장애 마을 만들기를 위한 '오아시스 평가단' 모임에서 장애인 인식 개선 설명회를 갖는 필자의 모습.

명하고 동참하도록 만들어야 한다. 이는 관장 개인에 따라, 위탁 법인의 특성에 따라 다양하게 나타난다. 우리 복지관 같은 경우 한국생명의전화가 기독교 재단이기 때문에 교회 후원을 많이 받는 편이다. 또 비빔밥을 만들어 파는 '나눔밥상' 같은 사업을 통해 후원금을 마련하기도 한다. 이때는 후원 활동이 구걸 행위가 되지 않도록 하는 것이 중요하다. 후원이 필요한 곳이 어떤 곳인지 정확히 알고 후원의 의미를 잘 전달해야 한다. 또 후원을 매개로 만나는 지역 주민과 기관을 통해 후원금 전달만이 아니라 사회복지 네트워크가 구축될 수 있는 계기로 삼아야 한다.

이런 의미에서 최근 사회복지사들에게 요구되는 것 중 하나가 프로그램 기획 능력이다. 외부 공모 사업을 통해 더 많은 예산을 획득할 수 있는데 공모에 선정되려면 프로그램 기획 능력이 뛰어나야 하기 때문이다. 이때는 사업의 자생성, 지속 가능성을 더불어 생각한다. 단순히 성과 위주의 사업만을 기획해서는 오래 갈 수가 없다. 그래서 직원들에

게도 지역사회에서 지속적으로 뿌리를 내릴 수 있는 사업, 지원 보조가
끝난 후에도 계속 활성화될 수 있는 사업을 기획하자고 독려한다.

"생명사회복지관 출신은 다르다" 칭찬에 뿌듯

고집 있는 관장. 고집 있는 복지관. 나와 우리 복지관은 그렇게 소
문이 나 있다. 처음에는 '까탈스럽다'거나 '잘난 척한다'로 이해되었지
만 이제는 관장의 스타일 또는 기관의 특성으로 굳어지는 것 같다. 가
장 대표적인 것이 실습이다.

복지관에서는 사회복지학과 학생들을 대상으로 실습을 진행하는
데, 보통은 3주 동안 한다. 그러나 우리 복지관은 5주에 걸쳐, 그것도
심화 실습으로 '독하게' 진행하고 있다. 실습생을 선발할 때 면접을 하
기도 한다. 10년 넘게 이러한 원칙을 지켜 왔지만 그래도 매해 실습마
다 지원자가 넘쳐 나는 것은 감사한 일이다. 실습생을 받아 보면 본인
이 원하는 현장인지 아닌지에 따라 그 차이가 대단히 크다. 실습에 임
하는 태도는 물론이고 현장을 위해 준비된 정도까지 확인할 수 있다.
실습 과정에서 이미 다른 직원들에 의해 검증이 이루어지는 셈인데 실
제로 지금 복지관에서 일하는 직원의 절반이 이렇게 실습생으로 처음
인연을 맺었다.

투명한 공개 채용 역시 우리 복지관의 유명한 고집 중 하나이다. 공
개 채용은 위탁 법인인 한국생명의전화의 전통이기는 하지만 전임관장
부터 더욱 굳건해졌다. 온갖 청탁에도 공개 채용의 원칙을 지키는 것은
직원들과 관장의 관계를 떳떳하게 만들어 준다. 나를 비롯한 복지관 직

:: 신입 직원 역량 강화 교육에서 제안서 작성에 대한 특강을 진행하고 있다.

원 모두 이 원칙에 큰 자부심을 갖고 있다. 그런 만큼 자원봉사 시간 관리 등 왜곡되기 쉬운 행정적 원칙을 준수하는 것을 당연하게 여긴다. 물론 채용 과정 역시 만만치 않다. 시험은 기본이고 면접에서 난상토론을 시키기도 하고 과업도 주어 본다. 때로는 아쉽게 떨어진 지원자를 다른 기관에 추천하는 경우도 있다. 까다로운 채용 절차 탓인지, 아니면 임대 아파트 밀집 지역의 특성상 '빡세게' 일하기 때문인지, 생명사회복지관 출신이 일 못한다는 소리는 여태껏 한 번도 들은 적이 없다.

꿈만 꾸지 말고 직접 현장에 와서 준비하라

"왜 사회복지사가 되려 하는가?" 사회복지사를 꿈꾸는 학생들에게 이렇게 물으면 나름의 근거로 사회복지사가 되고 싶은 이유를 설명한다.

"어떤 일을 하는 사회복지사가 되고 싶은가?" 이번에는 뚜렷하게 대답하는 수가 줄어든다.

"그 하고 싶은 일을 위해 지금 무엇을 하고 있는가?" 이 질문에는 대부분이 대답하지 못한다.

가끔씩 특강을 가서 사회복지학과 학생들을 만나면 놀랄 때가 있다. 그냥 사회복지사가 아니라 구체적인 현장을 준비하는 탄탄하고 야무진 예비 사회복지사를 만나기가 쉽지 않다. 목적 없는 자격증을 훈장처럼 다는 것이 아니라, 꿈꾸던 현장을 방문해 보고 선배 사회복지사에게 길을 묻는 모습도 흔하지 않다. 우리 복지관처럼 어렵고 힘든 실습기관을 선택하는 예비 사회복지사들은 기특하기까지 하다. 사회복지사를 꿈꾸는 젊은이들에게 몇 가지 당부를 들려주고 싶다.

'사회복지'는 사람에 대한 이해를 전제로 한다. 그리고 그 이해의 출발은 자신을 이해하는 것이다. 클라이언트의 갈등, 직원과의 갈등 속에는 항상 감추어진 내가 있다. 스스로에 대한 성찰 없이 사회복지의 길을 간다는 것이 '허망'하기까지 한 일이다.

다른 하나는 사회에 대한 관심이다. 조례 하나, 정당의 정책 하나가 우리 삶을 근본적으로 바꾸는 것을 수없이 보았다. 반값등록금, 무상급식이 보수 정당인 새누리당에 의해 시행되는 모습을 보고 얼마나 놀랐던가! 그런데 여러 차례 강조해도 신문을 제대로 읽는 사회복지사를 본 적이 별로 없다.

마지막으로 인문학적 훈련이 필요하다. 인문학은 인간적인 아름다움이 무엇인지를 탐구하는 학문이다. 우리는 수많은 명저들을 통해 온갖 인간의 모습을 접하고 이해할 수 있다. 그리고 이런 독서가 사회복지사로서 현장에서 다양한 사람들을 만날 때 그들을 이해하는 바탕이 되어 줄 것이다.

:: 사회적 약자와 함께 손을 맞잡고 그들을 위해 법과 제도를 바꾸는 것이 필자의 꿈이다.

오래 가려면 천천히 가야 한다

사회복지의 길은 험난하다. 소명 의식을 강조하기도 하지만 소명 의식만으로 한 길을 간다는 것은 그리 쉽지 않다. 나는 후배들에게 사회복지를 오래도록 하고자 한다면 동료 사회복지사를 귀하게 생각하라고 말한다. 뜻이 같은 동료가 있다면 큰 힘이 된다. 더불어 자신만의 쉼을 가질 것을 권한다. 신앙의 힘 외에도 취미든 스포츠든 스트레스를 풀 수 있는 자신만의 방식이 필요하다. 그 활동이 자기 성찰적이고 치료적인 효과까지 가졌다면 금상첨화다. 사회복지사에게는 필연적으로 소진되는 때가 찾아오기 마련이다. 이를 잘 이겨 내야 오래 이 길을 갈 수 있다.

사회복지계에 입문한 지 22년. 나는 여전히 작은 꿈을 꾼다. 그 시작은 오래전 대학 시절로 거슬러 올라간다. 5·18 민중항쟁을 뒤늦게 알고 느꼈던 죄책감과 책임 의식. 그것이 문학청년이던 나의 젊은 시절을 지배했다. 그래서 거창하게는 역사에 대해서, 작게는 사회적 약자에 대해서 늘 책임 의식을 느낀다. 동시에 불만도 느낀다. 왜 사회적 약자는 스스로의 복지를 주장하지 못할까? 되레 이용당하는 모습을 볼 때면 머리끝이 핑 돌면서 사회복지사로서 무력감을 느낀다.

그래서 나는 꿈꾼다. 장애인, 노약자, 새터민, 결혼 이주 여성 같은 우리 사회의 약자를 대변하기 위해 법과 제도를 바꾸는 일을! 대전광역시사회복지사협회를 비롯해 여러 곳에서 목소리를 내며 활발히 활동하는 것도 그 일환이다. 이러한 일들이 지금 내가 만나고 있는 사람들을 더 행복하게 할 수 있다고 믿기 때문이다.

4장

사회복지사 정보 업그레이드

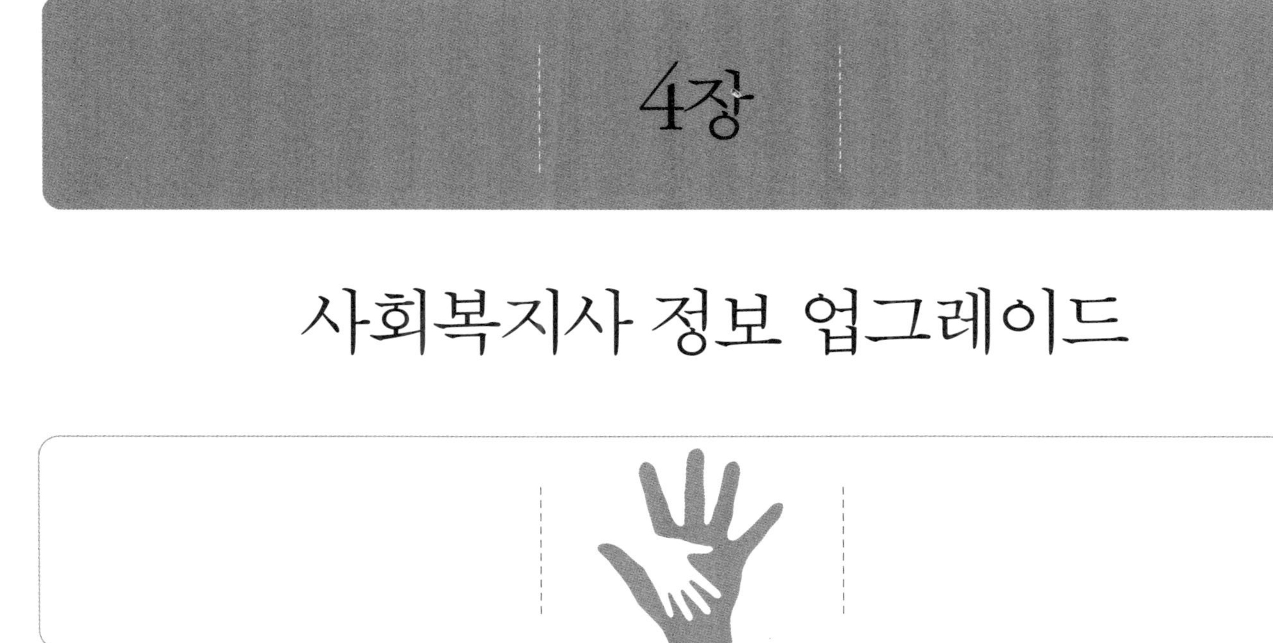

사회복지사,
아는 만큼 보인다

| 김세진 |

굿네이버스 방글라데시와 타지키스탄 지부에서 자원활동가로 일한 뒤 굿네이버스 사업운영국에서 근무했다. 나눔문화 연구원으로 잠시 일하다, 2001년부터 2008년까지 서울 도봉구의 방아골종합사회복지관에서 뜻을 펼쳤다. 지금은 사회복지사들의 만남을 주선하고, 현장의 의미 있는 사례를 수집, 강연, 책으로 만드는 일에 힘을 쏟고 있다. '구슬 꿰는 실'이 되고자 하는 바람으로 『사회복지사 김세진의 독서노트』, 『사회사업, 인사가 절반입니다』, 『사례관리 실천 이야기』 등 여러 책을 냈다.

1. 사회복지사는 어떤 일을 하나요?

우리나라는 사회복지사업법 제11조 제1항의 규정에 의하여 "사회복지에 관한 전문지식과 기술을 가진 자"를 사회복지사로 규정하고 있습니다. 여기서 말하는 전문 지식과 기술이란 대학이나 관련 기관에서 정해진 과목을 이수해야 하는 절차를 거쳐야 한다는 뜻입니다. 즉, 우리나라에서 사회복지사로 일하기 위해서는 '사회복지사 자격증'을 취득해야 합니다. 이런 자격증을 취득한 후에는 아래와 같은 다양한 분야에서 일할 수 있습니다.[*]

－ 석사와 박사를 취득하여 대학교 교수가 되는 길

[*] 광주대학교 사회복지학과 이용교 교수의 글 '대한민국에서 사회복지사가 되는 9가지 방법' 참고

- 연구 기관에서 연구원으로 일하는 길
- 7급 행정직, 9급 사회복지직 공무원으로 일하는 길
- 병원에서 의료사회복지사, 정신병원과 요양원에서 정신보건사회
  복지사로 일하는 길
- 학교에서 교육복지사(지역사회교육전문가, 학교사회복지사)로 일
  하는 길
- 사회복지관, 노인복지관, 장애인복지관에서 사회복지사로 일하는 길
- 지역아동센터, 공동생활가정, 노인복지센터에서 일하거나 이런
  곳을 직접 설립하는 길
- 노인장기요양보험 지정 기관에서 일하거나 이런 곳을 직접 설립
  하는 길
- 영유아, 아동, 노인, 장애인, 여성·가족 복지, 지역 복지, 복지 운
  동 등을 실천하는 길

현장에 따라 하는 일은 조금씩 다를 수 있지만 어느 현장에서 일하
든 기본적으로 도움이 필요한 사람들을 만나 이야기를 듣고, 그들을 위
한 사업을 기획·운영하는 일을 합니다. 우리 사회가 사람들이 살 만한
곳으로 만드는 일이지요. 그래서 '사회'복지사입니다.

2. 사회복지사가 되려면 대학에서 특정 분야를 전공해야 하나요?

앞서 말했다시피 사회복지사는 자격증을 취득해야 하는데, 대학교
에서 사회복지학 또는 사회사업학 등을 전공하는 것이 사회복지사가
되는 가장 일반적인 방법입니다. 사회복지학과를 졸업하면 사회복지사
2급 자격증이 주어지며 1급 시험을 볼 수 있습니다. 이외에도 사회복지

사 자격증을 딸 수 있는 방법은 여럿입니다.

① 이미 대학교를 나온 사람이라면 대학원, 사회복지전문대학원, 특수대학원 사회복지학과에 진학하여 석사 학위를 취득

대학원과 사회복지전문대학원은 대개 주간에, 특수대학원은 대개 야간에 수업을 합니다. 일주일에 이틀씩, 2년 정도 사회복지학을 공부하면 석사 학위와 사회복지사 2급을 취득할 수 있습니다. 물론 졸업과 동시에 사회복지사 1급에 도전할 수 있습니다. 그러나 학기당 300만~400만 원씩 4학기 동안 등록금이 든다는 비용 문제가 있습니다.

② 이미 대학교를 나온 사람이라면 대학교 사회복지학과 3학년으로 편입학

학사 편입을 하면 대체로 어렵지 않게 편입학을 할 수 있습니다. 이 경우에도 졸업 후 사회복지사 2급 자격증이 주어지고 1급 시험에 응시할 수 있습니다. 대학원과 비교하면 같은 비용으로 2배 이상의 공부(학점 취득)를 한다고 볼 수 있습니다. 사회복지학을 제대로 공부한다는 장점이 있지만, 일주일에 4일 이상은 학교에 출석해야 한다는 부담이 있습니다. 그러나 현장의 분위기를 생각할 때 대학원에 진학하기보다는 학부에 편입학하여 제대로 공부하는 것이 훨씬 더 실속이 있을 수 있습니다.

③ 대학교 재학생이라면 사회복지학을 복수 전공하거나 사회복지학 전공 과목과 관련 과목 14과목 이상을 취득

현재 전공이 무엇이든 대학생이라면 필수과목 10과목[*]과 선택과목

4과목[**] 이상의 학점을 취득하여 사회복지사가 될 수 있습니다. 경우에 따라서 한 학기 혹은 1년 졸업을 유예하더라도 사회복지사 자격증을 취득하는 것이 더 나을 수 있습니다. 이미 졸업을 한 사람은 학점은행제도(국가평생교육진흥원 참고)를 활용하여 부족한 과목을 추가하면 사회복지사 2급 자격증을 취득할 수 있습니다. 예를 들면 대학교에 다닐 때 5과목을 이미 이수했다면 학점은행에서 나머지 9과목을 이수한 뒤 양쪽의 성적증명서를 제출하면 사회복지사 2급을 취득할 수 있습니다.

3. 꼭 1급 자격증이 있어야 하나요? 급에 따라 일하는 분야가 다른가요?

1급 자격증이 꼭 필요한 것은 아닙니다. 실제 사회복지 현장에서는 1, 2급의 직무 구분이 없고, 보수와 처우도 차별화할 근거가 없기 때문에 1, 2급으로 나눠져 있는 자격증 제도가 실효성이 없다는 의견도 있습니다. 자격증의 급수를 없애는 일원화를 주장하는 관계자들도 있습니다.(자격증 관련 내용은 부록1 또는 한국사회복지사협회 '사회복지사 자격관리센터'(lic.welfare.net) 참조.) 그러나 자리는 한정되어 있는 데 비해 매년 배출되는 사회복지사는 1급만 해도 워낙 많은 게 현실입니다. 여러 지원자가 있을 경우 기관으로서는 아무래도 1급 자격자의 채용을 우선적으로 고려할 수 있겠지요. 그러나 이 또한 기관마다 다릅니다.

* 사회복지 전공 필수 과목 : 사회복지개론, 사회복지법제, 사회복지실천기술론, 사회복지실천론, 사회복지정책론, 사회복지조사론, 사회복지행정론, 사회복지현장실습, 인간행동과 사회환경, 지역사회복지론
** 사회복지 선택과목 : 아동복지론, 청소년복지론, 노인복지론, 장애인복지론, 여성복지론, 가족복지론, 산업복지론, 의료사회사업론, 학교사회사업론, 정신건강론, 교정복지론, 사회보장론, 사회문제론, 자원봉사론, 정신보건사회복지론, 사회복지지도감독론, 사회복지자료분석론, 프로그램개발과 평가, 사회복지발달사, 사회복지윤리와 철학

참고로 사회복지사 1급 자격시험은 한 해에 한 번 국가고시로 치르는데, 2013년도 시험에서는 접수자가 2만 5719명, 응시자는 2만 544명, 합격자는 5839명으로 합격률이 28.42퍼센트였습니다(접수자 대비 합격률 22.70퍼센트).

4. 사회복지사에게는 어떤 자질이 필요한가요? 봉사 정신이나 희생정신이 투철해야 하나요?

물론 봉사 정신이나 희생정신도 빼놓을 수 없습니다만, 그것만으로 일할 수는 없습니다. 앞서 필자들이 얘기했듯이 사회복지사는 '슈퍼맨'이나 '천사'가 아니고, 선한 일을 하는 복지관도 '직장'입니다. 사회복지사는 다양한 부류의 사람, 특히 물질적, 심적으로 어려운 사람을 늘 만나야 합니다. 따라서 인간에 대한 애정, 상대방의 이야기에 귀 기울이는 경청의 자세가 기본적으로 필요합니다. 그러나 마음만으로는 뜻을 이루기 어렵습니다. 이상을 현실로 만드는 방법론을 배우는 게 '전공 공부'입니다. 여기에 더해 다양한 사업을 기획해야 하기 때문에 너른 시야와 기획력, 네트워킹 능력 또한 갖췄다면 금상첨화겠지요. 무엇보다 그런 많은 업무와 만남 속에서 지치지 않고 일을 해 나가려면 자신만의 비전과 가치관, 체력 역시 중요한 요소라고 할 수 있습니다. 실무적으로는 서류 작업이 많기 때문에 문서 작성 프로그램이나 데이터 활용 프로그램과 같은 컴퓨터 활용 기술을 익혀 두면 좋습니다.

5. 대학에서 사회복지를 전공하고도 더 자격증을 따야 하는 전문 분야에는 어떤 게 있나요?

의료사회복지사, 정신보건사회복지사, 학교사회복지사가 있습니다.

의료사회복지사는 사회복지사 1급을 취득한 후에(대학에서 의료사회복지실천론과 정신보건사회복지 과목을 반드시 수강) 의료사회복지사 지도자(슈퍼바이저)가 있는 병원에서 1년의 수련 과정을 거치거나 1년 이상의 의료 사회복지 실무 경력을 쌓고 연수평점 20점 이상을 얻어야 의료사회복지사 시험에 응시할 수 있는 자격이 주어집니다. 의료사회복지사 자격시험은 의료사회사업 실무론, 의료사회복지 윤리, 의료사회복지 제도 및 법제 등 3과목은 객관식, 의료사회사업 사례분석 1과목은 주관식 논술형으로 이를 합산하여 60점 이상을 얻어야 합니다. 수련 병원 등 구체적인 안내는 대한의료사회복지사협회(www.kamsw.or.kr) 홈페이지를 참고하면 됩니다. 특히 사회복지학과 대학생을 위해 의료사회복지사에 관한 설명이나 자격증 취득 과정 등을 소개하는 아카데미를 협회에서 개최하니 이를 잘 살펴보면 좋습니다.

정신보건사회복지사는 1급과 2급 자격증이 있습니다. 먼저 대학교 사회복지학과를 졸업하고 사회복지사 1급 자격증을 취득한 뒤 보건복지부 장관이 지정한 정신보건사회복지사 수련 기관에서 1년 정도 수련을 받으면 정신보건사회복지사 2급 자격증을 취득할 수 있습니다.

수련 과정이 조금 까다로워서 1년 중 임상 수련 시간이 830시간을 넘어야 합니다. 여기에 이론 교육 150시간과 학술 활동 20시간(보수 교육, 학회 협회 지부 교육 참석)까지 더해 총 1000시간을 이수합니다. 1년 내내 수련을 받는다고 할 수 있습니다. 그리고 임상 수련 과제로 25명을 만나 도움을 진행한 보고서를 제출해야 합니다.

이렇게 수련을 받으려면 학부 시절 정신건강론과 정신보건사회복지 과목을 반드시 이수해야 하고, 정신보건사회복지 영역에서 실습과 자원봉사를 해야 합니다. 정신건강론과 정신보건사회복지 과목은 사회복지사 1급을 얻기 위한 필수 과목은 아니지만 정신보건사회복지사가 되기 위해서는 꼭 필요한 과목입니다. 게다가 학부 시절의 사회복지실천기술론과 사회복지실천론의 학점도 수련생 선발에 영향을 준다고 합니다.

1급 자격은 2급 자격 취득 후 정신 보건 관련 기관에서 5년 이상의 임상 실무 경험을 쌓으면 취득할 수 있습니다. 그러나 이렇게 경력 산정으로 1급 자격증을 취득하는 경우에는 후배들을 지도할 수 없는 한계가 있습니다. 따라서 정신보건사회복지사 되려고 준비하는 수련생을 지도하는 슈퍼바이저가 되기 위해서는 5년 경력을 쌓은 후에 한국정신보건사회복지사협회에서 주관하는 별도의 자격시험을 치러야 합니다. 즉 1급 정신보건사회복지사 중에도 후배를 지도할 수 있는 사람과 그렇지 않은 사람이 있다는 말입니다.

한국정신보건사회복지사협회(www.kamhsw.or.kr)나 정신보건사회복지학회(www.kamhsw.org) 홈페이지에 자격시험에 대한 자세한 정보와 전국 정신보건사회복지사 수련 기관(수련 병원) 등이 게재되어 있습니다. 참고로, 2012년 자료를 보면 약 340명의 1급 사회복지사가 정신보건사회복지사가 되고자 수련을 하고 있는 상황입니다.

학교사회복지사[*]가 되기 위해서는 매년 학교사회복지사협회에서 주관하는 학교사회복지사 자격시험에 응시해야 합니다. 이 시험에 응시하려면 ①사회복지사 1급 자격증 소지자로, ②학교사회복지론을 이수하고, ③아동복지론 또는 교육학 관련 교과목 중 1과목 이상을 이수해야 합니다.

그리고 추가로 필요한 요건이 세 가지 더 있는데, 다음 세 가지 중한 가지만이라도 해당하면 됩니다. ①240시간 이상의 학교 사회복지관련 실습을 이수했거나, ②초·중·고등학교에서 학생 복지 업무를 전담하는 사회복지사로 6개월 이상 근무했거나, ③사회복지 기관에서 학교 사회복지 관련 실무를 1년 이상 담당한 경력이 있는 사회복지사라면 이제 학교사회복지사 자격시험에 응시할 수 있습니다.

240시간 이상의 학교 사회복지 관련 실습에서 120시간 이상은 필수로 해야 하며, 나머지 120시간은 학교 사회복지와 관련된 직업 체험 활동, 자원봉사 활동 등으로 대체할 수 있습니다. 학교 사회복지 관련 실습 및 자원봉사는 1학기를 기준으로 최대 120시간을 인정하며 같은 기간의 실습과 자원봉사는 중복 인정이 안 됩니다.

학교 사회복지 실습도 그 학교의 실습 지도자가 자격이 있는지를따져야 합니다. 이에 관해서는 실습 전에 해당 지도자와 학교사회복지사협회에 문의해서 확인해야 합니다. 그렇지 않으면 실습했어도 인정을 받지 못하는 경우가 생길 수 있습니다. 보다 자세한 내용은 한국학교사회복지사협회(www.kassw.or.kr)나 학교사회복지사학회를 참고하기 바랍니다.

* 여기서 이야기하는 학교사회복지사는 교육복지사 혹은 지역사회교육전문가가 아닙니다. 또 학교사회복지사라고 해서 교육복지사로 바로 채용되는 것도 아닙니다. 하지만 학교사회복지사로 훈련받았다면 교육복지사(혹은 지역사회교육전문가)가 되기 유리합니다.
예전에 교육복지투자우선지역지원사업이 시행되면서 이를 수행하는 인력으로 '지역사회교육전문가'를 만들어 채용했습니다. 현재는 서울을 제외한 대부분의 지역에서는 대체로 '교육복지사'로 바꿔 부르는 추세입니다.
교육복지사는 반드시 사회복지학을 전공하지 않아도 됩니다. 청소년학이나 교육학을 전공한 이도 있습니다. 그러나 현장에서 일하는 교육복지사 중에는 사회복지학을 전공한 이가 대부분입니다. 교육복지사는 각 지역별 교육지원청에서 직접 채용하기도 하고, 해당 초중고등학교의 학교장이 채용하기도 합니다. 현재 전국에서 일하고 있는 교육복지사는 1000여 명에 달합니다.

6. 의료사회복지사는 주로 어떤 일을 하나요?

의료사회복지사(Medical Social Worker)는 병원이나 진료소에서 대체로 임상치료팀의 일원으로 활동하면서 환자의 주변 환경 및 심리·사회적, 경제적인 문제 등을 해결하기 위해 노력하면서 환자의 회복을 돕습니다. 의료팀이 질병의 직접적인 치료에 관여한다면 의료사회복지사는 환자 스스로 의지를 가지고 질병을 이겨 낼 수 있게 거드는 심리적 지원을 하기도 하고, 치료가 끝나 퇴원 후에도 일상으로 돌아가 잘 지낼 수 있게 환자와 그 가족의 적응을 돕습니다. 아울러 사회·경제적 어려움으로 질병 치료에 어려움을 겪는 이들을 후원금이나 관련 재단 주선, 관련 기관 연계 등 여러 방법으로 지원합니다. 경우에 따라서는 환자를 돕는 자원봉사자를 모집하기도 하고, 환자들을 대상으로 하는 집단 치료·교육 활동을 계획하기도 하며, 환자나 그 가족의 자조 모임을 만들기도 합니다.

대체로 병원에서는 '사회사업팀' 또는 '사회사업실'이라는 이름으로 팀을 구성하여 운영하고 있으며 '사회복지팀'으로 운영하는 병원도 늘고 있습니다. 최근 노인장기요양보험 시행 이후 노인요양병원의 증가 추세로 노인요양병원 의료사회복지사의 활동도 눈여겨봐야 합니다. 이곳에서는 기존 일반 병원 의료사회복지사의 직무와 달리 대체로 입퇴원 상담 및 집단 활동이나 치료 프로그램을 많이 맡고 있습니다.

7. 정신보건사회복지사는 어떤 일을 하나요?

정신보건사회복지사(Mental Health Social Worker)는 사회복지사 1급 자격증 소지자 중에서 정신 보건 분야의 전문적인 지식과 기술을 더 쌓아서 정신 보건 영역에서 일하는 사회복지사입니다. 대체로 병원

(정신건강의학과), 정신보건센터, 사회 복귀 시설, 주거 시설이나 입소 시설, 낮병원 등에서 활동합니다. 최근에는 종합사회복지관이나 노숙인 관련 기관 등에서도 우울이나 알코올 의존증 등의 어려움을 겪는 사람들이 늘면서 이곳에서도 적지 않은 정신보건사회복지사가 일하고 있습니다.

정신보건사회복지사는 주로 당사자의 심리·사회적인 어려움을 조사하여 어떻게 도울지 결정하는 일, 그리고 이어서 개별 치료, 집단치료, 가족 치료, 집단 활동 치료 등의 치료 활동을 진행합니다. 또 퇴원 계획의 수립, 재활 치료, 지역사회 자원 연결, 사례 관리, 정신장애인에 대한 편견 해소를 위한 업무와 퇴원 후에도 어떻게 생활할지 환자와 그 가족을 돕는 역할도 맡고 있습니다.

8. 학교사회복지사는 어떤 일을 하나요?

학교사회복지사(School Social Worker)는 학생의 문제를 학생 개인의 문제로만 이해하지 않고, 학교(선생님, 동료 학생)라는 환경과의 상호작용의 결과로 해석합니다. 따라서 학생의 어려움을 해결하기 위해 직접 학생을 돕기도 하지만, 학교와 교사가 학생을 이해하고 우호적으로 배려할 수 있도록 돕습니다.

기본적으로 학생과 개별 상담을 통해 학생을 이해하고 어떻게 도울지 궁리하는 일을 하며 학생들끼리 서로 친밀한 관계를 맺도록 동아리 활동이나 캠프와 같은 또래 집단 활동을 계획하기도 하고 학교가 학생을 잘 이해할 수 있게 교사 연수를 계획하여 진행하기도 합니다. 그 외에 부모 상담과 지역사회의 다양한 기관 및 여러 전문가들과 연계하여 학생을 지원하는 활동에도 참여합니다.

9. 사회복지 공무원이 되려면 어떻게 해야 하나요? 무슨 일을 하나요?

사회복지 공무원은 크게 국가직과 지방직으로 나뉘는데, 국가직은 보건복지부와 같은 정부 중앙 부처나 산하기관에서 일하는 공무원이고, 지방직은 일선 주민센터나 구청, 시청 혹은 시청 산하기관에서 일하는 공무원을 말합니다.

지방직 사회복지 공무원은 지역에서 필요한 인원만큼 공고하여 채용하며, 시험 공고일 혹은 그 해의 1월 1일부터 시험일까지 그 지역에 거주했어야 응시가 가능합니다(서울시는 제외). 7급과 9급이 있으나 거의 9급 공개 채용만 이뤄지는 현실입니다. 9급은 만 18세 이상으로 사회복지사 3급 자격증 이상이 있어야 시험에 응시할 수 있으며, 시험 과목은 국어, 영어, 한국사, 사회복지학개론, 행정법총론까지 총 다섯 과목입니다.

국가직 공무원(5급)은 만 20세 이상으로 거주 여부에 상관없이 누구나 지원할 수 있습니다. 1차 필기시험은 언어논리영역, 자료해석영역, 상황판단영역, 영어, 한국사 5과목이며, 2차 필기시험은 사회복지학, 사회학, 행정학, 경제학 4과목이 필수이고 조사방법론, 사회심리학, 사회문제론, 사회법, 사회정책, 행정학 중 1과목을 선택하여 치르게 되어 있습니다.

사회복지 공무원의 일은 다양합니다. 사회복지 분야 정책 수립 및 집행 업무, 사회복지사업 계획 수립 및 집행 관리, 사회문제 해결, 복지 상담, 기초생활수급자 선정, 노인·장애인·아동 등 각 계층별 복지 증진을 위한 복지 정책 추진 등의 업무를 맡고 있습니다. 채용 공고는 국가직의 경우는 매년 4~5월, 지방직의 경우는 지자체별로 2월~12월 사이에 납니다.

　　사회복지 담당 공무원은 2011년 말 기준으로 2만 1000명이 넘습니다. 이 중 사회복지직은 1만 명, 나머지 1만 1000명은 일반행정직입니다. 우리가 가장 쉽게 접하는 주민센터의 복지 담당 공무원에서는 10명 중 6명이 사회복지직입니다. 정부는 사회복지직의 인력 부족을 해소하기 위해 2014년까지 4900명을 새로 채용할 계획이라고 합니다.(자세한 내용은 한국사회복지행정연구회(www.ksswa.or.kr) 참조.)

10. 요즘 국제 구호 단체가 많은데 그런 곳에도 사회복지사가 있나요? 어떻게 해야 해외에서 사회복지사로 일할 수 있나요?

　　국제 구호 단체에서 일하는 사회복지사는 예전부터 많았습니다. 국내의 대표적인 국제 구호 단체인 월드비전이나 굿네이버스, 기아대책, 세이브더칠드런과 같은 곳에서 일하는 직원 중 상당수가 사회복지사입니다. 실제로 국제 개발 현장에서 일할 때 사회복지는 그 어떤 학문이나 경험보다 큰 도움과 자산이 됩니다.(거기에 '국제 개발'이란 분야를 융합하여 공부한다면 자신의 열정을 보다 더 전문성 있게 펼칠 수 있으리라 봅니다. 물론 언어까지 준비가 된다면 금상첨화가 되겠지요.)

　　최근에는 국내 사회복지 기관이 해외에 지부를 두거나 해외 현장을 직접 지원하는 일이 늘고 있습니다. 사회복지 기관 여러 곳을 운영하는 한 재단은 몇 년 전 캄보디아에 직접 사업장을 설치했고, 직원을 선발해 현장에 파견하고 있습니다. 이곳 역시 사회복지 전공자를 우대합니다. 이런 사회복지재단이 많습니다. 그만큼 국제 사회복지사로 일할 수 있는 현장이 늘어나고 있습니다. 이런 분위기를 반영하듯 전공 선택으로 '국제 사회복지의 이해'와 같은 과목을 개설한 대학교도 있습니다.

　　하지만 유명 구호단체의 로고가 박힌 흰색 지프차를 몰며 현장을 누비는 근사한 모습만을 상상하거나, 단체의 이름만 보고 선택했다가는 얼마 지나지 않아 후회하기 쉽습니다. 또 국제 개발 단체에서 일한다고 하면 무조건 현장에서 일하는 걸로 생각하는데, 사실 현장에서 일하는 직원은 소수에 불과합니다. 대부분의 직원들은 한국에서 현장을 간접 지원하는 일을 합니다. 그러나 현장에 있든 한국에 있든, 같은 마음으로 같은 가치를 추구하며 일하는 것이 중요합니다.

대체로 국제 구호 관련 기관이나 단체에서는 필요에 따라 비정기적으로 직원을 모집하고 있으니, 관심 있는 기관에 문의하여 채용 계획을 묻고 준비하면 됩니다. 국제 개발 NGO들의 협력체인 국제개발협력민간협의회 홈페이지(www.ngokcoc.or.kr)에 가면 해외 봉사 활동과 채용 정보를 볼 수 있습니다. 참고로 'ODA Watch(odawatch.net)'의 청년 모임에 참여하는 방법도 고려해 볼 만합니다.

11. 단체나 공공 기관이 아닌 기업에서 일하는 사회복지사는 어떤 일을 하나요?

기업의 사회 공헌 활동이 활발해지면서 이를 수행할 전문 인력으로 사회복지사를 채용하는 경우가 늘고 있습니다. 기업 내의 사회복지사들은 대체로 사회 공헌 관련 부서나 인사 부서에서 기업의 인적·물적 자원을 활용하여 사회 공헌 업무를 담당합니다. 그 내용을 보면 대체로 작게는 그 기업에서 일하는 직원의 사회 공헌 활동을 주선하고, 크게는 그 기업의 사회 공헌 활동을 설계하고 제안합니다.

직원의 사회 공헌 활동을 주선하는 일은 예를 들면 여러 활동을 계획하여 참가 직원을 모집하거나, 부서별 혹은 모임이 구성되어 있는 직원들에게 다양한 활동을 안내하는 것이 있습니다. 어떤 기업은 사회복지사가 인사 부서에 배치되어 신입 직원 교육이나 훈련 프로그램에 자원봉사 활동 또는 공익 활동을 포함시키거나 자원봉사 인증 제도와 같은 회사 규정을 만들기도 합니다. 요즘에는 신입 사원부터 임원까지 전 직원을 대상으로 하는 사회 공헌 교육을 온라인·오프라인으로 진행하면서 기업 시민으로 자발적인 자원봉사와 기부에 적극 동참하도록 공감대를 마련하는 대기업이 많아졌습니다.

또 기업의 사회 공헌 활동을 설계하고 제안하는 일로는 특정 기금을 만들어 단체나 개인 등을 지원하는 방식이 대표적입니다. 임직원들의 기부금을 모아 기업 특성을 반영한 사회 공헌 활동 프로그램으로 연계하여 직접 기획·운영하는 경우도 있습니다.

사회 공헌 활동도 시대에 따라 조금씩 달라지고 있는데, 예전에는 특정한 시기에 물품을 지원하는 식이었다면 요즘은 기업이 자기 색깔을 잘 드러낼 수 있는 사업을 진행하는 추세입니다. 예를 들어 에너지 관련 기업은 어려운 이웃의 에너지 효율을 높여 주는 보일러 수리나 교체, 절전형 형광등 교체 등을, 은행의 경우에는 약자를 위한 금융 교육이나 경제 교실을 운영하는 식입니다. 나아가 기업이 '사회적기업'을 지원하거나 직접 지원 기관을 세워 운영하는 경우도 있는데, 이런 일을 구상하고 진행하는 일 역시 대부분 사회복지사가 맡습니다.

이렇게 기업에서 일하는 경우 아무래도 기업의 실적이나 경영 전략에 좌우될 수밖에 없기 때문에 사회복지사의 가치와 의도에 따라 사업을 진행해 가기에는 다른 사회복지 현장에 비해 한계가 있습니다. 반면 사회복지 현장의 분위기를 바꿀 만큼 기업 활동이 큰 영향을 준다는 긍정적 평가도 있습니다.

기업의 사회 공헌 활동은 이제 선택이 아니라 필수가 되었습니다. 그에 따라 기업에 있는 사회복지사의 영역도 대표 공헌 기획, 기금 관리, 봉사팀 운영, 대외 협력, 홍보 등 매우 다양하게 운영되고 있습니다. 이때 가장 중요한 역할은 기업의 비즈니즈와 연계되어 기업의 가치와 경영 이념에 맞는 '영혼'이 있는 사회 공헌 활동을 해야 한다는 점입니다. 기업 사회 공헌 담당자의 가장 큰 매력은 자신의 역할과 책임에 따라 기업의 이미지를 좌우하고 대내외에 큰 영향을 끼칠 수 있다는 것입니다. 결코 쉽지 않은 일이지만 창의력과 도전 정신, 긍정적인 경영 마인드를 가진 사람이라면 도전해 볼 만한 멋진 직업입니다.

12. 주위에 보면 사회복지사 자격증을 가진 사람이 무척 많은데, 실제 사회복지사로 일하고 있는 사람은 얼마나 되나요?

2013년 현재 우리나라 전체 사회복지사의 수, 즉 사회복지사 자격증을 가지고 있는 사람은 약 57만 명입니다. 우리나라 군인의 수가 약 65만이니, 군인 다음으로 많은 이가 사회복지사란 말도 있습니다. 이 중 실제 복지 기관에서 일하고 있는 사회복지사는 약 7만 9000명입니다. 그리고 이 가운데 사회복지 공무원이 약 1만 명입니다. 또 어느 통계를 보면 한 해 사회복지사 자격증을 새로 취득하는 사람이 5만 명에 이른다고 합니다.

하지만 (사회복지 공무원 채용과 별개로) 매년 새로 생기는 사회복지 현장의 일자리는 그리 많지 않습니다. 이미 사회복지 인력의 공급이 수요를 넘어선 지 오래입니다. 그러니 사회복지사 자격증을 쉽게 취득해 일할 수 있다는 이런저런 사설 교육기관의 달콤한 유혹에 신중해야 합니다.

13. 늘 어렵고 힘든 현장에서 일하는 것 같은데 힘들거나 후회할 때는 없나

요? 언제가 가장 힘든가요?

현장에서 일하는 일선 사회복지사들의 이야기를 들어 보면, 단순히 일이 많거나 이용자 때문에 힘들기보다는 동료와의 관계 때문에 힘든 경우가 많습니다. 물론 아무리 도우려고 애써도 자활 의지를 보이지 않는 이용자가 있다면 사회복지사로서 무척 기운 빠지겠지만 실제로 그런 사람은 드뭅니다. 애정을 기울이는 만큼 사람은 변하기 마련이니까요. 반면 함께 일하는 동료와의 갈등은 이보다 더 깊은 문제입니다. 다른 사람을 돕는 의미 있는 일을 하지만 그들이 모인 곳 역시 '직장'입니다. 특히 각자가 진행하는 사업에 선의를 담되 현실에 맞게 풀어가야 하기 때문에 갈등을 해결하기가 쉽지 않습니다.

최근에는 행정 업무의 압박도 큽니다. 대체로 많은 사회복지 기관이 사업 예산의 대부분을 정부나 지자체 같은 공공 기관, 또는 일반 시민의 후원금으로 운영하다 보니 투명성을 생명처럼 여깁니다. 그래서 적은 비용을 지출해도 어떤 목적으로, 어떻게 사용했는지 꼼꼼하게 챙기고 서류로 자세히 설명해야 합니다. 그래서 사회복지사들끼리는 농담 삼아 소셜 워커(social worker)가 아니라 '페이퍼 워커(paper worker)'라고 부릅니다. 그만큼 서류 작업이 많다는 이야기이지요. 한편으로 이는 과정을 설명해야 하는 사회복지 업무의 특성상 기록이 중요하기 때문에 발생하는 당연한 일이기도 합니다. 그러니 학창 시절 문서 작성 프로그램이나 데이터 활용 프로그램과 같은 컴퓨터 활용 기술을 익히는 것도 매우 중요한 사회복지사의 실무 준비입니다.

14. 그렇다면 언제 가장 보람을 느끼나요?

내가 도왔던 학생이 멋진 청년이 되어 취업했다며 간식을 들고 기관

으로 찾아와 감사 인사를 할 때, 어렵게 지내던 아주머니를 도왔는데 어
느 날 창업하셨다며 사장님 명함 들고 오셨을 때, 예전에 일했던 기관에
서 만났던 할머니께서 멀리까지 나를 만나려고 음료수 들고 찾아오셨을
때…. 이럴 때 사회복지사로 보람을 느낀다는 말을 종종 듣습니다.

사회적 약자를 돕는 사회복지사의 보람은 역시 자신이 도왔던 사람
이 잘 살아가는 모습을 볼 때 가장 큰 것 같습니다. 아무리 힘들고 어려
운 일이 많아도 이런 기쁨이 있으면 일할 만합니다. 또 사회복지사 인
생에서 이런 경험이 한두 번 있다면 힘든 순간에도 그때를 떠올리면 다
시 힘을 낼 수 있습니다.

아울러 사회복지사의 일은 이론에 근거한 실천 과정입니다. 즉 개
인이나 지역사회의 변화를 위해 적절한 사업을 계획하고 진행하는 것
입니다. 하지만 의도와 방법이 적절했다고 해도 늘 원했던 결과를 얻는
것은 아닙니다. 그러니 계획대로 사업이 진행되어 원했던 결과를 얻었
을 때 느끼는 기쁨은 경험해 보지 못한 사람들은 알 수 없겠지요.

15. 일은 많고 보수는 적다고 하던데, 초임은 어느 정도이며 업무량은 어떤가요?

사회복지사의 업무량은 기관마다 직급마다 다르기 때문에 객관적
으로 말하기 어렵습니다. 다만 사회복지사 한 사람이 여러 개의 사업을
맡아 기획부터 진행, 사후 평가까지 모두 담당하는 경우가 많아 결코
업무량이 적다고는 할 수 없습니다. 연차가 적을수록 경험이 적기에 업
무량은 더 늘 수밖에 없겠지요.

보수를 보면, 사회복지사의 초임이 일반 기업체 대졸 신입 직원과
비교하면 낮은 것이 사실입니다. 사회복지사의 평균 임금이 전체 산업
노동자 월 평균임금의 61.4퍼센트 수준에 불과하다는 통계가 있습니

다.(참고로 2011년 말 100인 이상 기업체의 대졸 초임은 평균 2900만 원(월 242만 원) 정도였습니다.) 이 때문에 한국사회복지사협회에서는 사회복지사의 임금이 동일한 노동 강도를 가진 다른 직업들에 비해 낮은 현실을 개선하기 위해 꾸준히 사회복지사 처우 개선 운동도 펼치고 있습니다. 또 '사회복지사 등의 처우 및 지위 향상을 위한 법률'에는 사회복지사의 보수가 사회복지전담 공무원의 수준에 도달하도록 기관이 노력해야 한다고 규정돼 있습니다. 참고로 2013년 현재 9급 사회복지전담 공무원의 초임은 120만 3500원(시간외 수당 제외)이며, 2013년 노인·종합사회복지관의 사회복지사 초임은 대략 월 159만 7000원(연 2204만 400원) 정도입니다.(서울시사회복지사협회 장재구 회장 블로그 http://blog.naver.com/zang6602?Redirect=Log&logNo=120177597831 참조.)

그러나 이 역시 기관과 직급에 따라 차이가 많을뿐더러 일장일단이 있습니다. 보통 일반 기업체에서는 30대 후반부터 정리 해고니 명예 퇴직이니 하여 고용 불안에 떨지만, 복지 기관에서 근무하는 사회복지사들은 연차가 올라갈수록 현장 업무가 줄고 호봉도 많이 올라 상당히 안정적입니다. 실제로 서울의 한 노인복지관 부장에게 연봉을 물었더니, 부장 15호봉이 약 4500만 원이었고, 과장 12호봉은 약 3700만 원, 그리고 4년차 사회복지사 연봉은 약 2200만 원이었습니다. 다른 복지관도 이와 많이 차이가 나지는 않을 것입니다.[*]

예전에 '사회복지사끼리 결혼하면 기초생활수급자, 차상위계층이 된다'는 말이 있었는데, 이 말은 이제 현실과는 거리가 멀어 보입니다. 게다가 4년제 대학에서 사회복지학을 전공하고 사회복지사로 일하는

* 사회복지사 보수 기준에 관한 정확한 급여기준표는 보건복지부 홈페이지(www.mw.go.kr)에서 '사회복지생활시설 종사자 인건비 가이드라인'으로 검색하면 아주 자세하게 알 수 있습니다.

사람들 중에서 자발적으로 선택한 경우 외에 가난하게 사는 사람을 저는 아직껏 본 적이 없습니다.

16. 사회복지사의 직업적인 전망은 어떤가요?

언제부턴가 사회복지사가 좋은 일자리, 사회복지학과가 취업 잘 되는 학과가 되었습니다. 사회복지학과가 없는 대학을 찾아볼 수 없을 정도이고, 전체 대학생의 10분의 1이 사회복지 관련 학과 학생이라는 통계도 있습니다. 대중교통을 이용하다 보면 하루에도 서너 번씩 사회복지사 자격증을 따라며 장밋빛 미래를 보장하는 광고를 봅니다. 그렇지만 현실은 전혀 다릅니다. 사회복지사 60만 시대. 그런데 현장의 일자리는 7만 개에 불과합니다. 또 매년 새로 사회복지사 자격증을 취득하는 인원이 5만 명인 데 비해 매년 생기는 일자리는 불과 500개 정도입니다.

그런데 아니러니하게도 사회복지사 구하기 어렵다는 이야기도 종종 듣습니다. 이건 또 무슨 말일까요? 사회복지라는 특성상 어려운 사람들이 있는 곳, 외진 곳에 있는 기관이 많은데 이런 곳일수록 사람들이 지원을 꺼리기 때문입니다. 게다가 사정은 좀 다르지만 대도시에 있는 기관이나 이름 있는 기관도 구인난을 겪는 것은 다를 바 없더군요. 어느 복지관은 사회복지사 한 명을 뽑는데 100명의 지원자가 몰렸지만, 정작 인사 담당자는 마땅한 이가 없다고 하소연했습니다. 그러나 방법이 없는 것은 아닙니다.

사회복지 대학생들이 간혹 전망을 물으면 저는 다음의 세 가지 길을 권합니다.

첫째, 전통 현장, 즉 사회복지 기관에서 사회복지사로 일하는 길입니다. 그러나 우선 취업하고 보자며 본인의 관심 분야와 상관없이 아무 곳에나 지원하는 게 아니라, 학창 시절에 여러 현장을 두루 만나며 내가 하고 싶은 일, 잘할 수 있는 일을 생각하고, 그런 뜻을 잘 펼칠 수 있는 곳에서 일하기를 조언합니다.

둘째, 새로운 분야를 개척하는 길입니다. '더 넓은 사회복지사의 세계'에서 소개했듯, 사회복지 분야는 참 다양합니다. 그런 여러 현장을 개척해 온 선배들을 생각합니다. 그들은 대체로 세상에 자기를 맡기며 흘러온 이들이 아닙니다. 오히려 세상을 자기에게 맞춰 왔습니다. 옳다고 생각하는 바대로 밀고 올라가며 길을 만들었습니다. 그런 이들에게는 사회복지사로 일하는 길이 더욱 많아 보일 겁니다.

셋째, 자기가 하고 싶은 일을 하면서 그 일과 삶 속에서 사회복지사답게 일하는 것입니다. 앞서 만난 소소봄 카페의 이우석 사회복지사는 커피를 좋아합니다. 자기가 좋아하는 일, 잘할 수 있는 일을 하면서 그 일로, 그 현장에서 사회복지사로 일합니다. 책 좋아하는 사람은 도서관에서 일하며 그 일로 사회사업을 할 수 있습니다. 결혼 후 육아에 전념하는 사람 또한 이웃과 육아 정보를 교환하는 모임을 제안하거나 차 마시는 모임만 꾸준히 가져도 해 볼 만한 지역 복지 사업이 많이 있습니다. 사회복지사는 사람과 사람, 사람과 사회를 연결하는 '다리'입니다. 그러니 어떤 직업이든, 어떤 현장이든 사회사업과 연결할 아이디어만 찾아낸다면 사회복지사로 일할 수 있습니다.

광주대학교 사회복지학과 이용교 교수, 학교사회복지사협회 천화현 사회복지사, 류진 정신보건사회복지사, 삼성SDS인프라인사지원그룹 김동숙 차장, 의정부시 호원1동주민센터 윤선웅 주무관, 순천향대학교 구미병원 변정숙 의료사회복지사, 굿네이버스 아시아권역본부 양소영 팀장, 서울특별시사회복지사협회 박진제 과장의 도움을 받아 답을 작성했습니다.

사회복지사 자격 제도 안내

▲ 1급

사회복지사 국가시험에 합격한 사람.

시험 과목

시험 과목	시험 영역
사회복지기초(60문항)	• 인간행동과 사회환경(30문항) • 사회복지조사론(30문항)
사회복지실천(90문항)	• 사회복지실천론(30문항) • 사회복지실천기술론(30문항) • 지역사회복지론(30문항)
사회복지정책과 제도(90문항)	• 사회복지정책론(30문항) • 사회복지행정론(30문항) • 사회복지법제론(30문항)

▲ 2급

1) 대학원에서 사회복지학(또는 사회사업학)을 전공하고 석사 학위 또는
   박사 학위를 취득한 사람. 단, 대학에서 사회복지학(또는 사회사업학)

을 전공하지 않고 석사 학위를 취득한 자는 보건복지부령이 정하는 '사
회복지학 전공 교과목과 사회복지 관련 교과목' 중 사회복지 현장 실습
을 포함한 필수과목 6과목 이상(대학에서 이수한 교과목을 포함하되
대학원에서 4과목 이상을 이수하여야 함)과 선택과목 2과목 이상을 이
수해야 한다.
＊ 사회복지학(또는 사회사업학) 전공의 기준: 학위증명서(졸업증명
서)상 전공명이나 학과명, 학위명 중의 하나가 사회복지학 또는 사회
사업학일 경우에 한함.

2) 대학에서 사회복지학 전공 교과목과 사회복지 관련 교과목을 이수하고
학사 학위를 취득한 사람. 또는 전공·학과에 관계없이 사회복지 전공
교과목 및 사회복지 관련 교과목 중 필수 10과목, 선택 4과목 이상을
각각 이수하고 학사 학위를 취득한 사람.

3) 대학 졸업과 동등한 학력이 있다고 인정되는 사람으로서 사회복지학
전공 교과목과 사회복지 관련 교과목을 이수한 사람.
＊대학 졸업과 동등한 학력이 있다고 인정되는 사람
－고등교육법에 의한 학사 학위 취득자
－학력인정학교(각종 학교) 졸업자
－학점 인정 등에 관한 법률에 의한 학사 학위 취득자
－독학에 의한 학위 취득에 관한 법률에 의한 학사 학위 취득자
－기타 법령에 의한 학사 학위 취득자

4) 대학 졸업자 또는 동등 학력자(전공·학과 불문)로 평생교육 시설

또는 시간제 수업 등을 통해 사회복지학 전공 교과목과 사회복지 관련 교과목(필수 10과목, 선택 4과목 이상)을 이수하고 학점 인정 등에 관한 법률에 따라 평생교육진흥원에 학점 등록한 사람.

5) 전문대학에서 사회복지학 전공 교과목과 사회복지 관련 교과목을 이수하고 졸업한 사람. 또는 전공·학과에 관계없이 사회복지 전공 교과목 및 사회복지 관련 교과목 중 필수 10과목, 선택 4과목 이상을 각각 이수하고 졸업한 사람.

6) 전문대학 졸업과 동등한 학력이 있다고 인정되는 사람으로서 사회복지학 전공 교과목과 사회복지 관련 교과목을 이수한 사람.
   * 전문대학 졸업자와 동등한 학력이 있다고 인정되는 사람
   - 고등교육법에 의한 전문학사 학위 취득자
   - 학점 인정 등에 관한 법률에 의한 전문학사 학위 취득자
   - 기타 법령에 의한 전문학사 학위 취득자

7) 전문대학 졸업자 또는 동등 학력자(전공·학과 불문)로 평생교육 시설 또는 시간제 수업 등을 통해 보건복지부령이 정하는 사회복지학 전공 교과목과 사회복지 관련 교과목(필수 10과목, 선택 4과목 이상)을 이수하고 학점 인정 등에 관한 법률에 따라 평생교육진흥원에 학점 등록을 한 자.

8) 대학 졸업 또는 이와 동등한 학력이 있는 사람으로서 보건복지부 장관이 지정하는 교육 훈련 기관에서 12주 이상 사회복지사업에 관한 교육

훈련을 이수한 자.(교육 훈련의 자세한 내용은 보건복지부 홈페이지 또
는 교육 기관별 홈페이지에서 확인.)

사. 사회복지사 3급 자격 취득 후 3년 이상 사회복지사업의 실무 경험
이 있는 사람.

▲ 3급

1) 전문대학 졸업 또는 동등한 학력이 있다고 인정되는 사람으로서 보건
복지부 장관이 지정하는 교육 훈련 기관에서 12주 이상 사회복지사업
에 관한 교육 훈련을 이수한 사람.

2) 고등학교 졸업 또는 이와 동등한 학력이 있는 자로서 보건복지부 장관
이 지정하는 교육 훈련 기관에서 24주 이상 사회복지사업에 관한 교육
훈련을 이수한 사람.

3) 3년 이상 사회복지사업의 실무 경험이 있는 자로서 보건복지부 장관이
지정하는 교육 훈련 기관에서 24주 이상 사회복지사업에 관한 교육 훈
련을 이수한 자.

4) 8급 또는 8급 상당 이상으로 3년 이상 종사한 공무원으로서 보건복지
부 장관이 지정하는 교육 훈련 기관에서 4주 이상 사회복지사업에 관
한 교육 훈련을 이수한 자.

관련 단체

* 사회복지사협회 및 산하 단체

단체명	주소	전화번호
한국사회복지사협회 www.welfare.net	서울시 용산구 이촌로 1 GS한강에클라트 2층 202호	(02) 786-0845~7
서울시사회복지사협회 www.sasw.or.kr	서울시 영등포구 당산로 171 금강펜테리움IT타워 205호	(02)786-2962
부산광역시사회복지사협회 www.basw.or.kr	부산광역시 연제구 법원로 12 로원타워 603호	(051)507-1285
대구광역시사회복지사협회 welpia.org	대구광역시 동구 해동로 177 대구은행 동촌지점 2층	(053)986-9881
인천광역시사회복지사협회 www.iasw.or.kr	인천광역시 남동구 용천로 208 인천사회복지회관 401호	(032)886-5411
광주광역시사회복지사협회 www.gasw.or.kr	광주시 동구 독립로 276, 306호	(062)524-7932
대전광역시사회복지사협회 djasw.or.kr	대전광역시 중구 보문로 246 대림빌딩 8층 806호	(042)254-7109
울산광역시사회복지사협회 ul.welfare.net	울산광역시 중구 중앙길 101-2, 1층	(052)246-9561
강원도사회복지사협회 gw.welfare.net	강원도 춘천시 서부대성로 65, 3층	(033)262-4254
경기도사회복지사협회 kg.welfare.net	경기도 수원시 팔달구 팔달로 139 호산나빌딩 2층	(031)252-7554

단체명	주소	전화번호
경상남도사회복지사협회 www.gsw.or.kr	경남 창원시 마산회원구 팔용로 272	(055)299-1518
경상북도사회복지사협회 gbasw.or.kr	경북 경산시 진량읍 대학로 1040, 2층	(053)814-8611
전라남도사회복지사협회 www.jnasw.or.kr	전남 순천시 청사큰길 70, 2층	(061)743-5655
전라북도사회복지사협회 jb.welfare.net	전북 전주시 덕진구 전주천동로 483 전북사회복지회관 3층	(063)252-3994
제주특별자치도사회복지사협회 jeju.welfare.net	제주도 제주시 동광로 81 기경빌딩 4층	(064)726-2154~5
충청남도남사회복지사협회 cnwelfare.net	충남 아산시 삼동로 50 엣지 오피스텔 401호	(041)541-5598
충청북도사회복지사협회 www.cbasw.or.kr	충북 청주시 흥덕구 공단로 87 충북종합사회복지센터 402호	(043)232-2213
대한의료사회복지사협회 www.kamsw.or.kr	서울시 용산구 이촌로 1 GS 한강에클라트 202호	(02)3410-6140
한국치료레크리에이션 사회복지사회 www.ktra.com	서울시 동작구 남부순환로 2009 영원빌딩 3층	(02)525-5596
한국학교사회복지사협회 www.schoolsocialwork.org	서울시 동작구 상도로62길 61 성심빌딩 203호	(02)2267-7942
한국정신보건사회복지사협회 kamhsw.or.kr	서울시 용산구 이촌로 1 GS 한강에클라트 202호	(02)701-5638, 869-5638

* 관련 직능 단체

단체명	주소	전화번호
전국지역아동센터협의회 kaccc.org	서울시 종로구 통일로 176, 4층	(02)732-7979
중앙보육정보센터 central.childcare.go.kr	서울시 용산구 청파로 345 주연빌딩 3층	(02)701-0431
한국노인복지중앙회 elder.or.kr	서울시 마포구 만리재로 14 한국사회복지회관 403호	(02)712-9763
한국노인종합복지관협회 kaswcs.or.kr	서울시 마포구 토정로 296 이연빌딩 3층	(02)702-6080
한국노숙인복지시설협회 kawiv.or.kr	서울시 마포구 만리재로 14 한국사회 복지회관 701호	(02)702-6662, 6669
한국사회복귀시설협회 kpr.or.kr	서울시 영등포구 영등포로86가길 14 민지빌딩 1층	(02)859-3590
한국사회복지관협회 kaswc.or.kr	서울시 마포구 만리재로 14 한국사회 복지회관 1002호	(02)719-8939
한국사회복지협의회 kncsw.bokji.net	서울시 마포구 만리재로 14 한국사회 복지회관 5층	(02)2077-3908
한국시니어클럽협회 silverpower.or.kr	서울시 동작구 여의대방로 62길 1 이투데이빌딩 1층	(02)747-5508
한국아동복지협회 adongbokji.or.kr	서울시 마포구 만리재로 14 한국사회 복지회관 401호	(02)790-0818~9
한국장애인복지관협회 hinet.or.kr	서울시 마포구 월드컵북로 12길 19 대성빌딩 1층	(02)3481-1291~4
한국장애인복지시설협회 kawid.or.kr	서울시 마포구 마포대로 63-8 삼창프라자빌딩 903호	(02)718-9363
한국장애인재활협회 freeget.net	서울시 서초구 효령로 161 한국 제약협회 2층	(02)3472-3556
한국재가노인복지협회 kacold.or.kr	서울시 마포구 백범로37길 12 삼성상가 303호	(02)3273-8646
한국정신요양시설협회 kmental.or.kr	서울시 마포구 만리재로 14 한국사회 복지회관 406호	(02)719-0581
한국지역자활센터협회 jahwal.or.kr	서울시 중구 다산로 62 이화빌딩 3층	(02)324-1892
한국여성복지연합회 womenbokji.or.kr	서울시 마포구 만리재로 14 한국사회 복지회관 405호	(02)712-0713

전국 대학교 사회복지 관련 학과

학교	학과(전공)	주소	전화번호
가야대학교 www.kaya.ac.kr	사회복지학과	경남 김해시 삼계로 208번지	(055)330-1000
가천대학교 medical.gachon.ac.kr	사회복지학과 체육과학부 │ 운동복지전공	인천광역시 연수구 함박뫼로 191	(032)820-4000
가야대학교 www.kaya.ac.kr	사회복지학과	경남 김해시 삼계로 208번지	(055)330-1000
가천대학교 medical.gachon.ac.kr	사회복지학과 체육과학부 │ 운동복지전공	인천광역시 연수구 함박뫼로 191	(032)820-4000
가톨릭대학교 www.catholic.ac.kr	사회과학부 사회복지학 전공	서울시 종로구 창경궁로 296-12	(02)740-9714
강남대학교 www.kangnam.ac.kr	사회복지학부	경기도 용인시 기흥구 강남로 40	(031)280-3500
강원대학교 www.kangwon.ac.kr	사회복지학과	강원도 춘천시 강원대학길1	(033)250-6114
건국대학교 www.konkuk.ac.kr	사회복지학 전공	서울시 광진구 능동로 120	(02)450-3114
건양대학교 www.konyang.ac.kr	사회복지학과	대전광역시 서구 관저동로 158	(042)600-6310~3
경기대학교 www.kyonggi.ac.kr	사회복지학과 청소년학과	경기도 수원시 영통구 광교산로 154-42	(031)249-9114

학교	학과(전공)	주소	전화번호
경남과학기술대학교 www.gntech.ac.kr	아동가정복지학과	경남 진주시 동진로 33	(055)751-3114
경남대학교 www.kyungnam.ac.kr	사회복지학과	경남 창원시 마산합포구 경남대학로 7	(055)245-5000
경동대학교 www.k1.ac.kr	보건복지학부 사회복지경영학부	강원도 고성군 토성면 봉포4길 46	(033)631-2000
경북대학교 www.knu.ac.kr	사회복지학과 아동학부 보건복지학부	대구광역시 북구 대학로 80	(053)950-5114
경북외국어대학교 www.kufs.ac.kr	글로벌비즈니스학부 건강복지 전공	대구광역시 북구 동호동 151번지	(053)320-3600
경상대학교 www.gnu.ac.kr	사회복지학과	경남 진주시 진주대로 501	(055)772-0114, 1114
경운대학교 www.ikw.ac.kr	아동·사회복지학부	경북 구미시 산동면 강동로 730번지	(054)479-1114
경주대학교 www.gju.ac.kr	사회복지행정학과	경북 경주시 태종로 188	(054)770-5114
계명대학교 www.kmu.ac.kr	사회복지학과	대구광역시 달서구 달구벌대로 1095	(053)580-5114
고신대학교 www.kosin.ac.kr	사회복지학부 아동복지학과	부산광역시 영도구 와치로 194	(051)990-2114
공주대학교 www.kongju.ac.kr	사회복지학과	충남 공주시 공주대학로 56	(041)850-8114
관동대학교 www.kd.ac.kr	사회복지학과	강원도 강릉시 범일로 579번길 24	(033)649-7114
광신대학교 www.kwangshin.ac.kr	사회복지상담학과	광주광역시 북구 양산택지소로 36	(062)605-1004
광주대학교 www.gwangju.ac.kr	사회복지학부	광주광역시 남구 효덕로 277	(062)670-2114

학교	학과(전공)	주소	전화번호
광주여자대학교 www.kwu.ac.kr	사회복지학과 상담심리학과 실버케어학과	광주광역시 광산구 여대길 201	(062)956-2500
군산대학교 www.kunsan.ac.kr	사회복지학과	전북 군산시 대학로 558	(063)469-4113~4
그리스도대학교 www.kcu.ac.kr	사회복지학부	서울시 강서구 까치산로 24길 47	(02)2600-2400
극동대학교 www.kdu.ac.kr	사회복지학과	충북 음성군 감곡면 대학길 76-32	(043)879-3500
금강대학교 www.ggu.ac.kr	사회복지학과	충남 논산시 상월면 상월로 522	(041)731-3114
김천대학교 www.gimcheon.ac.kr	사회복지학과 치유선교복지학과	경북 김천시 대학로 214	(054)420-4000
꽃동네대학교 www.kkot.ac.kr	사회복지학부	충북 청원군 현도면 상삼길 133	(043)270-0114
나사렛대학교 www.kornu.ac.kr	사회복지학부 | 아동학과	충남 천안시 서북구 월봉로48	(041)570-7700
남부대학교 www.nambu.ac.kr	사회복지학과	광주광역시 광산구 첨단중앙로 23	(062)970-0001
남서울대학교 www.nsu.ac.kr	사회복지학과 아동복지학과 노인복지학과	충남 천안시 서북구 성환읍 대학로 91번지	(041)580-2000
단국대학교 www.dankook.ac.kr	사회복지학과	경기도 용인시 수지구 죽전로 152	1899-3700
대구가톨릭대학교 www.cu.ac.kr	사회복지학과 아동학과	경북 경산시 하양읍 하양로 13-13	(053)850-3114
대구대학교 www.daegu.ac.kr	사회복지학과 산업복지학과 가정복지학과	경북 경산시 진량은 대구대로 201	(053)850-5000

학교	학과(전공)	주소	전화번호
대구외국어대학교 www.dufs.ac.kr	사회과학부 | 사회복지 전공	경북 경산시 남천면 남천로 730	(053)810-7000
대구한의대학교 1www.dhu.ac.kr	청소년교육상담학과 아동복지학과 노인복지학과	경북 경산시 한의대로 1번지	(053)819-1000
대신대학교 www.daeshin.ac.kr	사회복지학과	경북 경산시 경청로 222길 33	(053)810-0701~3
대전대학교 www.dju.ac.kr	사회복지학과 아동교육상담학과	대전광역시 동구 대학로 62	(042)280-2114
대진대학교 www.daejin.ac.kr	사회복지학과	경기도 포천시 호국로 1007	(031)539-1114
덕성여자대학교 www.duksung.ac.kr	사회복지학과 아동가족학과	서울시 도봉구 삼양로 144길 33	(02)901-8000
동국대학교 www.dongguk.edu	사회복지학과	서울시 중구 필동로 1길 30	(02)2260-3114
동덕여자대학교 www.dongduk.ac.kr	사회복지학과 아동학과	서울시 성북구 화랑로 13길 60	(02)940-4000
동명대학교 www.tu.ac.kr	사회복지학과 상담심리학과	부산광역시 남구 신선로 428	(051)629-1000
동서대학교 www.dongseo.ac.kr	사회복지학부	부산광역시 사상구 주례로 47	(051)313-2001~4
동신대학교 www.dsu.ac.kr	사회복지학과	전남 나주시 건재로 185	(061)330-3114
동아대학교 www.donga.ac.kr	사회복지학과 아동가족학과	부산광역시 서구 대신공원로 32	(051)200-7000
동양대학교 www.dyu.ac.kr	사회복지학과	경북 영주시 풍기읍 동양대로 145	(054)630-1025~7
동의대학교 www.deu.ac.kr	사회복지학과 보육·가정상담학과	부산광역시 부산진구 엄광로 176	(051)890-1114

학교	학과(전공)	주소	전화번호
루터대학교 www.ltu.ac.kr	사회복지학과	경기도 용인시 기흥구 금호로 20 82번지	(031)679-2300
명지대학교 www.mju.ac.k	아동학과 청소년지도학과	서울시 서대문구 거북골로 34	1577-0020
목원대학교 www.mokwon.ac.kr	사회복지학과	대전광역시 서구 도안북로 88	(042)829-7114
목포가톨릭대학교 www.mcu.ac.kr	사회복지학과	전남 목포시 영산로 697	(061)280-5000
목포대학교 www.mokpo.ac.kr	사회복지학과 아동학과	전남 무안군 청계면 영산로 1666	(061)450-2114
배재대학교 www.pcu.ac.kr	복지신학과 실버보건학과	대전광역시 서구 배재로 155-40	(042)520-5114
백석대학교 www.bu.ac.kr	사회복지학부	충남 천안시 동남구 문암로76	(041)550-9114
부산가톨릭대학교 www.cup.ac.kr	사회복지학과 사회복지상담학과 노인요양관리학과	부산광역시 금정구 오륜대로 57	(051)515-5811
부산대학교 www.pusan.ac.kr	사회복지학과 아동가족학과	부산광역시 금정구 부산대학로 63번길 2	(051)512-0311
부산외국어대학교 www.bufs.ac.kr	스포츠 · 재활복지학부 재활복지 전공	부산광역시 남구 석포로15	(051)640-300
부산장신대학교 www.bpu.ac.kr	사회복지상담학과	경남 김해시 김해대로 1894-68	(055)320-2500
삼육대학교 www.syu.ac.kr	사회복지학부	서울시 노원구 화랑로 815	(02)3399-3636
상명대학교 www.smu.ac.kr	가족복지학과	서울시 종로구 홍지문 2길 20	(02)2287-5114
상지대학교 www.sangji.ac.kr	사회복지학과	강원도 원주시 상지대길 83	(033)7300-114

학교	학과(전공)	주소	전화번호
서경대학교 www.skuniv.ac.kr	아동학과	서울시 성북구 서경로 124	(02)940-7114
서남대학교 www.snsw.or.kr	사회복지학과 사회복지행정학과	전북 남원군 광치동 720	(063)620-0114
서울기독대학교 www.scu.ac.kr	사회복지학과	서울시 은평구 갈현로 4길 26-2호	(02)380-2500
서울대학교 www.snu.ac.kr	사회복지학과 아동가족학과	서울시 관악구 관악로 1	(02)880-5114
서울시립대학교 www.uos.ac.kr	사회복지학과	서울시 동대문구 서울시립대로 163	(02)6490-6114
서울신학대학교 www.stu.ac.kr	사회복지학과	경기도 부천시 소사구 호현로 489번길 52	(032)340-9114
서울여자대학교 www.swu.ac.kr	사회복지학과 아동학과	서울시 노원구 화랑로 621	(02)970-5114
서울장신대학교 www.sjs.ac.kr	사회복지학과	경기도 광주시 경안로 145	(031)799-9000
서원대학교 www.seowon.ac.kr	사회복지학과	충북 청주시 흥덕구 무심서로 377-3	(043)299-8114
선문대학교 www.sunmoon.ac.kr	사회복지학과	충남 아산시 탕정면 선문로 221번길 70	(041)530-2114
성결대학교 www.sungkyul.ac.kr	사회복지학부	경기도 안양시 만안구 성결대학로 53	(031)467-8114
성공회대학교 www.skhu.ac.kr	사회복지학과	서울시 구로구 항동 1-1	(02)2610-4114
성균관대학교 www.skku.edu	사회복지학과	서울시 종로구 성균관로 25-2	(02)760-0114
성신여자대학교 www.sungshin.ac.kr	사회복지학과	서울시 성북구 보문로 34다길 2	(02)920-7117
세명대학교 www.semyung.ac.k	사회복지학과	충복 제천시 세명로 65	(043)645-1125~9

학교	학과(전공)	주소	전화번호
세한대학교 www.sehan.ac.kr	사회복지학과 복지상담학과	전남 영암군 삼호읍 녹색로 1113	(061)469-1114
수원대학교 www.suwon.ac.kr	아동가족복지학과	경기도 화성시 봉담읍 와우안길 17	(031)220-2114
숙명여자대학교 www.sookmyung.ac.kr	아동복지학부	서울시 용산구 청파로 47길 100	(02)710-9114
순천대학교 www.sunchon.ac.kr	사회복지학부	전남 순천시 중앙로 255	(061)750-3114
순천향대학교 www.sch.ac.kr	사회복지학과 청소년교육 · 상담학과	충남 아산시 순천향로 22	(041)530-1114
숭실대학교 www.ssu.ac.kr	사회복지학부	서울시 동작구 상도로 369	(02)820-0114
신경대학교 www.sgu.ac.kr	사회복지학과 노인복지학과	경기도 화성시 남양로 400번지	(031)369-9116
신라대학교 www.silla.ac.kr	사회복지학과 가족 · 노인복지학과	부산광역시 사상구 백양대로 700번길 140	(051)999-5000
안동대학교 www.andong.ac.kr	생활환경복지학과	경북 안동시 경동로 1375	(054)820-5114
연세대학교 www.yonsei.ac.kr	사회복지학과 아동가족학과	서울시 서대문구 연세로 50	1599-1885
영남대학교 www.yu.ac.kr	지역및복지행정학과	경북 경산시 대학로 280	(053)810-2114
영남신학대학교 www.ytus.ac.kr	사회복지학과	경북 경산시 진량읍 봉회리 117번지	(053)850-0500
영동대학교 www.youngdong.ac.kr	사회복지학부	충북 영동군 영동읍 대학로 310	(043)740-1114
예수대학교 www.jesus.ac.kr	사회복지학부	전북 전주시 완산구 중화산동 1가 168-1	(063)230-7700
예원예술대학교 www.yewon.ac.kr	스포츠복지학부 스포츠레저복지 전공	전북 임실군 신평면 창인로 117	(063)640-7114

학교	학과(전공)	주소	전화번호
용인대학교 www.yongin.ac.kr	노인복지학과 라이프디자인학과	경기도 용인시 처인구 용인대학로 134	(031)332-6471~6
우석대학교 www.woosuk.ac.kr	아동복지학과 실버복지학과	전북 완주군 삼례읍 삼례로 443	(063)290-1114
우송대학교 www.wsu.ac.kr	사회복지아동학부	대전광역시 동구 자양동 171	(042)630-9600
울산대학교 www.ulsan.ac.kr	사회과학부 ¦ 사회복지학 전공 생활과학부 아동·가정복지학 전공	울산광역시 남구 대학로 93	(052)277-3101
원광대학교 www.wonkwang.ac.kr	복지·보건학부 사회복지학전공 가정아동복지학과	전북 익산시 익산대로 460	(063)850-5114
위덕대학교 www.uu.ac.kr	사회복지학과	경북 경주시 강동면 동해대로 261	(054)760-1114
을지대학교 www.eulji.ac.kr	중독재활복지학과	대전광역시 중구 계룡로 771번길 77	1899-0001
이화여자대학교 www.ewha.ac.kr	사회복지학과	서울시 서대문구 이화여대길 52	(02)3277-2114
인제대학교 www.inje.ac.kr	사회복지학과 생활상담복지학부 가족상담복지 전공	경남 김해시 인제로 197	(055)334-7111
인천대학교 www.incheon.ac.kr	사회복지학과	인천광역시 연수구 아카데미로 119	(032)835-8114
전남대학교 www.jnu.ac.kr	생활환경복지학과	광주광역시 북구 용봉로 77	(062)530-5114
전북대학교 www.jbnu.ac.kr	사회복지학과 아동학과	전북 전주시 덕진구 백제대로 567	(063)270-3114
전주대학교 www.jj.ac.kr	사회복지학과	전북 전주시 완산구 천장로 303	1577-7177

학교	학과(전공)	주소	전화번호
제주국제대학교 www.jeju.ac.kr	사회복지학과	제주시 516로 2870	(064)754-0200
제주대학교 www.jejunu.ac.kr	생활환경복지학부	제주시 제주대학로 102	(064)751-2114
조선대학교 www.chosun.ac.kr	행정복지학부 상담심리학부	광주광역시 동구 필문대로 309	(062)230-7114
중부대학교 www.joongbu.ac.kr	사회복지학과 노인복지학과	충남 금산군 추부면 대학로 201	(041)750-6500
중앙대학교 www.cau.ac.kr	사회복지학과	서울시 동작구 흑석로 84	(02)820-5114, 6114
중앙승가대학교 www.sangha.ac.kr	사회복지학과	경기도 김포시 승가로 123	(031)980-7777
중원대학교 www.jwu.ac.kr	사회복지학부	충북 괴산군 괴산읍 문무로 85	(043)830-8114
창원대학교 www.changwon.ac.kr	가족복지학과	경남 창원시 의창구 창원대학로 20	(055)213-2114
청주대학교 www.chongju.ac.kr	사회복지학과	충북 청주시 상당구 대성로 298	(043)229-8114
초당대학교 www.chodang.ac.kr	사회복지학과	전남 무안군 무안읍 무안로 380	(061)453-4960
총신대학교 www.chongshin.ac.kr	사회복지학과 아동학과	서울시 동작구 사당로 143	(02)3479-0200
충남대학교 www.cnu.ac.kr	사회복지학과	대전광역시 유성구 대학로 99	(042)821-5114
침례신학대학교 www.kbtus.ac.kr	사회복지학과	대전광역시 유성구 북유성대로 190	(042)828-3114
칼빈대학교 www.calvin.ac.kr	아동보육학과	경기도 용인시 기흥구 마북동 142-12	(031)284-4752~5

학교	학과(전공)	주소	전화번호
평택대학교 www.ptu.ac.kr	사회복지학과 아동청소년복지학과 재활복지학과	경기도 평택시 서동대로 3825	(031)659-8114
한경대학교 www.hankyong.ac.kr	아동가족복지학과	경기도 안성시 중앙로 327	(031)670-5114
한국교통대학교 www.ut.ac.kr	사회복지학과	충북 충주시 대학로 50	(043)841-5114
한국국제대학교 www.iuk.ac.kr	사회복지학과	경남 진주시 문산읍 동부로 965	(055)751-8114
한국방송통신대학교 www.knou.ac.kr	사회복지연계전공	서울시 종로구 대학로 86	1577-9995
한국체육대학교 www.knsu.ac.kr0	노인체육복지학과	서울시 송파구 양재대로 1239	(02)410-670
한남대학교 www.hannam.ac.kr	사회복지학과 아동복지학과	대전광역시 대덕구 한남로 70	(042)629-7114
한동대학교 www.handong.edu	상담심리사회복지학부	경북 포항시 북구 흥해읍 한동로 558	(054)260-1111
한라대학교 www.halla.ac.kr	사회복지학과	강원도 원주시 한라대길 28	(033)760-1114
한려대학교 www.hanlyo.ac.kr	사회복지학과 청소년복지학과	전남 광양시 광양읍 한려대길 94-13	(061)760-1114
한림대학교 www.hallym.ac.kr	사회복지학부	강원도 춘천시 한림대학길 1	(033)248-1000
한북대학교 www.hanbuk.ac.kr	사회복지학과	경기도 동두천시 별마들로 40번길 30	(031)860-1300
한서대학교 www.hanseo.ac.kr	노인복지학과 아동·청소년복지학과	충남 서산시 해미면 한서1로 46	(041)660-1144
한세대학교 www.hansei.ac.kr	사회복지학과	경기도 군포시 당정동 604-5번지	(031)450-5114

학교	학과(전공)	주소	전화번호
한신대학교 www.hs.ac.kr	사회복지학과	경기도 오산시 한신대길 137	(031)379-0114
한영신학대학교 www.hytu.ac.kr	기독교아동복지학과	서울시 구로구 경인로 290-42	(02)2067-4500
한일장신대학교 www.hanil.ac.kr	사회복지학부	전북 완주군 상관면 왜목로 726-15	(063)230-5400
한중대학교 www.hanzhong.ac.kr	사회복지학과	강원도 동해시 지양길 200	(033)521-9900
협성대학교 www.uhs.ac.kr	사회복지학과	경기도 화성시 봉담읍 최루백로 72	(031)299-0900
호남대학교 www.honam.ac.kr	사회복지학과	광주광역시 광산구 어등대로 417	(062)940-5114
호남신학대학교 www.htus.ac.kr	사회복지상담학과	광주광역시 남구 양림동 108	(062)650-1552
호서대학교 www.hoseo.ac.kr	사회복지학부 청소년문화·상담학과	충남 아산시 배방읍 호서로 79번길 20	(041)540-5114
호원대학교 www.howon.ac.kr	사회복지학과	전북 군산시 임피면 호원대3길 64	(063)450-7117